Einstellungstest Duales Studium

Kurt Guth
Marcus Mery

Einstellungstest Duales Studium

Fit für den Eignungstest im Auswahlverfahren

Kurt Guth • Marcus Mery
Einstellungstest Duales Studium
Fit für den Eignungstest im Auswahlverfahren | Wissen, Mathe, Sprache, Fremdsprachen, Logik, Konzentration und mehr | Über 1.000 Aufgaben mit allen Lösungswegen

Ausgabe 2025

2. Auflage

Gestaltung: bitpublishing / s.b. design
Lektorat: Andreas Mohr, Thorben Pehlemann

Bildnachweis:
Archiv des Verlages
Umschlagfotos: © Valua Vitaly – Shutterstock.com, © Stockfour – Shutterstock.com
S. 354: © Fotostudio Pfeiffer, Offenbach
S. 356: © FOTO-RAMMINGER – Fotolia.com

Bibliografische Information der Deutschen Nationalbibliothek –
Die Deutsche Nationalbibliothek verzeichnet diese Publikation in der Deutschen Nationalbibliografie; detaillierte bibliografische Daten sind im Internet über http://dnb.dnb.de abrufbar.

Gedruckt auf chlorfrei gebleichtem Papier

© 2025 Ausbildungspark Verlag GmbH
Bettinastraße 69, 63067 Offenbach am Main
Printed in Germany

Satz: bitpublishing, Orange, CA
Druck: Ausbildungspark Verlag, Offenbach

ISBN 978-3-95624-067-6

Das Werk, einschließlich aller seiner Teile, ist urheberrechtlich geschützt. Jede Verwertung außerhalb der engen Grenzen des Urheberrechtsgesetzes ist ohne Zustimmung des Verlages unzulässig und strafbar. Das gilt insbesondere für Vervielfältigungen, Übersetzungen, Mikroverfilmungen und die Einspeicherung und Verarbeitung in elektronischen Systemen.

Inhaltsverzeichnis

Vorwort 7
   Was bringt Ihnen dieses Buch? ... 7
   10 Tipps für den Testerfolg 9

Allgemeinwissen 11
   Staat und Politik 11
   Wirtschaft und Gesellschaft 13
   Geschichte und
   Kulturgeschichte 16
   Geografie 18
   Interkulturelles Wissen 20
   Kunst, Musik und Literatur 22
   Computer und Internet 24
   Physik und Technik 26
   Biologie und Chemie 29
   Lückentext 31
   Lösungen: Allgemeinwissen 33

Fachbezogenes Wissen 53
   Bauingenieurwesen 53
   Betriebswirtschaftslehre 58
   Elektrotechnik 63
   Gesundheitsmanagement 67
   Informatik 71
   Maschinenbau 75
   Soziale Arbeit 79
   Wirtschaftsinformatik 83
   Wirtschaftsingenieurwesen 87
   Lösungen:
   Fachbezogenes Wissen 91

Sprachbeherrschung 131
   Erörterung (Pro und Kontra) 131
   Welche Schreibweise stimmt? . 133

   Rechtschreibung Lückentext ... 135
   Fehler korrigieren 137
   Kommas setzen 139
   Konjunktionen 143
   Konjugieren und deklinieren ... 145
   Satzgrammatik 147
   Sinnverwandte Begriffe 149
   Sprichwörter 150
   Sätze bilden 152
   Textverständnis 156
   Inhalte wiedergeben 160
   Lösungen:
   Sprachbeherrschung 162

Fremdsprachenkenntnisse . 180
   Englisch: Wortbedeutungen 180
   Englisch: Rechtschreibung 182
   Englisch: Grammatik
   Lückentext 184
   Englisch: Sätze übersetzen 187
   Englisch: Kundengespräch 189
   Lösungen:
   Fremdsprachenkenntnisse 192

Mathematik 201
   Bruchrechnen 201
   Kopfrechnen 202
   Rechenzeichen ergänzen 203
   Schätzaufgaben 204
   Maßeinheiten umrechnen 206
   Dreisatz 208
   Gemischte Textaufgaben 211
   Prozentrechnen 214

Zinsrechnen 217
Tabellen analysieren 219
Diagramm-Aufgaben 224
Geometrie 230
Analysis 233
Lösungen: Mathematik 235

Logisches Denkvermögen ... 256
Zahlenreihen 256
Zahlenmatrizen 260
Ein Wort fällt aus der Reihe 264
Sprachanalogien 266
Schlussfolgerungen 268
Sprachsysteme
entschlüsseln 271
Flussdiagramm 273
Datenanalyse 276
Symbolrechnen 279
Kombinationsvermögen 281
Problemlösendes Denken 282
Lösungen:
Logisches Denkvermögen 283

Visuelles Denkvermögen 298
Figurenreihen 298
Figurenmatrizen 303
Figuren drehen 310
Figuren zuordnen 312
Außenflächen zählen 314

Perspektive wechseln 317
Gespiegelte Figuren 320
Spielwürfel drehen 322
Musterwürfel zuordnen 325
Faltvorlagen 328
Faltvorlagen mit Markierung .. 332
Lösungen:
Visuelles Denkvermögen 336

**Konzentration und
Merkfähigkeit 344**
Buchstabenfolgen finden 344
O/Q-Test 347
Original und Abschrift 349
Schlüssel finden 351
Steckbriefe einprägen 354
Textinhalte wiedergeben 358
Wortgruppen einprägen 363
Zahlen merken 367
Lösungen: Konzentration
und Merkfähigkeit 371

Der Persönlichkeitstest 384
Die Vorbereitung 384
Die Testsimulation 386
Die Auswertung 401

Anhang 405
Tabelle: Maße und Einheiten .. 405

Vorwort

Akademische Theorie oder betriebliche Praxis? Immer mehr Berufseinsteiger wählen beides – und entscheiden sich für ein Duales Studium. Eine Kombination, die viele Vorteile vereint: Dual Studierende erwerben einen Hochschulabschluss, beziehen in der Regel ein festes Gehalt und haben bereits einen Fuß in der Tür bei einem attraktiven Arbeitgeber. Beste Karrierechancen also.

Die Statistik zählt hierzulande mittlerweile über 1.500 Duale Studiengänge mit insgesamt rund 100.000 Studierenden, Tendenz steigend. Der Trend bedeutet für Bewerber allerdings auch wachsende Konkurrenz und hohe Einstiegshürden: Wer die Stellenzusage erhalten will, muss oft strenge Auswahlprüfungen mit hohen Durchfallquoten überstehen.

Was bringt Ihnen dieses Buch?

Mit diesem Buch haben Sie alles zur Hand, was Sie brauchen, um sich auf computergesteuerte und schriftliche Tests im Auswahlverfahren für Duale Studiengänge vorzubereiten. Sie lernen klassische und ungewöhnliche Aufgabentypen kennen, erfahren die besten Lösungsstrategien und machen sich mit der Prüfungssituation vertraut.

Auf den folgenden Seiten finden Sie eine Fülle typischer Aufgaben aus allen wichtigen Testbereichen: Allgemeinwissen, fachbezogenes Wissen, Sprachbeherrschung, Mathematik, Logik, visuelles Denkvermögen, Konzentration und Merkfähigkeit. Der Lösungsteil am Schluss jedes Kapitels liefert nicht nur die richtigen Antworten, sondern erklärt auch die Lösungswege kompakt und verständlich. Dazu erhalten Sie Tipps und Tricks, um knifflige Aufgaben geschickt zu „knacken".

Eine grobe Richtschnur zur Einordnung Ihrer Ergebnisse: 50–60 % richtig gelöste Aufgaben können als ausreichend gelten, 60–70 % als befriedigend, 70–85 % als gut und höhere Werte als hervorragend – erfahrungsgemäß schafft das allerdings kaum jemand.

Wir wünschen Ihnen viel Erfolg!

Ihr Ausbildungspark-Team

Das Vorstellungsgespräch zur Ausbildung

Die häufigsten Fragen, die besten Antworten, die perfekte Vorbereitung: So zeigen Sie sich im Auswahlverfahren von ihrer besten Seite.

Ideal für Ausbildung und Duales Studium!

380 Seiten • ISBN 978-3-95624-000-3
24,95 €

Kontakt

Ausbildungspark Verlag GmbH
Kundenbetreuung
Bettinastraße 69
63067 Offenbach am Main

Telefon +49 (69) 40 56 49 73
Telefax +49 (69) 43 05 86 02
kontakt@ausbildungspark.com
www.ausbildungspark.com

10 Tipps für den Testerfolg

▶ **1. Gut vorbereiten.**
Beginnen Sie rechtzeitig mit der Vorbereitung, portionieren Sie den Lernstoff in kleine Einheiten, planen Sie Pausenzeiten ein. Wer sich in den letzten Tagen vor dem Test zu viel zumutet, läuft Gefahr, das Gelernte weder zu verstehen noch zu behalten.

▶ **2. Informieren.**
Fragen Sie frühzeitig nach: Welche Hilfsmittel (z. B. Taschenrechner) dürfen Sie benutzen? Welche Materialien (z. B. Stift, Papier, Lineal) müssen Sie mitbringen, welche werden Ihnen gestellt?

▶ **3. Entspannungshilfen finden.**
Eignen Sie sich Entspannungstechniken an, zum Beispiel Atemübungen oder autogenes Training. Am Prüfungstag lassen sich Denkblockaden damit leichter überwinden.

▶ **4. Aufgeräumt ankommen.**
Erscheinen Sie ausgeschlafen und pünktlich, achten Sie auf Ihren äußeren Eindruck – die Prüfer tun es auch. Und vergessen Sie das Frühstück nicht: Wer mit nüchternem Magen in die Prüfung startet, baut schneller ab und ist weniger leistungsfähig.

▶ **5. Lieber einmal mehr fragen.**
Nutzen Sie die Möglichkeit, den Testleitern Fragen zu stellen, um Unklarheiten auszuräumen.

▶ **6. Aufgabenstellungen aufmerksam lesen.**
Studieren Sie die Fragen und Bearbeitungshinweise sorgfältig. Manchmal sind kleine Finten eingebaut, die den unkonzentrierten Teilnehmer entlarven.

▶ **7. Zügig arbeiten.**
Behalten Sie die Uhr im Auge und teilen Sie sich Ihre Zeit gut ein. Oft steigt das Schwierigkeitsniveau innerhalb einer Aufgabenkategorie zum Ende hin an. Eventuell hilft es, zuerst in jeder Kategorie die einfachen

Aufgaben zu lösen. Planen Sie etwas Zeit ein, um Ihre Antworten auf Flüchtigkeitsfehler und andere kleine Patzer zu kontrollieren.

▶ **8. Nicht verrückt machen lassen.**
Der Test ist in der vorgegebenen Zeit beim besten Willen nicht zu schaffen? Dieser Eindruck kann völlig richtig sein. Viele Prüfungen sind so konzipiert, dass kaum jemand im vorgegebenen Zeitrahmen alle Aufgaben korrekt lösen kann. So wird zugleich das Arbeitsverhalten unter Druck getestet.

▶ **9. Nicht festbeißen.**
Anstatt minutenlang an einer Aufgabe zu verzweifeln, gehen Sie lieber zur nächsten über. Mit den übersprungenen Fragen können Sie sich – angefangen bei der leichtesten – später noch beschäftigen. So manch kniffliger Fall entpuppt sich als leichte Übung, wenn die erste Anspannung überwunden ist.

▶ **10. Zur Not einfach raten.**
Die schlechteste Antwort ist meistens keine Antwort: Falsche Lösungen werden nur selten mit Punktabzügen bestraft. Bei Multiple-Choice-Aufgaben mit mehreren Antwortvorschlägen lässt sich das richtige Ergebnis einkreisen, indem man die falschen Lösungen eine nach der anderen aussortiert.

Allgemeinwissen

Staat und Politik

Bearbeitungszeit 5 Minuten

Beantworten Sie bitte die folgenden Aufgaben, indem Sie jeweils den richtigen Lösungsbuchstaben markieren.

1) Wer bestimmt in Deutschland die Minister und die Richtlinien der Politik?
   A. Der Bundeskanzler
   B. Der Bundespräsident
   C. Der Bundestag
   D. Der Bundesrat
   E. Keine Antwort ist richtig.

2) Welches politische System hat die Bundesrepublik Deutschland?
   A. Parlamentarische Demokratie
   B. Parlamentarische Monarchie
   C. Militärdiktatur
   D. Sozialismus
   E. Keine Antwort ist richtig.

3) Wie wird ein Direktkandidat für den Bundestag gewählt?
   A. Mit der Erststimme
   B. Mit der Zweitstimme
   C. Von der Bundesversammlung
   D. Von der jeweiligen Partei
   E. Keine Antwort ist richtig.

4) Was bedeutet „Fraktion" in der Politik?
   A. Zusammenschluss von Abgeordneten
   B. Dasselbe wie „Regierung"
   C. Dasselbe wie „Opposition"
   D. Die Mehrheit im Bundestag
   E. Keine Antwort ist richtig.

5) Was besagt das Subsidiaritätsprinzip in Bezug auf den Staat?
   A. Aufgaben werden auf möglichst niedriger Ebene (Stadt, Gemeinde) umgesetzt.
   B. Aufgaben werden auf möglichst viele Institutionen verteilt.
   C. Aufgaben werden auf möglichst hoher Ebene (Bundesland, Staat) umgesetzt.
   D. Aufgaben werden stets im Verbund von Staat, Kommune, Stadt und Gemeinde bewältigt.
   E. Keine Antwort ist richtig.

6) Was versteht man unter „Gewaltenteilung"?
A. Die Unabhängigkeit von Legislative, Exekutive und Judikative
B. Die Bundeshoheit des Militärs
C. Die Trennung von Politik und Kirche
D. Die Trennung von Demokraten und Republikanern
E. Keine Antwort ist richtig.

7) Was versteht man unter dem Begriff „Lobbyismus"?
A. Interessengruppen halten sich von der Politik fern.
B. Interessengruppen versuchen, Einfluss auf die Politik zu nehmen.
C. Abgeordnete bilden parteiübergreifende Interessengemeinschaften.
D. Innerhalb einer Partei bilden sich Interessengemeinschaften.
E. Keine Antwort ist richtig.

8) Wen meint man mit dem Begriff „Unionsparteien"?
A. Die an einer Regierungskoalition beteiligten Parteien
B. CDU und CSU
C. Alle nicht an der Regierung beteiligten Parteien
D. Alle Parteien, die den Zentralismus befürworten
E. Keine Antwort ist richtig.

9) Welcher (Teil-)Staat gehört nicht zum Vereinigten Königreich?
A. England
B. Schottland
C. Wales
D. Irland
E. Keine Antwort ist richtig.

10) Welches Land ist kein Mitglied der Europäischen Union?
A. Schweden
B. Rumänien
C. Portugal
D. Albanien
E. Keine Antwort ist richtig.

Wirtschaft und Gesellschaft

Bearbeitungszeit 5 Minuten

Beantworten Sie bitte die folgenden Aufgaben, indem Sie jeweils den richtigen Lösungsbuchstaben markieren.

11) Welche Wirtschaftsordnung hat die Bundesrepublik Deutschland?
A. Zentralverwaltungswirtschaft
B. Zentralplanwirtschaft
C. Freie Marktwirtschaft
D. Soziale Marktwirtschaft
E. Keine Antwort ist richtig.

12) Was ist das Bruttonationaleinkommen?
A. Der Wert aller Endprodukte und Dienstleistungen, die in einer bestimmten Periode durch Produktionsfaktoren produziert werden, die sich im Eigentum von Inländern befinden
B. Der Wert aller Endprodukte, die eine Volkswirtschaft aus dem Ausland importiert
C. Die Summe aller Güter und Dienstleistungen, die die Welt in einem Jahr zur letzten Verwendung erbringt
D. Die Summe aller Güter und Dienstleistungen, die eine Volkswirtschaft pro Jahr zum Endverbrauch erbringt
E. Keine Antwort ist richtig.

13) Wer bestimmt den Leitzinssatz im Euro-Währungsgebiet?
A. Deutsche Bundesbank
B. Deutsche Zentralbank
C. Landesbanken
D. Europäische Zentralbank
E. Keine Antwort ist richtig.

14) In welcher Schweizer Gemeinde findet das alljährliche Weltwirtschaftsforum mit den wichtigsten Politikern und Wirtschaftsführern der Welt statt?
A. Bern
B. Zürich
C. Genf
D. Davos
E. Keine Antwort ist richtig.

15) An wen wird eine Dividende ausgeschüttet?
A. Inhaber einer GmbH
B. Geschäftsführer einer GmbH
C. Anteilseigner einer AG
D. Aufsichtsrat einer AG
E. Keine Antwort ist richtig.

Allgemeinwissen

16) Was bedeutet der Begriff „Tarifautonomie"?
- **A.** Die Tarifvertragsparteien können Löhne und Gehälter frei vereinbaren.
- **B.** Die Belegschaft darf Löhne und Gehälter frei bestimmen.
- **C.** Die Arbeitgeberverbände können Löhne und Gehälter festlegen.
- **D.** Die Gewerkschaften entscheiden frei über Löhne und Gehälter.
- **E.** Keine Antwort ist richtig.

17) Welche Aussage zu Angebot und Nachfrage in einer Marktwirtschaft ist falsch?
- **A.** Verkaufspreise werden in der Marktwirtschaft durch den Mechanismus von Angebot und Nachfrage bestimmt.
- **B.** Bei einem Angebotsüberhang ist das Angebot größer als die Nachfrage.
- **C.** Bei einem Nachfrageüberhang ist die Nachfrage kleiner als das Angebot.
- **D.** Bei einem Nachfrageüberhang ist die Nachfrage größer als das Angebot.
- **E.** Keine Antwort ist richtig.

18) Was geschieht, wenn ein Land stetig einen Exportüberschuss verzeichnet, der nicht durch eine andere Teilbilanz ausgeglichen wird?
- **A.** Die Konsumgüternachfrage sinkt.
- **B.** Das Auslandsvermögen bzw. die Forderungen gegenüber dem Ausland steigen.
- **C.** Die volkswirtschaftliche Gesamtnachfrage steigt.
- **D.** Die volkswirtschaftliche Gesamtnachfrage sinkt.
- **E.** Keine Antwort ist richtig.

19) Was versteht man im unternehmerischen Sinne unter „Liquidität"?
- **A.** Die ständige Lieferbereitschaft eines Unternehmens
- **B.** Das Auftragsvolumen eines Unternehmens
- **C.** Die Liquidität eines Unternehmens lässt sich berechnen, indem man den Gewinn ins Verhältnis zum Kapital setzt.
- **D.** Die Fähigkeit eines Unternehmens, seinen Zahlungsverpflichtungen termingerecht nachzukommen
- **E.** Keine Antwort ist richtig.

20) Welche Auswirkung könnte eine Aufwertung des Dollars für die deutsche Wirtschaft haben?
A. Importe aus den USA werden günstiger.
B. Es wird mehr importiert.
C. Der Urlaub in den USA wird günstiger.
D. Importe aus den USA werden teurer.
E. Keine Antwort ist richtig.

Allgemeinwissen

Geschichte und Kulturgeschichte *Bearbeitungszeit 5 Minuten*

Beantworten Sie bitte die folgenden Aufgaben, indem Sie jeweils den richtigen Lösungsbuchstaben markieren.

21) Wer war der erste sozialdemokratische Kanzler der Bundesrepublik Deutschland?
A. Ludwig Erhard
B. Kurt Georg Kiesinger
C. Helmut Schmidt
D. Willy Brandt
E. Keine Antwort ist richtig.

22) Welche Institution wurde durch den Vertrag von Maastricht gegründet?
A. Europäische Union
B. Bund Europäischer Landwirte
C. Europäischer Gerichtshof
D. Europäisches Parlament
E. Keine Antwort ist richtig.

23) Lennon, McCartney, Harrison und Starr waren …?
A. Mitglieder der „Beatles".
B. Torhüter des FC Liverpool.
C. britische Minister.
D. Angehörige der britischen Königsfamilie.
E. Keine Antwort ist richtig.

24) Wer war der erste Präsident der Vereinigten Staaten von Amerika?
A. John F. Kennedy
B. Ronald W. Reagan
C. Thomas Jefferson
D. George Washington
E. Keine Antwort ist richtig.

25) Der Dreißigjährige Krieg endete mit …?
A. dem Westfälischen Frieden.
B. dem Pakt von Windsor.
C. dem Vertrag von Versailles.
D. der Genfer Konvention.
E. Keine Antwort ist richtig.

26) Welches Datum steht für den Fall der Berliner Mauer?
A. 9. November 1989
B. 9. November 1990
C. 9. Oktober 1989
D. 9. Oktober 1990
E. Keine Antwort ist richtig.

27) Wann begann die Französische Revolution?
A. 1689
B. 1778
C. 1789
D. 1812
E. Keine Antwort ist richtig.

28) Wie heißen die vier Evangelisten des Neuen Testaments?
A. Lukas, Johannes, Matthäus und Petrus
B. Judas, Johannes, Matthäus und Petrus
C. Martin, Johannes, Matthäus und Markus
D. Lukas, Johannes, Matthäus und Markus
E. Keine Antwort ist richtig.

29) Welche Krise führte dazu, dass 1973 in Deutschland autofreie Sonntage eingeführt wurden?
A. Streiks in der Automobilindustrie
B. Smog-Bedrohung
C. Ölkrise
D. Metallknappheit
E. Keine Antwort ist richtig.

30) Welcher deutsche Philosoph prägte den Satz: „Gott ist tot"?
A. Arthur Schopenhauer
B. Karl Marx
C. Friedrich Nietzsche
D. Peter Sloterdijk
E. Keine Antwort ist richtig.

Geografie

Bearbeitungszeit 5 Minuten

Beantworten Sie bitte die folgenden Aufgaben, indem Sie jeweils den richtigen Lösungsbuchstaben markieren.

31) In welcher Klimazone liegt Deutschland?
A. Subtropen
B. Kalte Zone
C. Subpolare Zone
D. Gemäßigte Breiten
E. Keine Antwort ist richtig.

32) Welcher besonders lange Fluss fließt durch Dresden?
A. Donau
B. Elbe
C. Main
D. Rhein
E. Keine Antwort ist richtig.

33) Wie heißt die Landeshauptstadt von Rheinland-Pfalz?
A. Mainz
B. Ludwigshafen
C. Speyer
D. Worms
E. Keine Antwort ist richtig.

34) An wie viele Länder grenzt Deutschland?
A. 5
B. 9
C. 11
D. 14
E. Keine Antwort ist richtig.

35) Welche Stadt liegt nicht in Bayern?
A. Augsburg
B. Regensburg
C. Oldenburg
D. Würzburg
E. Keine Antwort ist richtig.

36) Wo liegt Hawaii?
A. Indischer Ozean
B. Pazifik
C. Atlantik
D. Mittelmeer
E. Keine Antwort ist richtig.

37) Die dunkelgraue Fläche ist das Staatsgebiet …?

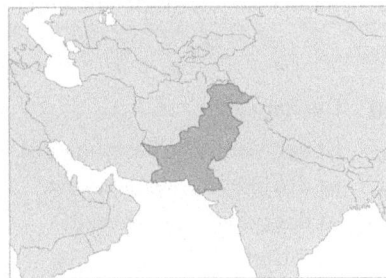

A. Irans.
B. Afghanistans.
C. Pakistans.
D. Bangladeschs.
E. Keine Antwort ist richtig.

38) Wie heißt die Meerenge zwischen Schwarzem Meer und Mittelmeer?
A. Bosporus
B. Straße von Gibraltar
C. Sueskanal
D. Straße von Tunis
E. Keine Antwort ist richtig.

39) Welches Land grenzt nicht ans Schwarze Meer?
A. Rumänien
B. Griechenland
C. Bulgarien
D. Türkei
E. Keine Antwort ist richtig.

40) Welchem Staat ist die falsche Hauptstadt zugeordnet?
A. Belgien – Brüssel
B. Tschechische Republik – Prag
C. Polen – Warschau
D. Schweden – Helsinki
E. Keine Antwort ist richtig.

Allgemeinwissen

Interkulturelles Wissen
Bearbeitungszeit 5 Minuten

Beantworten Sie bitte die folgenden Aufgaben, indem Sie jeweils den richtigen Lösungsbuchstaben markieren.

41) Wer oder was ist ein/e Burka?
A. Ein hoher jüdischer Feiertag
B. Ein Ganzkörperschleier muslimischer Frauen
C. Eine Kopfbedeckung orthodoxer Christen
D. Ein buddhistischer Religionsgelehrter
E. Keine Antwort ist richtig.

42) Wer ist der Gründer der modernen Türkei?
A. Osman I.
B. Orhan Pamuk
C. Recep Tayyip Erdoğan
D. Mustafa Kemal Atatürk
E. Keine Antwort ist richtig.

43) Welches eigene Genre bilden die Produkte der indischen Filmindustrie?
A. Delhi-Drama
B. Bollywood-Film
C. Bombay Movie
D. Cinema Eastern
E. Keine Antwort ist richtig.

44) Der Ramadan …?
A. ist der islamische Fastenmonat.
B. ist das jüdische Neujahrsfest.
C. ist das buddhistische Weihnachtsfest.
D. ist das hinduistische Osterfest.
E. Keine Antwort ist richtig.

45) Bunte Haare, große Augen – charakteristische Figurenmerkmale in japanischen Comics, den sogenannten …?
A. Makis.
B. Fugus.
C. Tangos.
D. Mangas.
E. Keine Antwort ist richtig.

46) Was enthält die Tora?
A. Verhaltensregeln für Diplomaten
B. Wichtige religiöse Texte des Judentums
C. Völkerrechtliche Verträge
D. Verfassungstexte von UNO-Staaten
E. Keine Antwort ist richtig.

47) Ein traditionelles indisches Kleidungsstück für Frauen heißt …?
A. Fes.
B. Kaftan.
C. Kippa.
D. Sari.
E. Keine Antwort ist richtig.

48) In der Ökumene suchen …?
A. Zentralbanken die internationale Kooperation.
B. verschiedene Religionsgemeinschaften den Dialog.
C. Bauern gemeinsame Bewirtschaftungsformen.
D. Araber nach Erdöl.
E. Keine Antwort ist richtig.

49) Der Begriff „Maghreb" bezeichnet eine Region …?
A. in Südamerika.
B. auf der Arabischen Halbinsel.
C. in Afghanistan.
D. in Nordafrika.
E. Keine Antwort ist richtig.

50) Zaire war von 1971 bis 1997 der offizielle Name …?
A. Ruandas.
B. Südafrikas.
C. der Demokratischen Republik Kongo.
D. Äthiopiens.
E. Keine Antwort ist richtig.

Kunst, Musik und Literatur *Bearbeitungszeit 5 Minuten*

Beantworten Sie bitte die folgenden Aufgaben, indem Sie jeweils den richtigen Lösungsbuchstaben markieren.

51) Wessen 9. Sinfonie enthält die Ode „An die Freude"?
A. Gustav Mahler
B. Ludwig van Beethoven
C. Johann Strauß
D. Joseph Haydn
E. Keine Antwort ist richtig.

52) Wer schrieb „Die Räuber"?
A. Gotthold Ephraim Lessing
B. Johann Wolfgang von Goethe
C. Heinrich Heine
D. Friedrich Schiller
E. Keine Antwort ist richtig.

53) Welcher Jamaikaner gilt als Pionier und populärster Vertreter der Reggae-Musik?
A. Bob Marley
B. Louis Armstrong
C. Patrice
D. Desmond Dekker
E. Keine Antwort ist richtig.

54) In welchem Stil ist der Kölner Dom gebaut?
A. Romantik
B. Renaissance
C. Gotik
D. Barock
E. Keine Antwort ist richtig.

55) Zu welchem künstlerischen Stil rechnet man Salvador Dalí und René Magritte?
A. Surrealismus
B. Impressionismus
C. Expressionismus
D. Realismus
E. Keine Antwort ist richtig.

56) Wo ist Michelangelos berühmtes Wandbild „Das Jüngste Gericht" zu sehen?
A. Sixtinische Kapelle
B. Kölner Dom
C. Louvre
D. Kathedrale von Sankt Petersburg
E. Keine Antwort ist richtig.

57) Von wem stammt der Ausspruch „Ich denke, also bin ich"?
- A. Baruch Spinoza
- B. René Descartes
- C. Friedrich Nietzsche
- D. Immanuel Kant
- E. Keine Antwort ist richtig.

58) Wer schrieb „Die verlorene Ehre der Katharina Blum"?
- A. Thomas Mann
- B. Heinrich Böll
- C. Siegfried Lenz
- D. Günter Grass
- E. Keine Antwort ist richtig.

59) Eine Kunstgalerie lädt zur Vernissage. Was erwartet die Besucher?
- A. Die Eröffnung einer Kunstausstellung
- B. Die Versteigerung von Kunstwerken
- C. Ein Tanzabend in besonderem Ambiente
- D. Ein persönliches Gespräch mit einem bekannten Künstler
- E. Keine Antwort ist richtig.

60) Ein bekanntes Theaterstück Samuel Becketts heißt: „Warten auf …"?
- A. „Loriot".
- B. „Godot".
- C. „Abendrot".
- D. „Gernot".
- E. Keine Antwort ist richtig.

Computer und Internet

Bearbeitungszeit 5 Minuten

Beantworten Sie bitte die folgenden Aufgaben, indem Sie jeweils den richtigen Lösungsbuchstaben markieren.

61) Wo finden sich Favoriten, Lesezeichen und Bookmarks?
A. Taskleiste auf dem Desktop
B. Menüleiste des Webbrowsers
C. Gerätedatenbank des Systems
D. Boot-Sektor des Rechners
E. Keine Antwort ist richtig.

62) Welche Dateiendung steht für ein Dateiformat komprimierter Bilder?
A. psd
B. mp3
C. jpg
D. tif
E. Keine Antwort ist richtig.

63) Wenn von einem Blog die Rede ist, meint man damit …?
A. eine bestimmte Partition der Festplatte.
B. ein Modul zur Speicherplatzerweiterung.
C. eine Online-Videokonferenz.
D. eine bestimmte Publikationsform im Internet.
E. Keine Antwort ist richtig.

64) Was bedeutet die Angabe „BCC" beim E-Mailversand?
A. Der gesamte Empfängerkreis einer E-Mail ist in der Empfänger-Mail sichtbar.
B. Alle im Feld „BCC" eingetragenen Empfänger bleiben für andere Empfänger dieser E-Mail unsichtbar.
C. Nur die ersten zehn Empfänger einer E-Mail sind in der Empfänger-Mail sichtbar.
D. Der gesamte Empfängerkreis einer E-Mail ist in der Empfänger-Mail nicht sichtbar.
E. Keine Antwort ist richtig.

65) Was ist ein Motherboard?
A. Die Schnittstelle zu einem Server
B. Der Sockel zum Einsetzen der Grafikkarte
C. Die Hauptplatine zur Unterbringung der Komponenten
D. Ein Computergehäuse
E. Keine Antwort ist richtig.

66) Was sind Cookies?
A. Schadprogramme, die den Computer infizieren
B. Nützliche Programme, die im Lieferumfang des Betriebssystems kostenlos enthalten sind
C. Informationseinheiten zur Personalisierung von Websites
D. Textbausteine in Programmiersprache, mit denen man selbst eigene kleine Programme entwickeln kann
E. Keine Antwort ist richtig.

67) Per Drag & Drop lassen sich …?
A. Computer schnell auseinanderbauen und wieder zusammensetzen.
B. Objekte auf grafischen Benutzeroberflächen einfach verschieben.
C. Peripheriegeräte problemlos anschließen.
D. Kabel- leicht durch Funkverbindungen ersetzen.
E. Keine Antwort ist richtig.

68) Unter dem Begriff „Intranet" versteht man ein …?
A. weltweit öffentliches Netzwerk.
B. internes Netzwerk.
C. externes Netzwerk.
D. öffentliches Netzwerk.
E. Keine Antwort ist richtig.

69) Wie können Sie in einem Microsoft Office-Dokument einen markierten Abschnitt drucken?
A. Den gewünschten Teil markieren, das Drucksymbol anklicken und auf „OK" klicken
B. Den gewünschten Teil markieren, die Tastenkombination „Strg + P" drücken, den Punkt „Auswahl drucken" wählen und auf „Drucken" klicken
C. Den gewünschten Teil markieren und das Drucksymbol anklicken
D. Die Tastenkombination „Strg + S" wählen
E. Keine Antwort ist richtig.

70) Was gilt für die Top-Level-Domain?
A. Jedes Land verfügt über genau eine Top-Level-Domain.
B. Eine Top-Level-Domain besteht immer aus einem Punkt und zwei weiteren Buchstaben.
C. Die Top-Level-Domain bezeichnet den letzten Teil eines Domainnamens.
D. Die Top-Level-Domain „com" wird nur an amerikanische Staatsbürger vergeben.
E. Keine Antwort ist richtig.

Physik und Technik

Bearbeitungszeit 5 Minuten

Beantworten Sie bitte die folgenden Aufgaben, indem Sie jeweils den richtigen Lösungsbuchstaben markieren.

71) Man kann die Tischdecke eines gedeckten Tisches so abziehen, dass Gläser und Geschirr vollkommen ruhig stehen bleiben – vorausgesetzt, man zieht schnell genug. Was ist dafür verantwortlich?
A. Die hohe Reibung von Tischdecke, Geschirr und Gläsern
B. Der große Luftwiderstand
C. Die Trägheit von Geschirr und Gläsern
D. Die elektrische Ladung von Tisch, Gläsern und Geschirr
E. Keine Antwort ist richtig.

72) Ein unbewölkter Himmel ist morgens und abends rötlich – das liegt an …?
A. den Dichteunterschieden von warmer und kalter Luft.
B. der Erwärmung bzw. Abkühlung von Atmosphären-Partikeln.
C. der Magnetisierung der Erdatmosphäre.
D. der Streuung von Licht mit unterschiedlichen Wellenlängen.
E. Keine Antwort ist richtig.

73) Welche Geschwindigkeit hat das Licht?
A. 300.000 km/h
B. 300.000 km/s
C. 300.000 m/h
D. 300.000 m/s
E. Keine Antwort ist richtig.

74) 1 Newton ist die Kraft, die benötigt wird, um …?
A. einen ruhenden Körper der Masse 1 kg innerhalb 1 Sekunde auf 1 m Höhe anzuheben.
B. einen ruhenden Körper der Masse 10 kg auf eine Geschwindigkeit von 9,81 m/s zu beschleunigen.
C. einen ruhenden Körper der Masse 1 kg innerhalb 1 Sekunde auf 10 m Höhe anzuheben.
D. einen ruhenden Körper der Masse 1 kg innerhalb 1 Sekunde auf eine Geschwindigkeit von 1 m/s zu beschleunigen.
E. Keine Antwort ist richtig.

75) Unter welcher Bedingung sinkt ein Festkörper in einer Flüssigkeit?
A. Wenn die Gewichtskraft des Festkörpers größer ist als jene der verdrängten Flüssigkeit
B. Wenn die Gewichtskraft der Flüssigkeit höher ist als die Auftriebskraft des Festkörpers
C. Wenn die Dichten von Flüssigkeit und Festkörper gleich sind
D. Wenn die Gewichtskraft des Festkörpers geringer ist als jene der verdrängten Flüssigkeit
E. Keine Antwort ist richtig.

76) Die Viskosität beschreibt die Fließfähigkeit z. B. von Schmierölen: Große Viskosität bedeutet dabei große Zähigkeit. Welche Aussage trifft zu?
A. Je dickflüssiger (viskoser) das Öl, desto besser seine Qualität.
B. Extrem dickflüssiges Öl erreicht schnell alle zu schmierenden Stellen.
C. Je dünnflüssiger das Öl ist, desto besser schmiert es.
D. Extrem dünnflüssiges Öl eignet sich besonders für schmale Zwischenräume.
E. Keine Antwort ist richtig.

77) Wenn ein Körper nicht beschleunigt wird, dann …?
A. bewegt er sich mit Sicherheit nicht.
B. verliert er mit Sicherheit an Energie.
C. behält er seine Geschwindigkeit mit Sicherheit bei.
D. besitzt er mit Sicherheit keine Masse.
E. Keine Antwort ist richtig.

78) Mit einem Generator kann man …?
A. chemische in mechanische Energie umwandeln.
B. elektrische Energie in Wärmeenergie umwandeln.
C. mechanische in elektrische Energie umwandeln.
D. elektrische in mechanische Energie umwandeln.
E. Keine Antwort ist richtig.

79) Wozu verwendet man in der Optik Prismen?
A. Lichtfilterung
B. Umwandlung von Licht in Wärme
C. Verstärkung der Leuchtkraft
D. Lichtbrechung
E. Keine Antwort ist richtig.

80) Was sind Ionen?
A. Atome eines chemischen Elements aus der Gruppe der Actinoide
B. Elektrisch geladene Atome oder Moleküle
C. Teilchen, die keine Elektrizität leiten
D. Ionen sind Elektronen.
E. Keine Antwort ist richtig.

Biologie und Chemie

Bearbeitungszeit 5 Minuten

Beantworten Sie bitte die folgenden Aufgaben, indem Sie jeweils den richtigen Lösungsbuchstaben markieren.

81) Was ist eine Emulsion?
- A. Eine besonders kratzfeste Beschichtung
- B. Ein ätzendes Reinigungsmittel
- C. Ein Gemisch zweier Flüssigkeiten
- D. Eine explosive Lösung
- E. Keine Antwort ist richtig.

82) Wofür sind die weißen Blutkörperchen zuständig?
- A. Sauerstofftransport im Blut
- B. Abwehr von Krankheitserregern
- C. Schnelle Blutgerinnung
- D. Transport von Nährstoffen
- E. Keine Antwort ist richtig.

83) Womit kann man den pH-Wert eines Stoffes ermitteln?
- A. Mit einem Intrigator
- B. Mit einem Filtrator
- C. Mit einem Indignator
- D. Mit einem Indikator
- E. Keine Antwort ist richtig.

84) Welche Reihe ordnet die Tiere aufsteigend nach der Anzahl ihrer Beine?
- A. Vogel – Hund – Biene – Spinne
- B. Schlange – Schwein – Spinne – Biene
- C. Affe – Schwein – Krokodil – Spinne
- D. Biene – Krokodil – Spinne – Tausendfüßler
- E. Keine Antwort ist richtig.

85) Wie orientieren sich Fledermäuse in der Dunkelheit?
- A. Mit sehr lichtempfindlichen Augen
- B. Mit einem Schallortungssystem
- C. Über ihren Geruchssinn
- D. Sie „speichern" die bei Tageslicht erkundete Umgebung in ihrem fotografischen Gedächtnis.
- E. Keine Antwort ist richtig.

86) Welches Element ist der Grundstoff vieler Düngemittel?
A. Sauerstoff
B. Kohlenstoff
C. Stickstoff
D. Schwefel
E. Keine Antwort ist richtig.

87) Mithilfe des Sonnenlichts wird bei der Fotosynthese …?
A. Wasser in Sauerstoff und Kohlendioxid umgewandelt.
B. Wasser und Kohlendioxid in Stickstoff und Glucose umgewandelt.
C. Wasser und Kohlendioxid in Sauerstoff und Glucose umgewandelt.
D. Kohlendioxid in Wasser umgewandelt.
E. Keine Antwort ist richtig.

88) Welcher Teil einer Zelle ist für die Energieversorgung verantwortlich?
A. Mitochondrien
B. Zellmantel
C. Ribosomen
D. Zellkern
E. Keine Antwort ist richtig.

89) Was ist ein Molekül?
A. Gruppe von Metallen
B. Gruppe von Elementen
C. Gruppe von Atomen
D. Gruppe von Protonen
E. Keine Antwort ist richtig.

90) Wie viele Chromosomen besitzt der Mensch?
A. 24
B. 34
C. 54
D. 46
E. Keine Antwort ist richtig.

Lückentext

Bearbeitungszeit 5 Minuten

Welche Wörter aus der angegebenen Liste ergänzen den Lückentext sinnvoll? Für jede nummerierte Leerstelle stehen drei Möglichkeiten zur Auswahl.

Wirtschaftsräume

91 Bundesrepublik Deutschland | Sowjetunion | Deutschen Demokratischen Republik
92 Jugoslawienkriegs | Kalten Kriegs | Kosovokriegs
93 Maastricht-Verträge | 2+4-Verträge | NATO-Beitrittsabkommen
94 die Europäische Zentralbank | der Europäische Binnenmarkt | das Europäische Parlament
95 Mautgebühren | Zollkontrollen | Transitverträge
96 Vertrags von Rotterdam | Schengener Abkommens | Pariser Pakts
97 Polen und Ungarn | die Ukraine und Georgien | Serbien und Tschechien
98 das Gemeinschaftsrecht | das Völkerrecht | die Menschenrechtskonvention
99 Außengrenzen | Binnengrenzen | Gewerbegebiete
100 der Schwarzarbeit | der Umweltverschmutzung | der Börsenspekulation

Die politischen Veränderungen der Wendezeit wirkten sich auch auf das Zollsystem aus – 1990 übernahm die Bundeszollverwaltung die zollbehördliche Verantwortung für das Gebiet der untergegangenen 91 _____.

Nach dem Ende des 92 _____ wurden auch die europäischen Harmonisierungspläne weiter vorangetrieben: Als Meilenstein der europäischen Annäherung gilt die Gründung der Europäischen Union (EU) mit Inkrafttreten der 93 _____ 1993. Das wirtschaftliche Fundament der EU sollte und soll 94 _____ sein. So wurden nun beim Warenverkehr zwischen den EU-Mitgliedsländern die 95 _____ abgeschafft, die wenig später dank des 96 _____ auch für den Personenverkehr entfielen. Die im Jahr 2003 beschlossene EU-Erweiterung um unter anderem 97 _____ schuf in Europa sogar den größten gemeinsamen Wirtschaftsraum der Welt: Die Beitrittsstaaten übernahmen 98 _____ der EU und traten somit dem gemeinschaftlichen Zollgebiet bei.

Aufgrund der Öffnung der europäischen 99 _____ haben sich die Aufgabenschwerpunkte des deutschen Zolls verschoben – standen früher die Grenzkontrollen im Mittelpunkt, sind es heute vermehrt Aufgaben im Inland, beispielsweise bei der Bekämpfung 100 _____ .

Lösungen: Allgemeinwissen

1) A	31) D	61) B
2) A	32) B	62) C
3) A	33) A	63) D
4) A	34) B	64) B
5) A	35) C	65) C
6) A	36) B	66) C
7) B	37) C	67) B
8) B	38) A	68) B
9) D	39) B	69) B
10) D	40) D	70) C
11) D	41) B	71) C
12) A	42) D	72) D
13) D	43) B	73) B
14) D	44) A	74) D
15) C	45) D	75) A
16) A	46) B	76) D
17) C	47) D	77) C
18) B	48) B	78) C
19) D	49) D	79) D
20) D	50) C	80) B
21) D	51) B	81) C
22) A	52) D	82) B
23) A	53) A	83) D
24) D	54) C	84) A
25) A	55) A	85) B
26) A	56) A	86) C
27) C	57) B	87) C
28) D	58) B	88) A
29) C	59) A	89) C
30) C	60) B	90) D

91) Deutschen Demokratischen Republik
92) Kalten Kriegs
93) Maastricht-Verträge
94) der Europäische Binnenmarkt
95) Zollkontrollen
96) Schengener Abkommens
97) Polen und Ungarn
98) das Gemeinschaftsrecht
99) Binnengrenzen
100) der Schwarzarbeit

Staat und Politik (Aufgaben 1–10)

Zu 1) A. Der Bundeskanzler

Der Bundespräsident ist zwar das Staatsoberhaupt der Bundesrepublik Deutschland, doch der Bundeskanzler ist faktisch der mächtigste deutsche Politiker: Er bestimmt die Richtlinien der Politik und die Minister, die allerdings vom Bundespräsidenten ernannt werden.

Zu 2) A. Parlamentarische Demokratie

In einer parlamentarischen Demokratie werden die wichtigsten politischen Entscheidungen von einem Parlament getroffen, das aus einer freien Volkswahl hervorgegangen ist und daraus seine Legitimation ableitet. Die parlamentarische Demokratie ist eine repräsentative Demokratie: Die gewählten Abgeordneten sollen das Volk vertreten, von dem als Souverän die Staatsgewalt ausgeht.

Zu 3) A. Mit der Erststimme

Für die Bundestagswahl hat jeder Wähler zwei Stimmen. Die Erststimme zählt für den Direktkandidaten im Wahlkreis und die Zweitstimme für die Landesliste der Partei.

Zu 4) A. Zusammenschluss von Abgeordneten

„Fraktion" nennt man einen freiwilligen Zusammenschluss von Abgeordneten zur Durchsetzung ihrer politischen Interessen und Ziele in einem Parlament. In der Regel bildet jede Partei eine Fraktion.

Zu 5) A. Aufgaben werden auf möglichst niedriger Ebene (Stadt, Gemeinde) umgesetzt.

Nach dem Subsidiaritätsprinzip sollen staatliche Aufgaben auf möglichst niedriger Ebene umgesetzt werden, beispielsweise von Kommunen (Städte, Gemeinden), solange die jeweiligen Stellen dazu in der Lage sind. Das Subsidiaritätsprinzip ist ein wichtiges Konzept für die Europäische Union und auch die Bundesrepublik Deutschland.

Zu 6) A. Die Unabhängigkeit von Legislative, Exekutive und Judikative

„Gewaltenteilung" bezeichnet das Prinzip, die Staatsgewalt auf mehrere Staatsorgane zu verteilen, um ihre Macht zu begrenzen und dadurch Freiheit und Gerechtigkeit zu sichern. Man unterscheidet drei Gewalten: die Gesetzgebung (Legislative), die ausführende Gewalt (Exekutive) und die Rechtsprechung (Judikative).

Zu 7) B. Interessengruppen versuchen, Einfluss auf die Politik zu nehmen.

„Lobbyismus" nennt man es, wenn eine Interessengruppe (die Lobby) über persönliche Kontakte Einfluss auf Politik, Medien und Justiz nehmen will, um ihre Ziele zu verfolgen. Die Vertreter einer Lobby (die Lobbyisten) versuchen zum Beispiel, Beziehungen zu Parlamentsangehörigen oder Pressevertretern aufzubauen oder selbst in Schlüsselpositionen zu gelangen.

Zu 8) B. CDU und CSU

Als „Unionsparteien" bezeichnet man die Schwesterparteien CDU (Christlich Demokratische Union) und CSU (Christlich-Soziale Union). Bei Wahlen tritt in Bayern nur die CSU an, außerhalb des Freistaats nur die CDU. Im Bundestag bilden sie eine Fraktionsgemeinschaft.

Zu 9) D. Irland

Der Langname des Vereinigten Königreichs lautet „Vereinigtes Königreich Großbritannien und Nordirland" („United Kingdom of Great Britain and Northern Ireland"). Dazu zählen alle Teile der britischen Insel – Schottland, Wales, England – und Nordirland, jedoch nicht Irland.

Zu 10) D. Albanien

Albanien ist kein Mitglied der Europäischen Union, die aktuell (Stand 2025) folgende 27 Staaten umfasst: Belgien, Bulgarien, Dänemark, Deutschland, Estland, Finnland, Frankreich, Griechenland, Irland, Italien, Kroatien, Lettland, Litauen, Luxemburg, Malta, Niederlande, Österreich, Polen, Portugal, Rumänien, Schweden, Slowakei, Slowenien, Spanien, Tschechien, Ungarn und die Republik Zypern.

Wirtschaft und Gesellschaft (Aufgaben 11–20)

Zu 11) D. Soziale Marktwirtschaft

In der Sozialen Marktwirtschaft fällt dem Staat die Rolle zu, auf sozialen Ausgleich hinzuwirken. Die Soziale Marktwirtschaft gilt heute als Grundlage der deutschen Wirtschafts- und

Sozialordnung. Das Modell wurde von Ludwig Erhard entworfen und baut auf Elementen der freien Marktwirtschaft auf, wird jedoch durch wettbewerbspolitische und regulierende Maßnahmen des Staats ergänzt.

Zu 12) A. Der Wert aller Endprodukte und Dienstleistungen, die in einer bestimmten Periode durch Produktionsfaktoren produziert werden, die sich im Eigentum von Inländern befinden

Das Bruttonationaleinkommen (früher „Bruttosozialprodukt") ist der Wert der Endprodukte und Dienstleistungen, die in einer bestimmten Periode durch Produktionsfaktoren produziert werden, die sich im Eigentum von Inländern befinden – unabhängig davon, ob die Produktion im In- oder Ausland stattfindet.

Zu 13) D. Europäische Zentralbank

Den Leitzins im Währungsraum des Euro bestimmt seit dessen Einführung die Europäische Zentralbank. Man bezeichnet damit den Zinssatz, zu dem sich Geschäftsbanken von der Zentralbank Geld beschaffen können. Der Leitzins ist ein wichtiges geldpolitisches Instrument: Er beeinflusst den gesamten Refinanzierungsmarkt und damit die Liquidität des Währungsraums. Weitere wichtige Leitzinssätze sind die „Repo Rate" der Bank of England und die nominale „Federal Funds Rate" der Federal Bank of America.

Zu 14) D. Davos

Das Weltwirtschaftsforum (WEF) hat zwar seinen Sitz in Cologny bei Genf, seine jährlichen Treffen finden jedoch seit 1971 im Wintersportort Davos statt – zuerst unter dem Namen „European Management Symposium", seit 1987 als „Weltwirtschaftsforum". Dort versammeln sich international führende Wirtschaftsexperten, Politiker, Wissenschaftler, Vertreter von Nichtregierungsorganisationen und Journalisten, um dringliche weltpolitische Fragen zu diskutieren.

Zu 15) C. Anteilseigner einer AG

Dividenden sind Gewinnbeteiligungen, die eine Aktiengesellschaft an ihre Aktionäre ausschüttet. Die Verwendung des Bilanzgewinns einer AG – und damit die Dividendenhöhe – wird vom Vorstand vorgeschlagen, vom Aufsichtsrat geprüft und von der Hauptversammlung beschlossen. Die Dividende ist von der allgemeinen Geschäftslage abhängig und kann daher von Jahr zu Jahr schwanken oder sogar ganz ausfallen.

Zu 16) A. Die Tarifvertragsparteien können Löhne und Gehälter frei vereinbaren.

„Tarifautonomie" bedeutet: Die Tarifvertragsparteien – die Gewerkschaften und Arbeitgeberverbände – können Tarifverträge frei vereinbaren, unabhängig vom Staat. Allerdings müssen sie sich dabei an bestimmte rechtliche Rahmenbedingungen halten.

Zu 17) C. Bei einem Nachfrageüberhang ist die Nachfrage kleiner als das Angebot.

Bei einem Nachfrageüberhang gibt es auf einem Markt mehr Käufer als Verkäufer. Umgekehrt spricht man von einem Angebotsüberhang, wenn es mehr Verkäufer als Käufer gibt. Als „Nachfrage" bezeichnet man die Gütermenge, die die Nachfragenden (die Konsumenten) zu einem bestimmten Preis erwerben wollen. Faktoren wie veränderte Lebensumstände, höhere Einkommen oder neue Moden können ein Nachfragewachstum auslösen – somit wird das Angebot (die Waren) knapper und letztlich teurer. Angeregt durch die höheren Preise, werden nun weitere Anbieter in den Markt eintreten oder bestehende Anbieter ihr Angebot ausweiten. In diesem freien Spiel des Marktes bildet sich schließlich ein neues Gleichgewicht mit anderen Preisen und Umsätzen.

Zu 18) B. Das Auslandsvermögen bzw. die Forderungen gegenüber dem Ausland steigen.

Wenn ein Land ständig einen Exportüberschuss verzeichnet, d. h. mehr exportiert als importiert, kommt es zu einem Anstieg des Auslandsvermögens oder der Auslandsforderungen: Die exportierten Waren und Dienstleistungen müssen vom Ausland bezahlt werden. Dies kann durch die Einräumung von Krediten oder den Kauf von Produktionsstätten im Ausland geschehen, durch den dort die erforderlichen Zahlungsmittel frei werden.

Zu 19) D. Die Fähigkeit eines Unternehmens, seinen Zahlungsverpflichtungen termingerecht nachzukommen

Verfügt ein Unternehmen über ausreichende Zahlungsmittel, um seine Verbindlichkeiten zu begleichen, bezeichnet man es als „liquide". Unterschieden wird zwischen der Barliquidität (Vermögen, das unmittelbar zur Zahlung eingesetzt werden kann), der einzugsbedingten Liquidität (Vermögen, das nicht unmittelbar zur Zahlung eingesetzt werden kann, aber eine kurzfristige Umwandlung ermöglicht wie diskontierbare Wechsel) sowie der umsatzbedingten Liquidität (Vermögen, das erst in Barmittel umgesetzt werden muss, z. B. Produkte und Wirtschaftsgüter).

Zu 20) D. Importe aus den USA werden teurer.

Eine Aufwertung des Dollars könnte für Deutschland bedeuten, dass in Dollar bezahlte Waren teurer werden.

Die Wechselkurse einer Landeswährung beeinflussen die wirtschaftliche Entwicklung des Landes und seiner Handelspartner. Die Auswirkungen sind vielfältig und zeigen sich oft erst langfristig. Wenn die inländische Währung abwertet – oder eine ausländische Währung aufwertet – steigen die Importpreise. Dadurch sinkt die Wettbewerbsfähigkeit der inländischen Unternehmen, deren Produkte im Ausland teurer werden. Eine Abwertung der inländischen Währung stimuliert dagegen die Exportwirtschaft. Auch auf die Inflationsrate haben Wechselkurse Einfluss: Eine inländische Abwertung oder ausländische Aufwertung macht Importprodukte teurer – das fördert die Inflation. Umgekehrt wirkt eine inländische Aufwertung oder ausländische Abwertung inflationsbremsend.

Geschichte und Kulturgeschichte (Aufgaben 21–30)

Zu 21) D. Willy Brandt

Willy Brandt war von 1969 bis 1974 der erste Bundeskanzler der SPD, nach den drei CDU-Kanzlern Konrad Adenauer (1949–1963), Ludwig Erhard (1963–1966) und Kurt Georg Kiesinger (1966–1969).

Zu 22) A. Europäische Union

Der Vertrag von Maastricht heißt offiziell „Vertrag über die Europäische Union". Der Gründungsvertrag der EU wurde 1992 verabschiedet und schuf einen übergeordneten Verbund für die existierenden Vereinbarungen im Rahmen der Europäischen Gemeinschaften. Die EU fußt auf einer gemeinsam koordinierten Agrar-, Wirtschafts-, Bildungs- und Sozialpolitik sowie gemeinsamem Verbraucherschutz, beinhaltet eine gemeinsame Außen- und Sicherheitspolitik und entwickelt die polizeiliche und justizielle Zusammenarbeit ihrer Mitgliedsstaaten.

Zu 23) A. Mitglieder der „Beatles".

John Lennon (Gesang + Gitarre), Paul McCartney (Gesang + Bass), George Harrison (Gesang + Leadgitarre) und Ringo Starr (Gesang + Schlagzeug) bildeten die „Beatles". Nach wechselnden Besetzungen am Schlagzeug und am Bass schaffte die britische Rockband in dieser Formation Anfang der 1960er-Jahre den Durchbruch und wurde zu einer der weltweit kommerziell erfolgreichsten Bands. Allein in Deutschland landeten die „Beatles" elf Nummer-1-Hits in den Charts. Nach internen Querelen trennte sich die Band 1970.

Zu 24) D. George Washington

George Washington, nach dem die amerikanische Hauptstadt benannt ist, war von 1789 bis 1797 der erste Präsident der Vereinigten Staaten. Er hat als Oberbefehlshaber der Continental Army und Vorsitzender der verfassungsgebenden Philadelphia Convention einen entscheidenden Beitrag zur Entstehung der USA als Nation geleistet.

Zu 25) A. dem Westfälischen Frieden.

Der Dreißigjährige Krieg brach 1618 mit dem Aufstand der böhmischen Stände gegen die Herrschaft der Habsburger aus. Im Verlauf des Kriegs griffen alle Großmächte Europas auf den mitteleuropäischen Kriegsschauplätzen ein, mit verheerenden Folgen für die Bevölkerung. Nach fünfjährigen Verhandlungen der involvierten Parteien konnten 1648 in Münster und Osnabrück die endgültigen Friedensverträge beschlossen werden. Sie führten zu einer politischen und territorialen Neuordnung Europas.

Zu 26) A. 9. November 1989

Die Berliner Mauer trennte vom 13. August 1961 bis zum 9. November 1989 West-Berlin vom Ostteil der Stadt und vom umgebenden Gebiet der DDR. Sie war eines der bekanntesten Symbole für den Kalten Krieg und die Teilung Deutschlands.

Zu 27) C. 1789

Die Französische Revolution zählt zu den einschneidendsten Ereignissen der europäischen Geschichte. Sie bewirkte tiefgreifende soziale und politische Veränderungen und prägte das neuzeitliche Demokratieverständnis. Ausgelöst 1789 durch soziale Unruhen, zogen bis zum Jahr 1799 mehrere revolutionäre Wellen durch Frankreich.

In der ersten Revolutionsphase kämpften verschiedene gesellschaftliche Gruppen vor allem für bürgerliche Freiheitsrechte. Die absolutistische Alleinherrschaft des Königs wurde durch eine gemäßigte konstitutionelle Monarchie abgelöst. Als Reaktion darauf formierten sich gegenrevolutionäre Kräfte im In- und Ausland, und die Revolution trat in ihre zweite Phase ein: Eine Revolutionsregierung riss 1792 die Macht an sich, schuf eine Republik mit radikaldemokratischen Zügen und übte eine Schreckensherrschaft aus mit dem Ziel, alle „Feinde der Revolution" zu vernichten. In der dritten Phase (ab 1795) wurde Frankreich von einem fünfköpfigen Direktorium regiert, das besitzbürgerliche Interessen gegen sozialistische und monarchistische Strömungen verteidigte.

Zu 28) D. Lukas, Johannes, Matthäus und Markus

Das Neue Testament entstand etwa zwischen 50 und 130 n. Chr. im jüdisch-christlichen Umfeld des östlichen Mittelmeerraums. Mit den vier Evangelien, die nach Ihren mutmaßlichen Verfassern benannt sind, besteht es vor allem aus erzählenden Schriften. Hinzu kommen die Apostelgeschichte, belehrende Briefliteratur sowie die Offenbarung des Johannes.

Zu 29) C. Ölkrise

Zur Ölkrise kam es 1973, als die arabischen Staaten als Reaktion auf den Jom-Kippur-Krieg ihre Erdöllieferungen drosselten. Die Folgen waren Ölknappheit und rasant steigende Ölpreise. Neben vier autofreien Sonntagen verordnete die Bundesregierung damals auch neue Tempolimits. Die Ölkrise machte die Abhängigkeit der Industrienationen von fossilen Rohstoffen deutlich.

Zu 30) C. Friedrich Nietzsche

Der Ausspruch vom Tod Gottes findet sich an verschiedenen Stellen im Werk Friedrich Nietzsches (1844–1900). Nietzsche drückt damit den zwiespältigen Anbruch eines verweltlichten Zeitalters aus: Fortschreitende Aufklärung, Wissenschaft und Liberalisierung haben traditionelle, religiös fundierte Werteordnungen ausgehöhlt – ein gewaltiger Vorgang mit ungeheurer Tragweite und unvorhersehbaren Auswirkungen.

Geografie (Aufgaben 31–40)

Zu 31) D. Gemäßigte Breiten

Deutschland liegt in den gemäßigten Breiten. Diese Klimazone befindet sich zwischen der kalten Zone und den Subtropen und hat nach den Tropen die höchste Niederschlagsmenge. Charakteristisch sind außerdem die deutlichen Temperaturunterschiede zwischen den Jahreszeiten und die unterschiedlich langen Tage.

Zu 32) B. Elbe

Die Elbe entspringt in Tschechien, fließt durch Deutschland und mündet in die Nordsee. An weiteren Großstädten durchfließt sie Magdeburg und Hamburg.

Zu 33) A. Mainz

Mainz, die Landeshauptstadt von Rheinland-Pfalz, ist mit über 200.000 Einwohnern zugleich größte Stadt des Bundeslands. Mainz gilt als Hochburg des Karnevals und beheimatet eine Universität, einen römisch-katholischen Bistumssitz sowie mehrere Fernseh- und Rundfunkanstalten, darunter das Zweite Deutsche Fernsehen (ZDF). Mainz liegt seiner Nachbarstadt Wiesbaden gegenüber an der Mündung des Mains in den Rhein.

Zu 34) B. 9

Deutschland hat gemeinsame Grenzen mit neun weiteren Ländern. Im Uhrzeigersinn: Dänemark, Polen, Tschechien, Österreich, Schweiz, Frankreich, Luxemburg, Belgien, Niederlande.

Zu 35) C. Oldenburg

Die Orte A, B und D sind allesamt bayerische Großstädte: Augsburg ist die Hauptstadt des Regierungsbezirks Schwaben, Regensburg die Hauptstadt des Regierungsbezirks Oberpfalz und Würzburg die Hauptstadt des Regierungsbezirks Unterfranken. Oldenburg ist eine kreisfreie Stadt in Niedersachsen.

Zu 36) B. Pazifik

Die Inselkette Hawaii gehört zu den Vereinigten Staaten von Amerika. Sie liegt etwa 4.000 km vor der Westküste der USA im Pazifik und ist die abgelegenste Inselgruppe der Welt. Die Hauptstadt von Hawaii ist Honolulu.

Zu 37) C. Pakistans.

Dunkelgrau eingezeichnet ist das Staatsgebiet der Islamischen Republik Pakistan. Das Land grenzt im Südwesten an den Iran, im Westen und Nordwesten an Afghanistan, im Nordosten an China und im Osten und Südosten an Indien. Pakistan entstand 1947 aus den größtenteils muslimisch geprägten Gebieten des aufgelösten Kolonialreichs Britisch-Indien. Damals beinhaltete das Staatsgebiet noch den Landesteil Ostpakistan, der 1971 unter dem Namen Bangladesch unabhängig wurde.

Zu 38) A. Bosporus

Der Bosporus, die Meerenge zwischen Europa und Kleinasien, verbindet das Schwarze Meer mit dem

Marmarameer, einem Binnenmeer des Mittelmeers. An seinen Ufern erstreckt sich die Stadt Istanbul.

Zu 39) B. Griechenland

Griechenland liegt am Mittelmeer.

Zu 40) D. Schweden – Helsinki

Kombination D stimmt nicht: Die Hauptstadt Schwedens heißt Stockholm. Helsinki ist die finnische Hauptstadt.

Interkulturelles Wissen (Aufgaben 41–50)

Zu 41) B. Ein Ganzkörperschleier muslimischer Frauen

Die Burka ist ein Stofftuch, das den Körper nahezu vollständig verdeckt. Solche Ganzkörperschleier werden von muslimischen Frauen vor allem in Afghanistan, Pakistan und Teilen Indiens getragen. In der hiesigen Öffentlichkeit wird das Tragen der Burka kontrovers diskutiert; Kritiker sehen darin ein Symbol für die Unterdrückung der Frau.

Zu 42) D. Mustafa Kemal Atatürk

Die Türkei ging nach dem Ersten Weltkrieg aus dem Osmanischen Reich hervor. Der Staatsgründer Mustafa Kemal Atatürk wollte die Türkei durch zahlreiche gesellschaftliche Reformen nach dem Vorbild europäischer Nationalstaaten modernisieren. Zunächst wurde im Jahre 1922 das Sultanat, 1924 dann das Kalifat beseitigt. Im Folgenden schaffte die Türkei die Scharia ab und verbot in einer umfassenden Kleiderreform den Fez – eine männliche Kopfbedeckung – und den Schleier für die Frau. Zudem wurde die Gemeinschaftserziehung von Jungen und Mädchen eingeführt.

Zu 43) B. Bollywood-Film

„Bollywood" ist ein Kunstwort aus Bombay und Hollywood und bezeichnet die produktivste Filmindustrie der Welt – nämlich die indische mit einem Jahresausstoß von 200–250 Filmen. Charakteristische Elemente eines Bollywood-Films sind Tanz- und Musikeinlagen sowie eine erzählerische Kommentierung des Geschehens.

Zu 44) A. ist der islamische Fastenmonat.

Der Ramadan ist der islamische Fastenmonat. Während der Fastenzeit essen und trinken gläubige Muslime nur von Sonnenuntergang bis Sonnenaufgang.

Zu 45) D. Mangas.

Ein extravagantes Haarstyling und große Augen sind typische Stilmittel des modernen Mangas, des japanischen Comics, der sich auch in Deutschland großer Beliebtheit erfreut. Der Tango ist ein Tanz, als Makis bezeichnet man verschiedene Tierarten und Fugu ist eine Spezialität der japanischen Küche – bestehend aus dem Muskelfleisch von Kugelfischen.

Zu 46) B. Wichtige religiöse Texte des Judentums

Die Tora (auch „Thora") ist der erste Teil der hebräischen Bibel, der wichtigsten religiösen Schrift des Judentums. Sie besteht aus den fünf Büchern Mose. Oft meint man mit dem Begriff auch die Torarolle, eine handgeschriebene Pergamentrolle mit dem Text der Tora, aus der in jüdischen Gottesdiensten gelesen wird.

Zu 47) D. Sari.

Die Rede ist vom Sari, einem traditionellen Frauengewand, das in Indien, Sri Lanka, Bangladesch, Nepal und Teilen Pakistans bis heute alltäglich ist. Saris bestehen aus einer meist fünf bis sechs Meter langen, raffiniert um den Körper gewickelten Stoffbahn. Die Antworten A und C bezeichnen Kopfbedeckungen: Die Kippa wird von männlichen Juden getragen, der Fes war früher vor allem im Orient und auf dem Balkan gängig. Der Kaftan, ein knie- bis knöchellanges Woll- oder Seidenhemd, war einst im Osmanischen Reich und unter osteuropäischen Juden verbreitet. Heute schätzt man ihn noch in Zentralasien.

Zu 48) B. verschiedene Religionsgemeinschaften den Dialog.

„Ökumene" bezeichnet eine Bewegung, die die Zusammenarbeit der verschiedenen christlichen Konfessionen in ihren orthodoxen, katholischen und evangelischen Ausprägungen anstrebt. Manche Theologen beziehen den Begriff auch auf einen umfassenderen religiösen Dialog der monotheistischen Religionen Christentum, Judentum und Islam.

Zu 49) D. in Nordafrika.

„Maghreb" (arabisch für „Westen") bezeichnet den westlichen Teil des Verbreitungsgebiets des Islam. Der Maghreb umfasst die nordafrikanischen Länder Marokko, Tunesien und Algerien, teilweise auch Libyen und Mauretanien.

Zu 50) C. der Demokratischen Republik Kongo.

Die Demokratische Republik Kongo – der drittgrößte Staat Afrikas – ging 1960 aus der belgischen Kolonie Belgisch-Kongo hervor. Ab 1971 hieß das Land Zaire. Nachdem Laurent-

Désiré Kabila 1997 mit seiner Rebellenarmee den seit 1965 regierenden Diktator Mobutu gestürzt hatte, benannte er das Land wieder in Kongo um.

Kunst, Musik und Literatur (Aufgaben 51–60)

Zu 51) B. Ludwig van Beethoven

Der Komponist Ludwig van Beethoven (1770–1827) schuf neun Sinfonien, zahlreiche Streichquartette, Lieder, Klavierstücke, Orchesterwerke, Messen und eine Oper. Beethoven gilt als einer der wichtigsten Vertreter der Wiener Klassik, der die Musik dieser Stilepoche zu ihrer höchsten Entwicklung geführt hat, insbesondere in den stilprägenden Formen der Sinfonie, der Klaviersonate und des Streichquartetts.

Zu 52) D. Friedrich Schiller

„Die Räuber" wurde verfasst von Friedrich Schiller, einem deutschen Dichter, Dramatiker, Philosophen und Historiker. Im Mittelpunkt dieses 1782 veröffentlichten Dramas steht ein rivalisierendes Brüderpaar: auf der einen Seite der kluge, nach Freiheit strebende, vom Vater geliebte Karl Moor, der später zum Räuber wird; auf der anderen Seite der kühle, berechnende, unter Liebesentzug leidende Franz Moor. Anhand ihrer Geschichte entfaltet Schiller einen Konflikt von Gesetz und Freiheit.

Zu 53) A. Bob Marley

Bob Marley (1945–1981) begann seine Karriere als Sänger, Gitarrist und Songschreiber in der jamaikanischen Hauptstadt Kingston. Er spielte zunächst in einer Band, bevor er als Solokünstler durchstartete. Seine spirituell geprägten Songs transportieren die Botschaft der Rastafari-Religion, zu der Marley 1967 konvertierte.

Zu 54) C. Gotik

Der Kölner Dom, die nach dem Ulmer Münster zweithöchste Kirche Europas, zählt zum UNESCO-Weltkulturerbe. Der gotische Bau wurde im 13. Jahrhundert begonnen, erst 1880 fertiggestellt und im Zweiten Weltkrieg durch Bombentreffer stark beschädigt. Die Gotik entstand im 12. Jahrhundert und war geprägt von dem Bemühen, die christliche Ideenwelt darzustellen. In der Kunst spielten Symbol und Allegorie eine wichtige

Rolle, das zentrale Element gotischer Baukunst ist der Spitzbogen.

Zu 55) A. Surrealismus

Der Surrealismus ist eine literarische und künstlerische Bewegung, die um 1920 in Paris entstand. Die Surrealisten thematisierten Unwirkliches und Traumhaftes und versuchten zum Teil, Kunst in rauschhaften Zuständen zu produzieren, unbeeinflusst vom Bewusstsein. Der spanische Maler Salvador Dalí (1904–1989) ist einer der Hauptvertreter des Surrealismus, René Magritte (1898–1967) gilt als einer der wichtigsten surrealistischen Künstler Belgiens.

Zu 56) A. Sixtinische Kapelle

Die Sixtinische Kapelle im Vatikan, Schauplatz der Papstwahl (Konklave), wurde zwischen 1475 und 1483 unter Papst Sixtus IV. erbaut und nach ihm benannt. Sie beherbergt mehrere weltberühmte Gemälde. Michelangelos „Das Jüngste Gericht" entstand unter Papst Clemens VII. zwischen 1535 und 1541, ist über 200 m² groß und enthält rund 390 zum Teil überlebensgroße Figuren. Michelangelo, Maler und Bildhauer der Renaissance, lebte von 1475–1564.

Zu 57) B. René Descartes

René Descartes (1596–1650) war ein französischer Philosoph, Mathematiker und Naturwissenschaftler. Er gilt als Begründer des modernen frühneuzeitlichen Rationalismus („Cartesianismus"). Sein berühmtes Diktum „cogito ergo sum" („ich denke, also bin ich") bildet die Grundlage seiner Metaphysik: Descartes betrachtet Geist und Materie als zwei voneinander verschiedene, unabhängige Substanzen („Cartesianischer Dualismus").

Zu 58) B. Heinrich Böll

Der deutsche Schriftsteller Heinrich Böll (1917–1985) war bekannt für sein soziales Engagement und seinen Einsatz für eine demokratische Gesellschaft. 1972 wurde er mit dem Literatur-Nobelpreis ausgezeichnet.

Zu 59) A. Die Eröffnung einer Kunstausstellung

Eine Vernissage (franz. „vernis" = „Lack", „Firnis") ist die Eröffnung einer Kunstausstellung. Oft wird eine Vernissage durch ein Rahmenprogramm mit Vorträgen und Catering flankiert, gelegentlich stellen die beteiligten Künstler ihre Werke sogar persönlich vor.

Zu 60) B. „Godot".

Der irische Schriftsteller Samuel Beckett begann 1948 mit der Arbeit an seinem bekanntesten Theaterstück „Warten auf Godot", das 1949 fertiggestellt, drei Jahre später publiziert und 1954 uraufgeführt wurde. Die Handlung des Stücks – die Hauptfiguren warten auf einen ominösen Unbekannten namens Godot, der aber niemals erscheint – gab und gibt Anlass zu vielfältigsten Interpretationen. Mit „Warten auf Godot" erlangte Beckett weltweite Berühmtheit und den Nobelpreis für Literatur.

Computer und Internet (Aufgaben 61–70)

Zu 61) B. Menüleiste des Webbrowsers

Interessante Internet-Adressen lassen sich im Webbrowser als Favoriten oder Lesezeichen (engl. „bookmarks") speichern, um sie bei Bedarf schnell wiederzufinden.

Zu 62) C. jpg

Die Dateiendung (Dateinamenserweiterung, Dateierweiterung, Dateisuffix) ist der letzte Teil eines Dateinamens, der gewöhnlich durch einen Punkt abgetrennt wird. Der Punkt selbst ist nicht Bestandteil der Dateierweiterung. Die Dateiendung wird gewöhnlich eingesetzt, um das Dateiformat erkennbar zu machen, ohne die Datei vorher einlesen zu müssen. Die Endung „jpg" steht für das JPEG File Interchange Format, durch das Bilder stark komprimiert werden können, um ihre Dateigröße Internettauglich zu machen.

Zu 63) D. eine bestimmte Publikationsform im Internet.

„Weblog" oder kurz „Blog" ist ein aus „Web" und „Logbuch" zusammengesetztes Kunstwort für tagebuch- bzw. journalähnliche Publikationsformen im Internet. Üblicherweise sind Blogs stark subjektiv gefärbt und erlauben es, einzelne Beiträge zu kommentieren. Doch feste Standards gibt es nicht; Blogs können Forumscharakter haben, eher informativ sein oder auch Plattformen für rein persönliche Betrachtungen darstellen.

Zu 64) B. Alle im Feld „BCC" eingetragenen Empfänger bleiben für andere Empfänger dieser E-Mail unsichtbar.

Das Kürzel „BCC" steht für „Blind Carbon Copy". Wenn der Name eines Empfängers in das „BCC"-Feld einer E-Mail-Nachricht eingefügt ist, wird eine Kopie der Nachricht an diesen

Empfänger gesendet. Jedoch bleibt der Name dieses Empfängers für andere Empfänger der Nachricht unsichtbar.

Zu 65) C. Die Hauptplatine zur Unterbringung der Komponenten

„Motherboard", „Mainboard" oder „Systemplatine" nennt man die Hauptplatine eines Computers, auf der sich in der Regel folgende Systemkomponenten befinden: die CPU, der PCI-Bus mit den Slots für die Erweiterungskarten, die Steckplätze für den Arbeitsspeicher, verschiedene Schnittstellen, der Cache, die Echtzeituhr, BIOS-ROM und CMOS-RAM, die verschiedenen Controller und der Tastatur-Prozessor. Die Konzeption des Mainboards beeinflusst systemrelevante Parameter wie die Systemleistung, die Zukunftssicherheit und die Kompatibilität zu Systemkomponenten (Anschlüsse, Erweiterbarkeit).

Zu 66) C. Informationseinheiten zur Personalisierung von Websites

Cookies sind kleine Informationseinheiten. Sie werden von einem Server generiert und beim Besuch einer Website meist unbemerkt auf dem Computer des Benutzers abgelegt. Bei einem erneuten Aufruf kann der Server auf die gespeicherten Nutzerinformationen zurückgreifen und die Website personalisieren. So setzen z. B. viele E-Mail-Anbieter Cookies ein, um Anwendern ein schnelleres Einloggen zu ermöglichen. Ob Cookies akzeptiert werden sollen oder nicht, lässt sich üblicherweise im Browser einstellen.

Zu 67) B. Objekte auf grafischen Benutzeroberflächen einfach verschieben.

Drag & Drop (engl. für „ziehen und fallenlassen") steht für eine Methode, auf grafischen Benutzeroberflächen Objekte mit der Maus zu bewegen. Auf diese Weise lassen sich z. B. Dateien leicht von einem Ordner in einen anderen kopieren oder Textpassagen innerhalb von Dokumenten verschieben.

Zu 68) B. internes Netzwerk.

Ein Intranet ist ein institutionsinternes, nicht-öffentliches Rechnernetzwerk. Es basiert auf den gleichen Techniken (TCP/IP, HTTP) und Anwendungen wie das Internet und steht den Mitarbeitern einer Institution als Informations-, Kommunikations- und Anwendungsplattform zur Verfügung. Innerhalb eines Intranets können auch Verzeichnisdienste zur Verfügung gestellt werden.

Im Intranet können sich die Mitarbeiter einer Institution über neueste

Meldungen, Regeln und Absprachen informieren. Außerdem finden sie im Intranet Dokumente und Formulare zum Herunterladen, Ausdrucken oder Bearbeiten. Insbesondere Großbetriebe setzen dazu speziell modifizierte Browservarianten als Benutzerschnittstelle ein.

Zu 69) B. Den gewünschten Teil markieren, die Tastenkombination „Strg + P" drücken, den Punkt „Auswahl drucken" wählen und auf „Drucken" klicken

Der gewünschte Abschnitt ist per Maus oder Tastatur zu markieren. Dann öffnet man das Druckmenü, entweder über die Tastenkombination „Strg + P" oder die Menüsteuerung „Datei/Drucken", wählt unter „Einstellungen" den Punkt „Auswahl drucken" und bestätigt den Druckauftrag.

Zu 70) C. Die Top-Level-Domain bezeichnet den letzten Teil eines Domainnamens.

Die Top-Level-Domain bezeichnet den letzten Teil eines Domainnamens und stellt die höchste Ebene der Namensauflösung dar. Ist der vollständige Domainname einer Website beispielsweise „ausbildungspark.com", so entspricht das rechte Glied („com") der Top-Level-Domain dieses Namens.

Top-Level-Domains werden in zwei Hauptgruppen – allgemeine und länderspezifische Top-Level-Domains – unterteilt. Zu den allgemeinen Top-Level-Domains zählen z. B. „com", „net", „org" und „info". Länderspezifische Top-Level-Domains gibt es über 200, dabei ist jedem Land genau ein Zwei-Buchstaben-Code zugeordnet. So steht „de" für Deutschland, „fr" für Frankreich und „at" für Österreich. Zudem gibt es Top-Level-Domains, die Regionen oder Gebieten zugeordnet sind, wie z. B. „eu" für die Europäische Union.

Physik und Technik (Aufgaben 71–80)

Zu 71) C. Die Trägheit von Geschirr und Gläsern

Wenn die Gläser und das Geschirr stehenbleiben, ist ihre Trägheit daran schuld – physikalisch beschreibt die Trägheit das Bestreben von Körpern, ihren Bewegungszustand beizubehalten. Durch das schnelle Ziehen kann keine Reibung zwischen Tuch und Gedeck aufgebaut werden, daher wirkt auf die Gläser und das Geschirr keine Kraft und sie verharren in Ruhe.

Zu 72) D. der Streuung von Licht mit unterschiedlichen Wellenlängen.

Bei der Durchquerung der Luftschichten wird der blaue Anteil des einfallenden Sonnenlichts aufgrund seiner geringen Wellenlänge stark von den kleinen Partikeln in der Atmosphäre gestreut (d. h. „abgelenkt"). Da das Sonnenlicht morgens und abends wegen des tiefen Sonnenstands einen besonders langen Weg durch die Luftschichten zurücklegt, kommt nur noch wenig blaues Licht bei uns an, während das langwellige Rot mühelos zu uns dringt.

Zu 73) B. 300.000 km/s

Die Lichtgeschwindigkeit, abgekürzt „c", wird in der Relativitätstheorie als höchstmögliche Geschwindigkeit überhaupt angenommen. Im Vakuum beträgt sie 299.792.458 Meter pro Sekunde, also rund 300.000 Kilometer pro Sekunde. Heutzutage lässt sich die Geschwindigkeit des Lichts mit technischen Geräten genau ermitteln: zum Beispiel, indem man die Laufzeit eines Laserstrahls über eine definierte Distanz misst.

Zu 74) D. einen ruhenden Körper der Masse 1 kg innerhalb 1 Sekunde auf eine Geschwindigkeit von 1 m/s zu beschleunigen.

Ein Newton ist definiert als die Kraft, die benötigt wird, um einen Körper der Masse 1 kg innerhalb 1 Sekunde auf eine Geschwindigkeit von 1 m/s zu beschleunigen:

$$1N = 1\frac{kg \times m}{s^2}$$

Zu 75) A. Wenn die Gewichtskraft des Festkörpers größer ist als jene der verdrängten Flüssigkeit

Ein Festkörper sinkt dann in einer Flüssigkeit, wenn seine Gewichtskraft höher ist als die Gewichtskraft der von ihm verdrängten Flüssigkeit.

Zu 76) D. Extrem dünnflüssiges Öl eignet sich besonders für schmale Zwischenräume.

Wie viskos ein Schmieröl sein soll, hängt ganz von seinem Verwendungszweck ab: Dickflüssige Öle bilden einen stabileren Schmierfilm als dünnflüssigere, können jedoch unter Umständen nicht an alle engen Schmierstellen vordringen. Die Qualität eines Öls wird nicht von seiner Viskosität bestimmt.

Zu 77) C. behält er seine Geschwindigkeit mit Sicherheit bei.

Beschleunigung bedeutet, die Geschwindigkeit eines Körpers in einem definierten Zeitraum zu verändern – entweder positiv (beschleunigen) oder negativ (bremsen). Wenn ein Körper nicht beschleunigt wird, kann man daher nur eines mit Sicherheit sagen: dass er seine momentane Geschwindigkeit beibehält. Wie hoch diese ist, darüber sagt die Beschleunigung nichts aus.

Zu 78) C. mechanische in elektrische Energie umwandeln.

Ein Generator wandelt mechanische oder kinetische Energie (Bewegungsenergie) in elektrische Energie um. Erscheinungsformen sind z. B. brennstoffbetriebene Notstromaggregate, Stromerzeuger in Wasserkraftwerken oder Fahrrad-Dynamos.

Zu 79) D. Lichtbrechung

In der Optik dient ein Prisma dazu, das Licht zu brechen. Weißes Licht (Sonnenlicht) wird dabei in sein Farbspektrum aufgespalten.

Zu 80) B. Elektrisch geladene Atome oder Moleküle

Atome oder Moleküle besitzen im neutralen Zustand genauso viele Protonen wie Elektronen. Verliert oder gewinnt nun ein Atom bzw. Molekül ein oder mehrere Elektronen gegenüber dem Normalzustand, entsteht eine elektrische Ladung und somit ein Ion: Bei Elektronenmangel ist dieses Ion positiv, bei Elektronenüberschuss negativ geladen.

Biologie und Chemie (Aufgaben 81–90)

Zu 81) C. Ein Gemisch zweier Flüssigkeiten

Eine Emulsion ist ein fein verteiltes Gemisch zweier verschiedener, normalerweise nicht mischbarer Flüssigkeiten ohne sichtbare Entmischung. Die eine Flüssigkeit ist dabei in kleinen Tröpfchen in der anderen verteilt. Typische Beispiele sind Öl-Wasser-Gemische wie in Mayonnaise oder zahlreichen Kosmetika.

Zu 82) B. Abwehr von Krankheitserregern

Weiße Blutkörperchen (Leukozyten) sind Teil der Immunabwehr und finden sich im Blut, im Rücken- und Knochenmark und in anderen Gewebeteilen. Ihre Hauptaufgabe liegt in der Abwehr von Krankheitserregern.

Zu 83) D. Mit einem Indikator

Ein chemischer Indikator wird mit dem zu überprüfenden Stoff in Kontakt gebracht. Meist gibt eine entsprechende Verfärbung des Indikators Aufschluss über den pH-Wert des Stoffs. Abgeleitet ist das Kürzel von „pondus Hydrogenii" oder „potentia Hydrogenii" (lat. „Gewicht" bzw. „Kraft des Wasserstoffs"). Ein hoher pH-Wert zeigt einen sehr basischen/alkalischen Stoff an, saure Stoffe haben einen niedrigen pH-Wert.

Zu 84) A. Vogel – Hund – Biene – Spinne

Vögel haben zwei, Hunde vier, Bienen sechs und Spinnen acht Beine.

Zu 85) B. Mit einem Schallortungssystem

Fledermäuse stoßen Ultraschallimpulse aus, die von Objekten reflektiert werden. Anhand dieser Echos kann eine Fledermaus Lage und Geschwindigkeit z. B. eines Beute-Insekts präzise bestimmen.

Zu 86) C. Stickstoff

Stickstoff treibt die Pflanzenentwicklung an und gilt als wichtigste Düngerform.

Zu 87) C. Wasser und Kohlendioxid in Sauerstoff und Glucose umgewandelt.

Die vereinfachte formale Gleichung der Fotosynthese lautet:

$6\ CO_2 + 6\ H_2O + \text{Lichtenergie} \rightarrow C_6H_{12}O_6 + 6\ O_2$

Aus Kohlen(stoff)dioxid und Wasser entstehen durch die Einwirkung von Lichtenergie Glucose und Sauerstoff.

Zu 88) A. Mitochondrien

Eine Zelle ist die elementare Einheit aller Lebewesen. Es gibt Einzeller, die aus nur einer einzigen Zelle bestehen, und Mehrzeller, bei denen mehrere Zellen zu einer funktionellen Einheit verbunden sind. Der menschliche Körper beispielsweise besteht aus rund 220 verschiedenen Zell- und Gewebetypen und mehreren Milliarden Zellen.

Jede Zelle stellt ein strukturell abgrenzbares, eigenständiges und selbsterhaltendes System dar. Sie ist in der Lage, Nährstoffe aufzunehmen, diese in Energie umzuwandeln, verschiedene Funktionen zu übernehmen und vor allem sich zu reproduzieren. Die Mitochondrien werden als „Kraftwerke" der Zelle bezeichnet. In ihnen findet die Oxidation organischer Stoffe mit molekularem Sauerstoff statt, wobei Energie freigesetzt und in Form von chemischer Energie (als ATP) gespeichert wird.

Zu 89) C. Gruppe von Atomen

Ein Molekül ist ein Teilchen, das aus mindestens zwei Atomen besteht, welche durch eine chemische Bindung verbunden sind. Moleküle sind die kleinsten Teilchen, die die Eigenschaften des zugrunde liegenden Stoffes haben. Es gibt Moleküle wie Sauerstoff (O_2), die aus einem einzigen Element aufgebaut sind – in diesem Fall den beiden O-Atomen. Die meisten Moleküle sind aber Verbindungen aus Nichtmetallen mit einem weiteren Nichtmetall, Halbmetall oder Metall.

Zu 90) D. 46

Chromosomen sind aus DNA bestehende Strukturen, die Gene (Erbinformationen) enthalten. Der Mensch besitzt 23 Chromosomenpaare, also insgesamt 46 Chromosomen. Darunter findet sich nur bei Frauen ein XX-Chromosomenpaar, ausschließlich bei Männern ein XY-Paar.

Lückentext (Aufgaben 91–100)

Zu 91–100)

Die politischen Veränderungen der Wendezeit wirkten sich auch auf das Zollsystem aus – 1990 übernahm die Bundeszollverwaltung die zollbehördliche Verantwortung für das Gebiet der untergegangenen 91 *Deutschen Demokratischen Republik*. Nach dem Ende des 92 *Kalten Kriegs* wurden auch die europäischen Harmonisierungspläne weiter vorangetrieben: Als Meilenstein der europäischen Annäherung gilt die Gründung der Europäischen Union (EU) mit Inkrafttreten der 93 *Maastricht-Verträge* 1993. Das wirtschaftliche Fundament der EU sollte und soll 94 *der Europäische Binnenmarkt* sein. So wurden nun beim Warenverkehr zwischen den EU-Mitgliedsländern die 95 *Zollkontrollen* abgeschafft, die wenig später dank des 96 *Schengener Abkommens* auch für den Personenverkehr entfielen. Die im Jahr 2003 beschlossene EU-Erweiterung um unter anderem 97 *Polen und Ungarn* schuf in Europa sogar den größten gemeinsamen Wirtschaftsraum der Welt: Die Beitrittsstaaten übernahmen 98 *das Gemeinschaftsrecht* der EU und traten somit dem gemeinschaftlichen Zollgebiet bei.

Aufgrund der Öffnung der europäischen 99 *Binnengrenzen* haben sich die Aufgabenschwerpunkte des deutschen Zolls verschoben – standen früher die Grenzkontrollen im Mittelpunkt, sind es heute vermehrt Aufgaben im Inland, beispielsweise bei der Bekämpfung 100 *der Schwarzarbeit*.

Fachbezogenes Wissen

Bauingenieurwesen *Bearbeitungszeit 10 Minuten*

Beantworten Sie bitte die folgenden Aufgaben, indem Sie jeweils den richtigen Lösungsbuchstaben markieren.

1) Woraus besteht Beton?
A. Aus Zement, Wasser und Gesteinskörnern
B. Aus Kalziumsulfat
C. Aus Lehm, Wasser und Sand
D. Aus zermahlenem Eisenerz und einer speziellen chemischen Lösung
E. Keine Antwort ist richtig.

2) Welcher Staudamm ist am stabilsten?

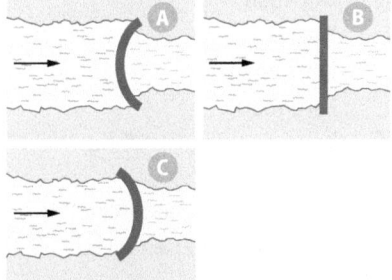

A. Staudamm A
B. Staudamm B
C. Staudamm C
D. Alle Staudämme sind gleich stabil.
E. Keine Antwort ist richtig.

3) Um die horizontale und vertikale Ausrichtung eines Objekts zu prüfen, verwendet man am besten …?
A. einen Messschieber.
B. eine Wasserwaage.
C. ein Maßband.
D. eine Balkenwaage.
E. Keine Antwort ist richtig.

4) Ein Passivhaus ist ein Gebäude, das …?
A. keinen eigenen Anschluss ans Strom- und Wassernetz besitzt.
B. aufgrund seiner Schattenlage zwar windgeschützt, aber sehr heizbedürftig ist.
C. dank hervorragender Dämmung keine klassische Heizung oder Kühlung benötigt.
D. an ein externes Klimasystem angeschlossen ist.
E. Keine Antwort ist richtig.

5) Welcher Baustoff eignet sich nicht nur zur Verbindung von Mauersteinen, sondern auch zum Verputzen von Wänden und Decken?
A. Bitumen
B. Gips
C. Kalk
D. Mörtel
E. Keine Antwort ist richtig.

6) Ein Gewicht wird mithilfe eines einrolligen Flaschenzugs angehoben. Nun wird eine zusätzliche Rolle eingebaut. Verändert sich die erforderliche Zugkraft, um das Gewicht auf dieselbe Höhe zu ziehen?
A. Nein, die Zugkraft bleibt gleich.
B. Ja, die Zugkraft halbiert sich.
C. Ja, die Zugkraft ist um ein Viertel geringer.
D. Ja, die Zugkraft ist um ein Viertel höher.
E. Keine Antwort ist richtig.

7) Wo befindet sich der Estrich?
A. Zwischen Putz und Mauerwerk
B. In der Mitte des Dachstuhls
C. Unterhalb des Fundaments
D. Zwischen Bodenbelag und Untergrundfläche
E. Keine Antwort ist richtig.

8) Welche Regalfläche kann das meiste Gewicht tragen?

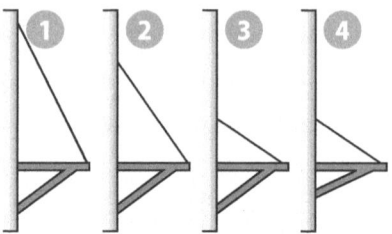

A. Die Fläche bei Abbildung 1
B. Die Fläche bei Abbildung 2
C. Die Fläche bei Abbildung 3
D. Die Fläche bei Abbildung 4
E. Keine Antwort ist richtig.

9) Zu welchem Teilgebiet des Bauwesens rechnet man Straßen, Staudämme und Kanalisationen?
A. Hochbau
B. Tiefbau
C. Massivbau
D. Fertigbau
E. Keine Antwort ist richtig.

10) Wie heißt der chemische Prozess, bei dem Eisen rostet?
A. Kondensation
B. Oxidation
C. Elektrolyse
D. Homogenisierung
E. Keine Antwort ist richtig.

11) Beim Hebelgesetz gilt: Kraft mal Kraftarm gleich …?
A. Kraftarm minus Lastarm.
B. Last minus Lastarm.
C. Last durch Lastarm.
D. Last mal Lastarm.
E. Keine Antwort ist richtig.

12) Jeder der Würfel besteht aus einem anderen Material, doch alle haben die gleiche Masse. Welche Aussage über ihre Dichte ist richtig?

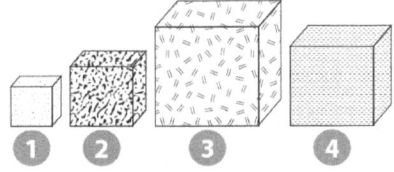

A. Würfel 3 hat die größte Dichte.
B. Alle Würfel haben die gleiche Dichte.
C. Würfel 1 hat die größte Dichte.
D. Ohne weitere Angaben lässt sich dazu nichts sagen.
E. Keine Antwort ist richtig.

13) Mit CAD-Programmen kann man …?
A. Fördergelder beantragen.
B. Werkstoffe bearbeiten.
C. Baukosten berechnen.
D. Bauwerke entwerfen.
E. Keine Antwort ist richtig.

14) An zwei unterschiedliche Federsysteme werden identische Stahlkugeln angehängt. Alle Federn sind gleich und können als masselos angenommen werden. Welche der Federn wird am schwächsten gedehnt?

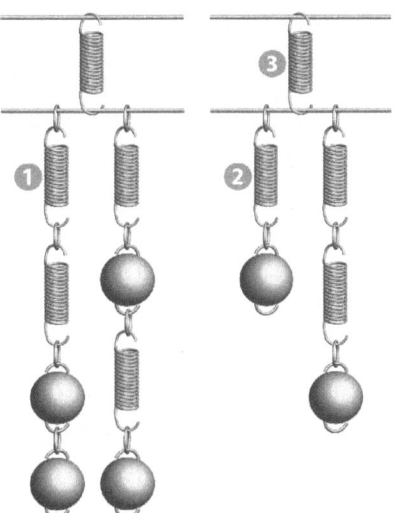

A. Feder 1 wird am schwächsten gedehnt.
B. Feder 2 wird am schwächsten gedehnt.
C. Feder 3 wird am schwächsten gedehnt.
D. Alle Federn werden gleich stark gedehnt.
E. Keine Antwort ist richtig.

15) Hängebrücken …?
A. eignen sich besonders für den Schienenverkehr.
B. sind relativ sturmanfällig.
C. werden für Stützweiten bis zu 200 Metern eingesetzt.
D. sind besonders steif und stabil.
E. Keine Antwort ist richtig.

16) In der Mitte einer horizontal gespannten Wäscheleine hängt ein 3 kg schweres Wäschestück. An dieser Stelle hängt die Leine um 30 Zentimeter nach unten durch. Wie groß muss die Zugkraft sein, um die Schnur so straff zu spannen, dass sie genau waagerecht hängt?

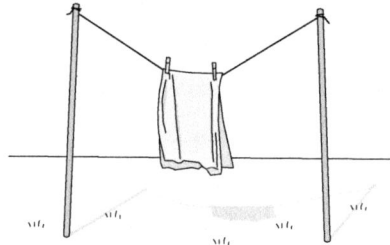

A. Ungefähr 30 Newton
B. Zwischen 30 und 30.000 Newton
C. Zwischen 30.000 und 300.000 Newton
D. Mehr als 300.000 Newton
E. Keine Antwort ist richtig.

17) Wasser wird durch eine Rohrleitung mit einem Durchmesser von 20 cm gepumpt. Auf der Hälfte der Leitungsstrecke ist ein engeres Rohrstück mit einem Durchmesser von 10 cm eingebaut. Wie verändert sich die Durchflussgeschwindigkeit bei gleichbleibendem Wasserdurchsatz?
A. Die Durchflussgeschwindigkeit bleibt gleich.
B. Die Durchflussgeschwindigkeit verdoppelt sich.
C. Die Durchflussgeschwindigkeit vervierfacht sich.
D. Die Durchflussgeschwindigkeit verdreifacht sich.
E. Keine Antwort ist richtig.

18) Ein freitragendes Hallendach …?
A. stützt sich selbst.
B. ist leicht und lässt viel Licht hinein.
C. hängt an Seilen.
D. ist an den Seiten offen.
E. Keine Antwort ist richtig.

19) Der physikalische Impuls beschreibt die Bewegungsträgheit eines Körpers und entspricht dem Produkt von Masse und Geschwindigkeit. Halbiert man die Geschwindigkeit eines fliegenden Fußballs, halbiert sich auch dessen Impuls. Wie aber ändert sich der Impuls, wenn man seine Masse und auch seine Geschwindigkeit auf ein Drittel reduziert?

A. Der Impuls verdoppelt sich.
B. Der Impuls halbiert sich.
C. Der Impuls reduziert sich auf ein Viertel.
D. Der Impuls reduziert sich auf ein Neuntel.
E. Keine Antwort ist richtig.

20) Im modernen Fassadenbau spielen Stahl, Edelstahl und Aluminium eine große Rolle. Welche Aussage dazu stimmt nicht?

A. Ein Vorteil von Aluminiumverkleidungen ist das geringe Gewicht.
B. Stahl ist besonders tragfähig, aber relativ aufwändig in unterschiedliche Formen zu bringen.
C. Die Werkstoffe sollten aus Sicherheitsgründen nicht kombiniert werden.
D. Man kann Edelstahl- und Aluminiumoberflächen leicht ein unterschiedliches Aussehen verleihen.
E. Keine Antwort ist richtig.

Fachbezogenes Wissen

Betriebswirtschaftslehre   *Bearbeitungszeit 10 Minuten*

Beantworten Sie bitte die folgenden Aufgaben, indem Sie jeweils den richtigen Lösungsbuchstaben markieren.

21) Wie nennt man die Bestandsaufnahme in einem Unternehmen zu einem bestimmten Zeitpunkt?
A. Inventur
B. Vermögensverzeichnis
C. Bilanz
D. Inventar
E. Keine Antwort ist richtig.

22) Wie nennt man die Differenz zwischen der Soll- und Habenseite eines Kontos?
A. Gewinn
B. Verlust
C. Ertrag
D. Saldo
E. Keine Antwort ist richtig.

23) Wie nennt man die beiden Seiten einer Bilanz?
A. Soll und Haben
B. Linke und rechte Seite
C. Einnahmen und Ausgaben
D. Aktiva und Passiva
E. Keine Antwort ist richtig.

24) Was ist ein Kontenrahmen?
A. Die vertraglich vereinbarte Kreditlinie mit dem Kreditgeber
B. Die vertraglich vereinbarten Kreditkonditionen mit dem Kreditgeber
C. Die vertraglich vereinbarte Kredithöhe mit dem Kreditgeber
D. Ein systematisches Verzeichnis aller Konten innerhalb eines Wirtschaftszweiges
E. Keine Antwort ist richtig.

25) Welcher Begriff zählt nicht zu den „vier großen P's" des Marketings?
A. Portfolio
B. Price
C. Promotion
D. Product
E. Keine Antwort ist richtig.

26) Bei den Tarifverhandlungen wurde eine Arbeitszeitverkürzung bei vollem Lohnausgleich vereinbart. Wie wirkt sich das auf die Stückkosten der Fertigung aus?
A. Es wirkt sich gar nicht auf die Stückkosten der Fertigung aus, da die Gesamtkosten gleich bleiben.
B. Die Stückkosten der Fertigung sinken, da bei kürzeren Arbeitszeiten niedrigere Löhne gezahlt werden.
C. Die Stückkosten der Fertigung steigen, weil die Entlohnung je Zeiteinheit höher ist.
D. Die Stückkosten der Fertigung sinken, weil die Entlohnung je Zeiteinheit niedriger ist.
E. Keine Antwort ist richtig.

27) Wie lautet die Grundformel zur Berechnung der Rendite?

A. $\text{Rendite} = \dfrac{\text{Gewinn}}{\text{Eingesetztes Kapital}}$

B. $\text{Rendite} = \dfrac{\text{Tageskurs}}{\text{Eingesetztes Kapital}}$

C. $\text{Rendite} = \dfrac{\text{Fremdkapitalzinsen}}{\text{Fremdkapital}}$

D. $\text{Rendite} = \dfrac{\text{Tageskurs} \times 100}{\text{Erwerbspreis}}$

E. Keine Antwort ist richtig.

28) Was sagt ein Beschäftigungsgrad von 70 Prozent aus?
A. Dass 30 Prozent der Mitarbeiter durch Krankheit oder Urlaub nicht einsetzbar waren
B. Dass das Unternehmen nur 70 Prozent der tatsächlich benötigten Arbeitskräfte beschäftigt
C. Dass die Gesamtkapazität eines Unternehmens nur zu 70 Prozent genutzt wurde
D. Dass die Mitarbeiter nur zu 70 Prozent ausgelastet waren
E. Keine Antwort ist richtig.

29) Was verstehen Sie unter „Lagerbestand"?
A. Die Menge der verfügbaren Gegenstände eines Lagers
B. Die maximale Kapazität eines Lagers
C. Der Zeitpunkt, zu dem durch Warenentnahme ein bestimmtes Bestandsniveau unterschritten wird
D. Die durchschnittliche Lagerkapazität
E. Keine Antwort ist richtig.

30) Sie arbeiten in der Einkaufsabteilung der Mayer Industriegesellschaft. Wo können Sie neue Lieferanten ausfindig machen?
A. In der betrieblichen Lieferantendatei
B. In verschiedenen Auftragsbestätigungen
C. In Branchenverzeichnissen
D. In der betrieblichen Kundendatei
E. Keine Antwort ist richtig.

31) Was könnte die Folge einer innerbetrieblichen Arbeitsteilung sein?
A. Tendenziell lassen sich mehr ungelernte Arbeitskräfte einstellen.
B. Für den Einzelnen wird die Tätigkeit abwechslungsreicher und spannender.
C. Der Einzelne bekommt eine bessere Übersicht über die Gesamtzusammenhänge des Produktionsablaufs.
D. Die Abhängigkeit der einzelnen Mitarbeiter untereinander nimmt ab.
E. Keine Antwort ist richtig.

32) Welche Aussage zum Materialbedarf ist richtig?
A. Der Materialbedarf ist dann richtig geplant, wenn er ausschließlich aufgrund der Absatzplanung ermittelt wurde.
B. Der Materialbedarf ist dann richtig geplant, wenn er ausschließlich aufgrund der Produktionsplanung ermittelt wurde.
C. Der Materialbedarf lässt sich aus dem Durchschnitt der letzten Jahre ermitteln.
D. Der Materialbedarf lässt sich bei der verbrauchsorientierten Bedarfsermittlung aus der Produktionsplanung und dem vorhandenen Lagerbestand ermitteln.
E. Keine Antwort ist richtig.

33) Wo ist von „cash cows", „question marks", „stars" und „dogs" die Rede?
A. Portfolioanalyse
B. Supply-Chain-Prüfung
C. ABC-Analyse
D. Corporate-Identity-Konzept
E. Keine Antwort ist richtig.

34) Wozu werden Zeitaufnahmen in einem Produktionsunternehmen in erster Linie durchgeführt?
A. Zur Ermittlung der tatsächlich geleisteten Arbeitsstunden der Mitarbeiter
B. Zur Ermittlung der Lieferzeiten von Lieferanten
C. Zur Ermittlung der Vorgabezeiten für die Fertigung
D. Zur Ermittlung der Fehlzeiten durch Urlaub und Krankheit
E. Keine Antwort ist richtig.

35) Welches Resultat bringt die Auslagerung von Unternehmensaufgaben in der Regel nicht?
A. Rationalisierung betrieblicher Prozesse
B. Reduktion der Komplexität des Geschäftsablaufs
C. Fokussierung des Unternehmens aufs Kerngeschäft
D. Erweiterung der Kompetenzen
E. Keine Antwort ist richtig.

36) Eine Industriehandelsgesellschaft steht bei einem Exportgeschäft vor der Entscheidung, eine Rechnung in Euro oder US-Dollar auszustellen. Welche Aussage hierzu ist richtig?
A. Bei einer Fakturierung in Euro tritt bei einem Kursanstieg des US-Dollars ein Währungsgewinn ein.
B. Bei einer Fakturierung in US-Dollar tritt bei einem Kurseinbruch des Euros gegenüber dem US-Dollar ein Währungsgewinn ein.
C. Bei einer Fakturierung in US-Dollar tritt bei einem Kursabsturz des US-Dollars ein Währungsgewinn ein.
D. Ein Währungsgewinn oder -verlust kann nur eintreten, wenn der Wechselkurs von Euro zu US-Dollar sich nicht verändert.
E. Keine Antwort ist richtig.

37) Was verstehen Sie unter der Wertschöpfungskette (engl. „Supply Chain")?
A. Die Wertschöpfungskette umfasst alle Hersteller, Dienstleister, Lieferanten und Händlerstufen, die an der Herstellung und dem Vertrieb eines Produkts beteiligt sind.
B. Die Wertschöpfungskette umfasst nur den Hersteller eines Produkts und seine Zulieferer.
C. Die Wertschöpfungskette bezieht sich nur auf die Lieferanten, Händler und den Vertrieb eines Produkts.
D. Die Wertschöpfungskette bezeichnet die Gewinnspanne, die der Handel mit einem Produkt erzielen kann.
E. Keine Antwort ist richtig.

38) Was bedeutet der Begriff „Factoring" im wirtschaftlichen Sinne?
A. Fabrikverkauf
B. Lagerverkauf
C. Massenverkauf
D. Abtretung einer Forderung
E. Keine Antwort ist richtig.

39) Was beinhaltet das dotted-line-Prinzip?
A. Unterscheidung zwischen fachlicher und disziplinarischer Unterstellung
B. Stark zentralistische Betriebsorganisation
C. Keine verpflichtende innerbetriebliche Kommunikationsrichtlinie
D. Möglichst flache Unternehmenshierarchien
E. Keine Antwort ist richtig.

40) Welche Aussage trifft für einen Markenartikel zu?
A. Die Qualität der Ware ist bei diesen Artikeln immer sehr hochwertig.
B. Die Ware gibt es nur in einer limitierten Auflage.
C. Die Ware wird mit einem Firmen- oder Warenzeichen gekennzeichnet.
D. Der Preis bleibt bei diesen Artikeln immer konstant.
E. Keine Antwort ist richtig.

Elektrotechnik

Bearbeitungszeit 10 Minuten

Beantworten Sie bitte die folgenden Aufgaben, indem Sie jeweils den richtigen Lösungsbuchstaben markieren.

41) Wann unterbricht eine Sicherung einen Stromkreis?

A. Wenn eine bestimmte Spannung über eine festgelegte Zeit hinaus überschritten wird
B. Wenn eine bestimmte Stromstärke über eine festgelegte Zeit hinaus überschritten wird
C. Wenn ein bestimmter Widerstand über eine festgelegte Zeit hinaus überschritten wird
D. Wenn eine bestimmte Frequenz über eine festgelegte Zeit hinaus überschritten wird
E. Keine Antwort ist richtig.

42) Wie hoch ist der Gesamtwiderstand im Stromkreis?

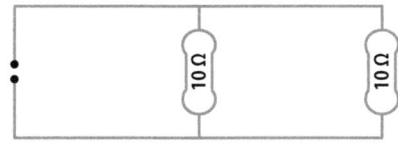

A. 100 Ω
B. 40 Ω
C. 20 Ω
D. 5 Ω
E. Keine Antwort ist richtig.

43) Was versteht die Elektrotechnik unter dem Begriff „Flipflop"?

A. Eine Schaltung mit zwei stabilen elektrischen Zuständen
B. Einen isolierenden Sicherheitsschuh
C. Einen Wackelkontakt
D. Einen Wechselstromkreis
E. Keine Antwort ist richtig.

44) Welche Kategorie von Elektromotoren gibt es nicht?

A. Drehstrommotoren
B. Gleichstrommotoren
C. Universalmotoren
D. Reihenstrommotoren
E. Keine Antwort ist richtig.

45) Ein Atom, das mehr oder weniger Elektronen als Protonen besitzt, nennt man …?

A. Quark.
B. Ion.
C. Neutrino.
D. Quant.
E. Keine Antwort ist richtig.

46) Die elektrische Leitfähigkeit eines Halbleiters …?
A. ist halb so groß wie bei einem Leiter.
B. hängt von seiner Temperatur ab.
C. ist doppelt so groß wie bei einem Isolator.
D. hängt von der Dauer des Stromflusses ab.
E. Keine Antwort ist richtig.

47) Um den Stromverbrauch einer Waschmaschine zu überwachen, will Max ein Strommessgerät installieren. Wie sollte er dabei vorgehen?
A. Max sollte das Messgerät parallel zum Verbraucher anschließen.
B. Max sollte das Messgerät in Reihe zum Verbraucher schalten.
C. Max sollte das Messgerät anstelle des Verbrauchers anschließen.
D. Max sollte das Messgerät direkt an der Spannungsquelle anschließen.
E. Keine Antwort ist richtig.

48) Welches Bauelement dient zum Schalten und Verstärken elektrischer Signale?
A. Transformator
B. Transistor
C. Kondensator
D. Generator
E. Keine Antwort ist richtig.

49) In welcher Einheit wird die magnetische Flussdichte angegeben?
A. Farad
B. Tesla
C. Coulomb
D. Curie
E. Keine Antwort ist richtig.

50) Welche der Schalter 1 bis 4 müssen geschlossen werden, damit genau zwei Glühbirnen leuchten?

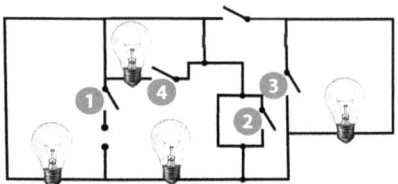

A. Schalter 1 und 2
B. Schalter 1 und 4
C. Schalter 3 und 4
D. Schalter 2 und 4
E. Keine Antwort ist richtig.

51) Unter elektrischer Induktivität versteht man die Eigenschaft eines stromdurchflossenen Leiters, ...?
A. Ladungsträger zu speichern.
B. bei einer Stromänderung ein Magnetfeld aufzubauen, das dieser Änderung entgegenwirkt.
C. Gleichstrom in Wechselstrom umzuwandeln.
D. elektrische Energie an Stoffe in der Umgebung abzugeben und diese zu magnetisieren.
E. Keine Antwort ist richtig.

52) Was zeichnet eine Kathode aus?
A. Bipolarität
B. Elektronenüberschuss
C. Ladungsgleichgewicht
D. Elektronenmangel
E. Keine Antwort ist richtig.

53) Dioden eignen sich zur Umwandlung ...?
A. von Photonen in Ionen.
B. von Ladung in Kapazität.
C. von Gleichstrom in Wechselstrom.
D. von Wechselstrom in Gleichstrom.
E. Keine Antwort ist richtig.

54) Welche Beziehung gilt nach dem ohmschen Gesetz?
A. Je höher die Spannung, desto größer die Stromstärke.
B. Je niedriger der Widerstand, desto größer die Stromstärke.
C. Je höher der Widerstand bei gleichbleibender Spannung, desto geringer die Stromstärke.
D. Je niedriger die Spannung bei gleichbleibender Stromstärke, desto größer der Widerstand.
E. Keine Antwort ist richtig.

55) Die zwei Platten eines Kondensators sind durch Glas isoliert. Wie sieht eine typische Ladungsverteilung aus?

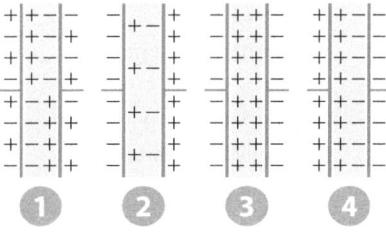

A. Wie in Skizze 1
B. Wie in Skizze 2
C. Wie in Skizze 3
D. Wie in Skizze 4
E. Keine Antwort ist richtig.

56) Was ist ein Potentiometer?
A. Ein Instrument zur Messung elektrischer Kapazität
B. Ein Gerät zur Drehstrom-Erzeugung
C. Ein Spannungswandler
D. Ein mechanisch regulierbarer Widerstand
E. Keine Antwort ist richtig.

57) Wie entsteht Drehstrom?
A. Durch die Überlagerung kreuzender Gleichströme
B. Durch starke Spannungsschwankungen
C. Durch die Verkettung phasenverschobener Wechselströme
D. Durch die Rotation des elektrischen Induktors
E. Keine Antwort ist richtig.

58) Welche Spannung liegt am zweiten Widerstand an?

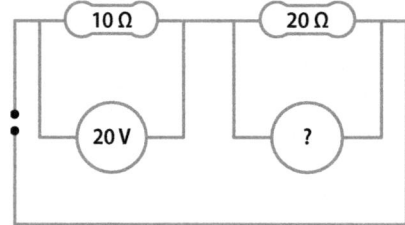

A. 10 V
B. 20 V
C. 40 V
D. 80 V
E. Keine Antwort ist richtig.

59) An welcher Stelle des Stromkreises ist die Stromstärke am größten?

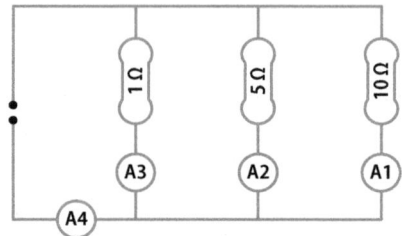

A. Bei A1
B. Bei A2
C. Bei A3
D. Bei A4
E. Keine Antwort ist richtig.

60) Gegeben ist folgende elektronische Steuerung: Zwei Eingänge A und B sind mit einer Leuchtdiode am Ausgang über eine NAND(Nicht-und-)Verknüpfung verschaltet. Wann leuchtet die Diode?
A. Wenn Eingang A aktiv ist
B. Wenn Eingang B aktiv ist
C. Wenn beide Eingänge aktiv sind
D. Wenn mindestens ein Eingang inaktiv ist
E. Keine Antwort ist richtig.

Gesundheitsmanagement

Bearbeitungszeit 10 Minuten

Beantworten Sie bitte die folgenden Aufgaben, indem Sie jeweils den richtigen Lösungsbuchstaben markieren.

61) Bitte berechnen Sie den Body-Mass-Index.
- A. Gewicht in Kilogramm geteilt durch das Quadrat der Körpergröße in Metern
- B. Gewicht in Kilogramm zum Quadrat geteilt durch Körpergröße in Zentimetern
- C. Körpergröße in Zentimetern zum Quadrat geteilt durch Gewicht in Kilogramm
- D. Körpergröße in Metern geteilt durch das Quadrat des Gewichts in Kilogramm
- E. Keine Antwort ist richtig.

62) Durch die höhere Lebenserwartung und die geringere Geburtenrate …?
- A. gibt es in Zukunft immer mehr Rentenbeitragszahler.
- B. steigt in Zukunft der finanzielle Spielraum für die Rentenversicherung.
- C. ist eine höhere Rentenauszahlung möglich.
- D. stehen den Rentnern immer weniger Beitragszahler gegenüber.
- E. Keine Antwort ist richtig.

63) Wer Krankheits-Prophylaxe betreibt, der …?
- A. riskiert seine Gesundheit.
- B. beugt Krankheiten vor.
- C. täuscht Krankheiten vor.
- D. hat Angst vor Ärzten.
- E. Keine Antwort ist richtig.

64) Welche Aussage stimmt nicht? Viren …
- A. können mit Antibiotika bekämpft werden.
- B. besitzen keinen eigenen Stoffwechsel.
- C. können sich nur in Wirtszellen fortpflanzen.
- D. bestehen aus Nukleinsäuren.
- E. Keine Antwort ist richtig.

65) Ein Pflegegrad ist …?
- A. ein Zeitabschnitt im Pflegeverlauf (in der Regel ein Quartal).
- B. ein Ausbildungsjahrgang an Pflegeschulen.
- C. eine Kategorie zur Einordnung der Pflegebedürftigkeit.
- D. ein Hilfsmittel für Gehbeeinträchtigte.
- E. Keine Antwort ist richtig.

66) Die gesetzliche Krankenversicherung ...?
A. ist eine freiwillige Zusatzversicherung, die im Notfall das Leistungsspektrum der privaten Krankenversicherung ergänzt.
B. verpflichtet die private Krankenversicherung zu bestimmten Leistungen.
C. ist ausschließlich zur Absicherung sozial Schwacher gedacht.
D. ist eine Pflichtversicherung, u. a. für alle Arbeitnehmer mit einem bestimmten Jahresverdienst.
E. Keine Antwort ist richtig.

67) Was sind Pflegestandards?
A. Richtlinien zu den Aufgaben und zur Qualität der Pflege
B. Ethische Grundsätze der Pflegearbeit, niedergelegt in der Charta der Vereinten Nationen
C. Grundlegende Pflegeaufgaben, die sämtliche Pflegeeinrichtungen laut Bundesgesetz übernehmen müssen
D. Alle Tätigkeiten, die von ungelerntem Pflegepersonal ausgeführt werden können
E. Keine Antwort ist richtig.

68) Impfungen im Baby- und Kleinkindalter tragen wesentlich zum Schutz des Kindes vor Infektionskrankheiten bei. Gegen welche Krankheit wird in den ersten Lebensmonaten nicht geimpft?
A. Tetanus
B. Diphterie
C. Herpes
D. Kinderlähmung
E. Keine Antwort ist richtig.

69) Welches „Stresshormon" steigert Blutdruck und Herzfrequenz?
A. Insulin
B. Adrenalin
C. Melatonin
D. Leptin
E. Keine Antwort ist richtig.

70) Ein Röntgenbild des Thorax liefert Informationen über ...?
A. die Hüfte.
B. ein Kniegelenk.
C. den Brustkorb.
D. den Kiefer.
E. Keine Antwort ist richtig.

71) Was besagt im Versicherungswesen das „Gesetz der großen Zahlen"?
A. Wer hohe Schäden verursacht, hat eine höhere Prämie zu zahlen.
B. Je mehr Versicherungsverträge, desto schlechter die Absicherung.
C. Je höher die Versicherungsbeiträge, desto größer der Schutz.
D. Je größer die beobachtete Grundgesamtheit, desto mehr wird der Zufall zu einer kalkulierbaren Größe.
E. Keine Antwort ist richtig.

72) Nicht zu den Aufgaben der Niere zählt die …?
A. Bildung von Antikörpern.
B. Blutreinigung.
C. Regulierung des Flüssigkeitshaushalts.
D. Hormonproduktion.
E. Keine Antwort ist richtig.

73) Wofür steht das „H" in ADHS?
A. Hyperaktivität
B. Hormon
C. Hirnrinde
D. Hydriert
E. Keine Antwort ist richtig.

74) Wer unter Adipositas leidet, …?
A. hat starkes Übergewicht.
B. kann Arme und Beine nur unter Schmerzen bewegen.
C. nimmt hohe Töne nicht mehr war.
D. leidet unter Vitaminmangel.
E. Keine Antwort ist richtig.

75) Wodurch wird die Kariesentstehung begünstigt?
A. Genuss knuspriger Nahrungsmittel
B. Häufiger Käsekonsum
C. Kohlenhydratreiche Weichkost
D. Erhöhte Speichelproduktion
E. Keine Antwort ist richtig.

76) Welchen Infektionsweg will man durch das Tragen einer Gesichtsmaske vorrangig versperren?
A. Tröpfcheninfektion
B. Kontaktinfektion
C. Perkutane Infektion
D. Schmierinfektion
E. Keine Antwort ist richtig.

77) Tritt eine Krankheit räumlich und zeitlich begrenzt gehäuft auf, spricht man von einer …?
A. Epidermis.
B. Anämie.
C. Epidemie.
D. Apathie.
E. Keine Antwort ist richtig.

78) Welchen Ruhepuls hat ein durchschnittlicher, erwachsener Mensch?
A. Ungefähr 70–90 Schläge pro Minute
B. Ungefähr 60–80 Schläge pro Minute
C. Ungefähr 40–50 Schläge pro Minute
D. Ungefähr 20–30 Schläge pro Minute
E. Keine Antwort ist richtig.

79) Von der Seite aus betrachtet, erscheint die menschliche Wirbelsäule …?
A. doppelt „S"-förmig gekrümmt.
B. aufrecht wie ein „I".
C. „C"-förmig gekrümmt.
D. einfach „S"-förmig gekrümmt.
E. Keine Antwort ist richtig.

80) Welche Aussage zum Datenschutz ist richtig?
A. Die Erhebung, Verarbeitung und Nutzung personenbezogener Daten ist im Prinzip erlaubt, wenn diese für Werbezwecke eingesetzt werden.
B. Das Bundesdatenschutzgesetz findet nur Anwendung, wenn es sich um personenbezogene Daten handelt, die innerhalb eines Unternehmens verarbeitet werden.
C. Das Bundesdatenschutzgesetz findet auch Anwendung für betriebliche Daten, wenn davon ausgegangen werden kann, dass personenbezogene Daten verarbeitet werden.
D. Die Vorschriften des Bundesdatenschutzgesetzes müssen nur von Körperschaften des öffentlichen Rechts beachtet werden.
E. Keine Antwort ist richtig.

Informatik

Bearbeitungszeit 10 Minuten

Beantworten Sie bitte die folgenden Aufgaben, indem Sie jeweils den richtigen Lösungsbuchstaben markieren.

81) Aus wie vielen Bits besteht ein Byte?
A. 6
B. 7
C. 8
D. 9
E. Keine Antwort ist richtig.

82) Was bezeichnet man in der IT als Partition?
A. Die Vorabversion eines Computerprogramms
B. Die einzelnen Musiktracks auf einer CD
C. Die vollständige Löschung der Festplatte
D. Die Aufteilung eines Speichermediums in mehrere Bereiche
E. Keine Antwort ist richtig.

83) Was gehört nicht zum Anwendungsgebiet von JavaScript?
A. Laufschriften
B. Senden und Empfangen von Daten, ohne dass der Browser die Seite neu laden muss
C. Plausibilitätsprüfung von Formulareingaben
D. Tabellenkalkulation
E. Keine Antwort ist richtig.

84) Welche Aussage über temporäre Dateien stimmt nicht?
A. Temporäre Dateien werden vom Arbeitsspeicher auf die Festplatte ausgelagert, um ihn zu entlasten.
B. Temporäre Dateien können viel Speicherplatz auf der Festplatte beanspruchen.
C. Temporäre Dateien kann man bedenkenlos löschen.
D. Temporäre Dateien werden in der Regel automatisch gelöscht.
E. Keine Antwort ist richtig.

85) Ein Und-Gatter (links) ist mit einem Nicht-Gatter (rechts) verschaltet. Ausgang X ist inaktiv, wenn …?

A. Eingang A aktiv ist.
B. Eingang B aktiv ist.
C. beide Eingänge A und B aktiv sind.
D. beide Eingänge A und B inaktiv sind.
E. Keine Antwort ist richtig.

86) Was verstehen Sie unter „ASCII"?
A. Ein Programmiercode speziell zur Tabellenkalkulation
B. Eine Programmiersprache für Webseiten
C. Eine Zeichenkodierung, mit der Computer operieren
D. Eine gängige Schriftart in der Textverarbeitung
E. Keine Antwort ist richtig.

87) Was verstehen Sie unter „SATA"?
A. Einen besonderen Prozessor
B. Ein Grafikformat
C. Eine Computerschnittstelle
D. Ein Internetprotokoll
E. Keine Antwort ist richtig.

88) Welche Funktion hat der Hauptprozessor eines Computers?
A. Der Prozessor ist ein Datenspeicher.
B. Der Prozessor ist das Herzstück eines Computers und steuert die Bestandteile.
C. Der Prozessor ist ein Gerät zur Unterstützung der Stromversorgung.
D. Der Prozessor fährt den Computer hoch.
E. Keine Antwort ist richtig.

89) In welchem Code werden Informationen auf dem PC verarbeitet?
A. In Radianten
B. Im alphanumerischen Code
C. Im Binärcode
D. Im Hexadezimalcode
E. Keine Antwort ist richtig.

90) Was ist ein LAN?
A. Ein Rechnernetz
B. Ein Internetprotokoll
C. Ein Glasfaserkabel
D. Ein Kupferkabel mit Texasstecker
E. Keine Antwort ist richtig.

91) Welche Aussage zur IP-Adresse ist falsch?
A. Eine IP-Adresse dient der Identifikation in einem Netzwerk.
B. Eine IP-Adresse besteht aus Zahlen und Punkten bzw. Zahlen, Buchstaben und Doppelpunkten.
C. Eine IP-Adresse könnte lauten: 162.22.106.80
D. Die IP-Adresse ist ein 30 Bit langes Datenwort.
E. Keine Antwort ist richtig.

92) Welche Komponente fällt aus der Reihe?
A. Festplatte
B. CD-ROM
C. USB-Stick
D. Arbeitsspeicher
E. Keine Antwort ist richtig.

93) Bei welcher der folgenden Variablen handelt es sich um den Datentyp „Integer"?
A. 80
B. Mutter
C. 12.12.1990
D. 60,7
E. Keine Antwort ist richtig.

94) Ein Nicht-und-Gatter (links) ist mit einem Und-Gatter (rechts) verschaltet. Ausgang X ist aktiv, wenn …?

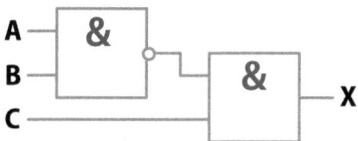

A. nur die Eingänge A und C aktiv sind.
B. Eingang C aktiv ist.
C. nur die Eingänge A und B aktiv sind.
D. die Eingänge A, B und C aktiv sind.
E. Keine Antwort ist richtig.

95) Was macht ein Compiler?
A. Ein Compiler überträgt einen Assemblercode in eine höhere Programmiersprache.
B. Ein Compiler führt einen Quellcode aus, ohne ihn in Maschinensprache zu übersetzen.
C. Ein Compiler übersetzt eine höhere Programmiersprache in Maschinensprache.
D. Ein Compiler ist identisch mit einem Interpreter.
E. Keine Antwort ist richtig.

96) Welches Dateiformat fällt aus der Reihe?
A. .jpg
B. .exe
C. .com
D. .bat
E. Keine Antwort ist richtig.

97) Wofür steht in der IT-Sprache der Begriff „Host"?
A. Für einen Rechner, der sich in einer untergeordneten Struktur befindet
B. Für einen Rechner, der als Server betrieben wird
C. Für einen Rechner, der als Client betrieben wird
D. Für ein Netzwerk mit mehreren Rechnern
E. Keine Antwort ist richtig.

98) Aus welcher Programmiersprache stammt der Befehl „Print A$"?
A. Basic
B. Pascal
C. SQL
D. C
E. Keine Antwort ist richtig.

99) Was ist ein Cache?
A. Ein Ort auf der Festplatte, wo alle Programme abgelegt sind.
B. Eine andere Bezeichnung für „Arbeitsspeicher".
C. Eine kleine Datei, die zum Internet-Zugriff benötigt wird.
D. Ein Zwischenspeicher, um bereits aufgerufene Inhalte schneller bereitzustellen.
E. Keine Antwort ist richtig.

100) Welche Aussage zur Assemblersprache ist korrekt?
A. Assemblersprache ist für alle Prozessoren identisch.
B. Assemblersprache repräsentiert die Maschinensprache einer spezifischen Prozessorarchitektur in einer für den Menschen lesbaren Form.
C. Assemblersprache zeichnet sich dadurch aus, dass sie sehr einfach zu programmieren ist.
D. Anhand von Assemblersprache lassen sich nur beschränkte Funktionen des Computers nutzen.
E. Keine Antwort ist richtig.

Maschinenbau

Bearbeitungszeit 10 Minuten

Beantworten Sie bitte die folgenden Aufgaben, indem Sie jeweils den richtigen Lösungsbuchstaben markieren.

101) Eine Werkzeugmaschine läuft bei 2.800 U/min. Was bedeutet das?
A. Die Mindestspannung der Maschine beträgt 2.800 Volt.
B. Die Drehzahl beträgt 2.800 Umdrehungen pro Minute.
C. Die Mindestdrehzahl beträgt 2.800 Umdrehungen.
D. Die Leistungsaufnahme beträgt 2.800 Volt ÷ 60 Sekunden = 47 Watt.
E. Keine Antwort ist richtig.

102) Welches Öl sollte man zur Schmierung extrem enger Zwischenräume verwenden?
A. Ein besonders dickflüssiges Öl
B. Ein besonders dünnflüssiges Öl
C. Ein besonders viskoses Öl
D. Ein besonders schnell trocknendes Öl
E. Keine Antwort ist richtig.

103) Woraus besteht Bronze?
A. Aus Eisen und Messing
B. Aus Gold und Silber
C. Aus Kupfer und Zinn
D. Aus Zinn und Nickel
E. Keine Antwort ist richtig.

104) In welche Richtung dreht sich das obere Rad, wenn das Antriebsrad A in Pfeilrichtung gedreht wird?

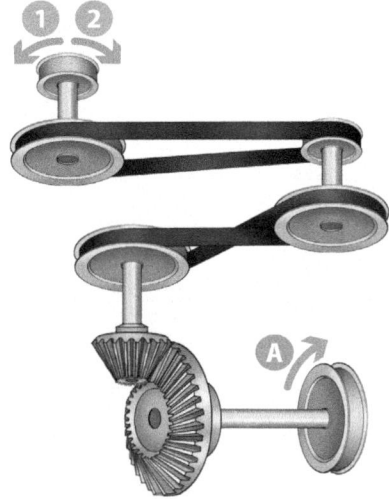

A. In Richtung 1
B. In Richtung 2
C. Hin und her
D. Gar nicht
E. Keine Antwort ist richtig.

105) Ein Automotor ist eine …?
A. Kraftmaschine.
B. Arbeitsmaschine.
C. Leistungsmaschine.
D. Schubmaschine.
E. Keine Antwort ist richtig.

106) Parallele Lichtbündel durchlaufen optische Systeme mit verschiedenen Linsen. Welcher Strahlengang ist korrekt?

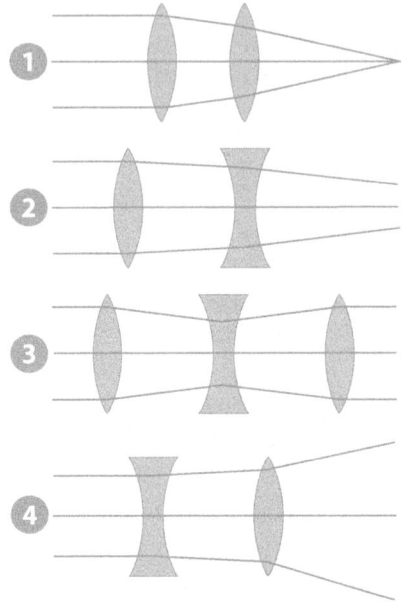

A. Strahlengang 1
B. Strahlengang 2
C. Strahlengang 3
D. Strahlengang 4
E. Keine Antwort ist richtig.

107) Welches Fertigungsverfahren passt nicht zu den anderen?
A. Schmieden
B. Walzen
C. Löten
D. Tiefziehen
E. Keine Antwort ist richtig.

108) Ein wichtiger Bestandteil moderner Werkzeugmaschinen ist …?
A. die Gewindezange.
B. die Kupplungsbacke.
C. die Getriebenocke.
D. die Motorspindel.
E. Keine Antwort ist richtig.

109) Was ist ein Relais?
A. Der Schaltplan einer elektrischen Anlage
B. Das Schaltpult einer computergesteuerten Anlage
C. Ein elektromagnetischer Schalter
D. Ein Verstärker elektrischer Signale
E. Keine Antwort ist richtig.

110) Nieten und zu vernietende Bauteile sollten möglichst aus dem gleichen Material bestehen, damit …?
A. das Endprodukt einheitlich aussieht.
B. Kosten gespart werden können.
C. die Verbindung langfristig stabil bleibt.
D. beim Vernieten das härtere dem weicheren Material nicht schadet.
E. Keine Antwort ist richtig.

111) Welche Masse hat das graue Gewicht?

A. 16 Kilogramm
B. 20 Kilogramm
C. 24 Kilogramm
D. 28 Kilogramm
E. Keine Antwort ist richtig.

112) Worin unterscheiden sich Wellen und Achsen?
A. Wellen übertragen Energie, Achsen nicht.
B. Im jeweils verwendeten Material
C. In der Größe: Große Wellen heißen Achsen.
D. Wellen werden senkrecht eingebaut, Achsen waagerecht.
E. Keine Antwort ist richtig.

113) Welche Reihe sortiert die Stoffe aufsteigend nach ihrer elektrischen Leitfähigkeit bei Raumtemperatur?
A. Silber, Wasser, Graphit
B. PVC, Silizium, Kupfer
C. Quecksilber, Holz, Wasserstoff
D. Glas, Helium, Diamant
E. Keine Antwort ist richtig.

114) Worin unterscheiden sich Ketten nicht von Riemen?
A. Durch niedrigeren Schlupf
B. Durch grundsätzlich geringeren Platzverbrauch
C. Durch Unempfindlichkeit gegen äußere Einflüsse
D. Durch bessere Kraftübertragung
E. Keine Antwort ist richtig.

115) An drei gleich langen Fadenpendeln sind Gewichte befestigt. Welches Pendel schwingt am schnellsten hin und her?

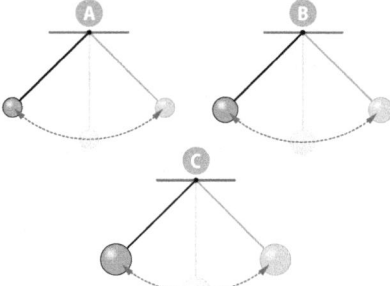

A. Pendel A
B. Pendel B
C. Pendel C
D. Alle Pendel haben die gleiche Schwingungsdauer.
E. Die Frage kann mit den vorhandenen Informationen nicht beantwortet werden.

Fachbezogenes Wissen

116) Wie nennt man einen metallischen Stoff aus mindestens zwei Elementen?
A. Oxid
B. Galvanisierung
C. Legierung
D. Armierung
E. Keine Antwort ist richtig.

117) Ein Werkstoff, der schon bei leichter Verformung bricht, …?
A. ist besonders spröde.
B. ist besonders elastisch.
C. ist besonders viskos.
D. ist besonders zäh.
E. Keine Antwort ist richtig.

118) Bei welchem Arbeitsverfahren überzieht man einen Gegenstand mit einer dünnen Metallschicht?
A. Galvanisieren
B. Pulverisieren
C. Isolieren
D. Imprägnieren
E. Keine Antwort ist richtig.

119) Eine lösbare Verbindung zweier Bauteile mithilfe von Schrauben und Muttern ist …?
A. ein Flansch.
B. ein Bördel.
C. eine Nut.
D. eine Klemme.
E. Keine Antwort ist richtig.

120) Welche Aussage zur Funktionsweise der abgebildeten Pumpe ist falsch?

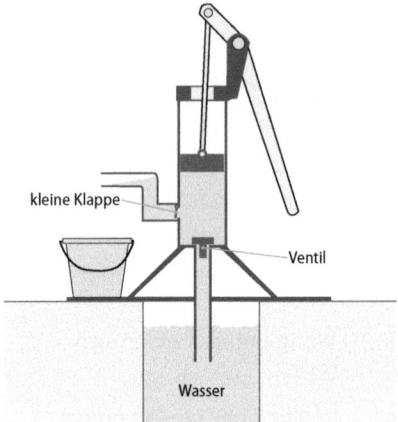

A. Zieht man den Hebel nach oben, bewegt sich das Ventil nicht.
B. Das Ventil lässt Wasser nach oben strömen, aber nicht nach unten.
C. Wenn sich das Ventil nach oben bewegt, ist die Klappe geschlossen.
D. Wird der Hebel nach unten gedrückt, strömt das Wasser in den Eimer.
E. Keine Antwort ist richtig.

Soziale Arbeit

Bearbeitungszeit 10 Minuten

Beantworten Sie bitte die folgenden Aufgaben, indem Sie jeweils den richtigen Lösungsbuchstaben markieren.

121) Wobei handelt es sich nicht um einen Zweig der deutschen Sozialversicherung?
A. Gesetzliche Krankenversicherung
B. Gesetzliche Rentenversicherung
C. Gesetzliche Haftpflicht
D. Soziale Pflegeversicherung
E. Keine Antwort ist richtig.

122) Welche Berufsfelder deckt die Soziale Arbeit nicht ab?
A. Erwachsenenbildung
B. Resozialisierung
C. Migrationsberatung
D. Jugendgerichtshilfe
E. Altenpflege

123) Unter dem Begriff „Gentrifizierung" versteht man …?
A. die Manipulation von Börsenkursen.
B. die Ausbreitung von Gewerbegebieten in Innenstädten.
C. den Bevölkerungswandel in Großstadtvierteln.
D. die Verarmung mittelständischer Familien.
E. Keine Antwort ist richtig.

124) Wer ist in Deutschland für die Bildungspolitik zuständig?
A. Die Europäische Union
B. Die Kommunen
C. Die Bundesländer
D. Die Bundesregierung
E. Die Hochschulrektorenkonferenz

125) Welche gemeinnützige Organisation hat keinen konfessionellen oder politischen Hintergrund?
A. Diakonie Deutschland
B. Arbeiterwohlfahrt
C. Deutsches Rotes Kreuz
D. Deutscher Caritasverband
E. Kolpingwerk

126) Bei welchem Prozentsatz des mittleren Einkommens der Gesamtbevölkerung liegt laut EU-Definition die „Armutsgefährdungsgrenze"?
A. 40 %
B. 50 %
C. 60 %
D. 70 %
E. Keine Antwort ist richtig.

127) „Hartz IV" ist ein anderer Begriff für …?
A. das Arbeitslosengeld I.
B. das Arbeitslosengeld II.
C. die Arbeitslosenhilfe.
D. den Solidaritätszuschlag.
E. das bedingungslose Grundeinkommen.

128) Welchen Zweck erfüllen Frauenhäuser?
A. Schutz vor Gewalt und Missbrauch
B. Hilfe bei Obdachlosigkeit
C. Berufsorientierung
D. Medizinische Beratung
E. Keine Antwort ist richtig.

129) Im autonomen Jugendzentrum gilt …?
A. das Recht des Stärkeren.
B. Selbstverwaltung.
C. Gewaltbereitschaft.
D. Gruppenzwang.
E. Keine Antwort ist richtig.

130) Welcher Themenbereich wird typischerweise in der der Sozialen Arbeit behandelt?
A. Völkerkunde
B. Machtbeziehungen
C. Evolutionstheorie
D. Rhetorik
E. Keine Antwort ist richtig.

131) Aufgrund welcher Delikte werden hierzulande die meisten Strafgefangenen verurteilt?
A. Straftaten nach dem Betäubungsmittelgesetz
B. Diebstahls- und Unterschlagungsdelikte
C. Straftaten gegen die sexuelle Selbstbestimmung
D. Raub und Erpressung
E. Betrug und Untreue

132) Welche Aufgabe verfolgen Streetworker üblicherweise nicht?
A. Kontaktaufnahme im Drogenmilieu
B. Psychosoziale Unterstützung
C. Interessenvertretung von Gruppen und Individuen
D. Strafverteidigung
E. Keine Antwort ist richtig.

133) Müssen Kinder und Jugendliche in Entscheidungen, die sie direkt betreffen, einbezogen werden?
A. Ja, gemäß ihres Entwicklungsstands
B. Nein, grundsätzlich nicht
C. Erst ab 10 Jahren
D. Erst ab 14 Jahren
E. Keine Antwort ist richtig.

134) Was ist eine Intervention im Kontext der Sozialen Arbeit?
A. Eine kurzfristige Auseinandersetzung
B. Eine geplante und gezielte Maßnahme
C. Ein Bündnis für internationale Kooperation
D. Ein vorläufiges Gerichtsurteil
E. Keine Antwort ist richtig.

135) Ein älterer Mann wird von einem professionellen Pflegedienst zu Hause betreut. Welche Aussage zur Leistungsübernahme der Pflegekassen stimmt?
A. Die Pflegekassen zahlen Pflegegeld, um die professionelle Pflege zu finanzieren.
B. Die Pflegekassen übernehmen die Pflegekosten bis zu einem Höchstbetrag.
C. Die Pflegekassen würden nur zahlen, wenn der Pflegebedürftige in einem Heim betreut wird.
D. Die Pflegekassen zahlen grundsätzlich alle anfallenden Kosten.
E. Keine Antwort ist richtig.

136) Die Soziale Arbeit vereinigt Kenntnisse vieler Wissenschaftsbereiche. Welcher gehört nicht dazu?
A. Psychologie
B. Ökonomie
C. Pädagogik
D. Medizin
E. Keine Antwort ist richtig.

137) Vereine, Verbände, Gesellschaften oder Stiftungen, die Hilfs- und Betreuungsangebote finanzieren, nennt man auch …?
A. Verwaltungsträger.
B. öffentliche Träger.
C. freie Träger.
D. offene Träger.
E. Keine Antwort ist richtig.

138) Können Arbeitgeber ihren Beschäftigten das Tragen von Kopftüchern verbieten?
A. Nein
B. Nur unter bestimmten Bedingungen
C. Nur im öffentlichen Dienst
D. Nur in einigen Bundesländern
E. Keine Antwort ist richtig.

139) Welcher Begriff steht für eine vielerorts praktizierte Drogenpolitik?

A. Frankfurter Weg
B. Hamburger Brücke
C. Münchner Freiheit
D. Dortmunder Hilfe
E. Keine Antwort ist richtig.

140) Das deutsche Recht versteht unter „Asyl" den Schutz vor …?

A. Armut.
B. Katastrophen.
C. Verfolgung.
D. Gläubigern.
E. Keine Antwort ist richtig.

Wirtschaftsinformatik

Bearbeitungszeit 10 Minuten

Beantworten Sie bitte die folgenden Aufgaben, indem Sie jeweils den richtigen Lösungsbuchstaben markieren.

141) Wie nennt man die linke und rechte Seite des Gewinn- und Verlustkontos?
A. Passiva und Aktiva
B. Aktiva und Passiva
C. Soll und Haben
D. Gewinn und Verlust
E. Keine Antwort ist richtig.

142) Wie nennt man das Bestandsverzeichnis aller Vermögensgegenstände und Schulden eines Unternehmens?
A. Inventur
B. Vermögensverzeichnis
C. Bilanz
D. Inventar
E. Keine Antwort ist richtig.

143) Wobei handelt es sich um Komplementärgüter?
A. Faxgerät und CD-Spieler
B. Sakko und weiße Tennissocken
C. Kraftstoff und Automobil
D. Flugzeug und Hubschrauber
E. Keine Antwort ist richtig.

144) Was bezeichnet man mit dem Begriff „open source"?
A. Hardwarekomponenten, die sehr einfach gewartet werden können
B. Nachrichten, die über Links einfach nachrecherchiert werden können
C. Software, die kostenlos weiterentwickelt und -verteilt werden darf
D. Hard- und Software, die nicht von einem Markenhersteller stammt
E. Keine Antwort ist richtig.

145) Welche Tätigkeit fällt nicht in den Tätigkeitsbereich der Personalabteilung?
A. Die Lohn- und Gehaltsabrechnung
B. Die Einstellung von Mitarbeitern
C. Die Berechnung der Sozialversicherungsbeiträge
D. Die Überwachung der Einhaltung von Hygienevorschriften
E. Keine Antwort ist richtig.

146) Was versteht man unter dem Begriff „Web 2.0"?
A. Das Web 2.0 ist stark zentralistisch organisiert.
B. Das Web 2.0 machen Interaktivität und Kooperation aus.
C. Im Web 2.0 zählt vor allem die professionelle Nutzung des Internet.
D. Web 2.0 ist der neueste Entwicklungsstand von Datenverbindungen.
E. Keine Antwort ist richtig.

147) Die Automatisierung hat vielfältige Auswirkungen. Welche Aussage trifft nicht unbedingt zu?
A. Bei der Massenfertigung ist der Grad an Automatisierung höher als beim klassischen Handwerk.
B. Die mit der Automatisierung einhergehende Massenfertigung kann zum Ausscheiden kleinerer Betriebe führen.
C. Bei der Automatisierung verlagert sich der Schwerpunkt von ausführenden und handelnden Tätigkeiten auf planende und kontrollierende.
D. Die Automatisierung führt zu mehr Arbeitsplätzen.
E. Keine Antwort ist richtig.

148) Was ist ein Frame in Bezug auf HTML-Seiten?
A. Eine Suchmaske
B. Der Seitenkopf
C. Eine Laufschrift
D. Ein Teilbereich einer HTML-Seite
E. Keine Antwort ist richtig.

149) Was wird unter dem Begriff „TCP/IP" verstanden?
A. Das TCP/IP ist eine Benutzerkennung im Internet.
B. Das TCP/IP ist ein Netzwerkprotokoll, das ausschließlich für das Internet eingesetzt werden kann.
C. Das TCP/IP ist eine neue Computer-Generation.
D. Das TCP/IP ist ein Netzwerkprotokoll, das beispielsweise für den Austausch von Daten im Internet benötigt wird.
E. Keine Antwort ist richtig.

150) Das „Customer Relationship Management" (CRM) dient …?
A. der Marktforschung.
B. der Produktsicherheit.
C. der Kundenpflege.
D. dem Verbraucherschutz.
E. Keine Antwort ist richtig.

151) Wofür steht der Begriff „Joint Venture"?
A. Fusionen
B. Rechtlich selbstständige Gemeinschaftsunternehmen
C. Rechtlich unselbstständige Geschäftseinheiten
D. Kartelle
E. Keine Antwort ist richtig.

152) Was verstehen Sie unter „SQL"?
A. Eine Datenbanksprache
B. Eine Bildbearbeitungssoftware
C. Ein Textverarbeitungsprogramm
D. Eine Tabellenkalkulationssoftware
E. Keine Antwort ist richtig.

153) Was könnte die Ursache dafür sein, dass der Istbestand laut Inventur höher ist als der Sollbestand laut Warenwirtschaftssystem?
A. Ausgehende Ware wurde nicht vollständig im System erfasst.
B. Ausgehende Ware wurde versehentlich doppelt im System erfasst.
C. Eingehende Ware wurde richtig im System erfasst.
D. Eingehende Ware wurde doppelt im System erfasst.
E. Keine Antwort ist richtig.

154) Als Einstandspreis bezeichnet man den Einkaufspreis, …?
A. bei dem keine Beschaffungskosten berücksichtigt werden.
B. bei dem die Beschaffungskosten berücksichtigt werden.
C. der ohne Berücksichtigung von Skonto gewährt wird.
D. der ohne Berücksichtigung von Rabatt gewährt wird.
E. Keine Antwort ist richtig.

155) Wer auf „Cloud Computing" setzt, der …?
A. sichert sämtliche wichtigen Daten in einer zentralen Speichereinheit.
B. interessiert sich für Designer-PCs.
C. greift über das Internet auf Daten und Anwendungen zu.
D. eröffnet einen Online-Shop.
E. Keine Antwort ist richtig.

156) Aus dem operativen Geschäft eines Automobilkonzerns stammen Umsätze …?
A. durch die Vermietung von Arbeitsräumen.
B. aus dem Handel mit Aktien.
C. aus dem Verkauf von Immobilien.
D. aus Autoverkäufen.
E. Keine Antwort ist richtig.

157) Was zeichnet eine höhere Programmiersprache aus?
A. Eine stark komprimierte Syntax
B. Prozessornahe Befehle erhöhen die Geschwindigkeit.
C. Eine häufig an menschliche Denkgewohnheiten angepasste Syntax
D. Lauffähigkeit nur auf einem bestimmten Prozessortyp
E. Keine Antwort ist richtig.

158) Wofür steht in der IT-Sprache der Begriff „Client"?
A. Für einen Rechner, der sich in einer untergeordneten Struktur befindet
B. Für einen Rechner, der sich in einer übergeordneten Struktur befindet
C. Für einen Rechner, der als Server betrieben wird
D. Für ein Netzwerk mit mehreren Rechnern
E. Keine Antwort ist richtig.

159) Welche Funktion hat eine For-Next-Schleife?
A. Die For-Next-Schleife ermöglicht das Ausführen von Anweisungen mit einer bestimmten Anzahl von Wiederholungen.
B. Die For-Next-Schleife läuft so lange, bis eine bestimmte Bedingung erfüllt ist.
C. Die For-Next-Schleife läuft so lange, bis eine bestimmte Bedingung nicht erfüllt ist.
D. Es handelt sich um eine Endlosschleife.
E. Keine Antwort ist richtig.

160) Welches ist keine Programmiersprache?
A. Pascal
B. Basic
C. C++
D. Amiga
E. Keine Antwort ist richtig.

Wirtschaftsingenieurwesen

Bearbeitungszeit 10 Minuten

Beantworten Sie bitte die folgenden Aufgaben, indem Sie jeweils den richtigen Lösungsbuchstaben markieren.

161) Was zeichnet Metalle aus?
A. Sie leiten Wärme.
B. Sie isolieren gegen Strom.
C. Sie schmelzen bei geringer Hitze.
D. Sie sind relativ weich.
E. Keine Antwort ist richtig.

162) Welchen Vorteil hat die Fließbandfertigung nicht?
A. Hohe Effizienz durch starke Arbeitsteilung
B. Kurze Transportwege
C. Geringe Störanfälligkeit
D. Niedrige Fertigungszeiten
E. Keine Antwort ist richtig.

163) Welche Information gehört nicht in einen Artikelstamm?
A. Kreditrahmen
B. Artikelnummer
C. Artikelbezeichnung
D. Produkteigenschaften wie Gewicht und Abmessung
E. Keine Antwort ist richtig.

164) Bei der Herstellung von Gütern können verschiedene Verfahren eingesetzt werden. Welche Aussage zum „Just-in-time"-Verfahren ist richtig?
A. Das „Just-in-time"-Verfahren ist ein System, das eine reibungslose Produktion am besten garantiert.
B. Beim „Just-in-time"-Verfahren spricht man von der fertigungssynchronen Beschaffung.
C. Das „Just-in-time"-Verfahren ist ein Produktionsverfahren, bei dem die Lagerkosten gering gehalten werden können und die Gefahr eines Produktionsausfalls minimal ist.
D. Das „Just-in-time"-Verfahren ist ein Produktionsverfahren, das zwar hohe Lagerkosten verursacht, aber eine Unabhängigkeit vom Lieferanten fördert.
E. Keine Antwort ist richtig.

165) Was ist in der Fertigung als „Stückliste" zu verstehen?
A. Die Stückliste ist eine Übersichtsliste aller zu fertigenden Erzeugnisse.
B. Die Stückliste gibt an, welches Material benötigt wird, um ein Stück des Endprodukts herzustellen.
C. Die listenmäßige Zusammenstellung der verschiedenen Produkte für einen Kundenauftrag
D. Die listenmäßige Zusammenstellung der Erzeugnisse mit einem Bestand von eins
E. Keine Antwort ist richtig.

166) Durch die Umstellung der Fertigungsanlage kann bei der Herstellung eines Produkts Zeit eingespart werden. Wie kann sich dies auswirken?
A. Die Ausbringungsmenge bleibt davon unberührt.
B. Die Ausbringungsmenge sinkt.
C. Der Stundenlohn des Mitarbeiters sinkt.
D. Der Lohnkostenanteil je Erzeugnis sinkt.
E. Keine Antwort ist richtig.

167) Was zählt zu den Betriebsstoffen?
A. Eisen und Holz
B. Nägel und Nieten
C. Putzmittel und Schmieröl
D. Kapital und Investitionen
E. Keine Antwort ist richtig.

168) Welcher Vorgang zählt nicht zum Materialfluss der Unternehmenslogistik?
A. Entladen
B. Verpacken
C. Sortieren
D. Verkaufen
E. Keine Antwort ist richtig.

169) Wobei handelt es sich um kein Stückgut?
A. Kiste
B. Sand
C. Karton
D. Sack
E. Keine Antwort ist richtig.

170) Wie geschieht die Kraft- und Energieübertragung in hydraulischen Anlagen?
A. Durch Druckluft
B. Durch Flüssigkeit
C. Über Stangen und Hebel
D. Über Seilzüge
E. Keine Antwort ist richtig.

171) Was ist in einem Industriebetrieb unter „Rüstzeit" zu verstehen?
A. Die Zeit, welche zur Einarbeitung eines neuen Mitarbeiters benötigt wird
B. Die Erholungszeit, welche rechtlich zwischen zwei Arbeitstagen mindestens eingehalten werden sollte
C. Die für einen Kundenauftrag vorgesehene Fertigungszeit
D. Die Zeit, welche benötigt wird, um eine Produktionsmaschine umzurüsten bzw. einzustellen
E. Keine Antwort ist richtig.

172) Was ist bei einer Produktionsanlage unter dem Begriff „optimale Kapazität" zu verstehen?
A. Die Kapazität, bei der die Anlage verschleißfrei arbeitet
B. Die Menge an Erzeugnissen, die maximal produziert werden kann
C. Die Produktionsmenge, bei der die Kosten je Erzeugnis am geringsten sind
D. Eine Produktionsanlage, die zur Herstellung der Erzeugnisse optimal geeignet ist
E. Keine Antwort ist richtig.

173) Welche Aussage zum Leasing-Vertrag ist richtig?
A. Eine Maschine zu leasen ist immer günstiger, als sie zu kaufen.
B. Beim Leasing muss man die gemietete Maschine nach Ablauf der Leasingdauer übernehmen.
C. Leasing ist eine Möglichkeit, das Überalterungsrisiko einer Maschine zu verringern.
D. Die Leasingrate einer Maschine ist unabhängig vom Auslastungsgrad der Maschine.
E. Keine Antwort ist richtig.

174) Was ist eine Baugruppe?
A. Eine Serie gleichartiger Produkte, hergestellt in einem bestimmten Zeitraum
B. Eine aus mehreren Einzelteilen zusammengesetzte Komponente einer (elektro-)technischen Anlage
C. Die Gesamtheit der Mitarbeiter, die an der Fertigung eines bestimmten Produkts beteiligt sind
D. Ein Verbund von Maschinen, die bei der Montage zusammenwirken
E. Keine Antwort ist richtig.

175) Welche Auswirkungen könnte die versehentliche Nichteintragung einer Warenlieferung von Rohstoffen in einem Industriebetrieb haben?
A. Von den Rohstoffen wird zu wenig bestellt.
B. Der Sollbestand ist höher als der bei der Inventur gezählte tatsächliche Bestand.
C. Von den Rohstoffen wird zu viel bestellt.
D. Der bei der Inventur festgestellte Istbestand ist zu niedrig.
E. Keine Antwort ist richtig.

176) Computergesteuerte Werkzeugmaschinen nennt man auch …?
A. DIGI-Maschinen.
B. CWM-Maschinen.
C. PCT-Maschinen.
D. CNC-Maschinen.
E. Keine Antwort ist richtig.

177) Welches Bauteil ist ein elektrischer Generator?
A. Motorrad-Standlicht
B. Lkw-Batterie
C. Fahrraddynamo
D. Pkw-Zigarettenanzünder
E. Keine Antwort ist richtig.

178) Wie lautet die allgemeine Formel für die Eigenkapitalrentabilität?
A. $\dfrac{\text{Gewinn}}{\text{Fremdkapital}} \times 100$
B. $\dfrac{\text{Gewinn}}{\text{Eigenkapital}} \times 100$
C. $\dfrac{\text{Umsatz}}{\text{Eigenkapital}} \times 100$
D. $\dfrac{\text{Umsatz}}{\text{Fremdkapital}} \times 100$
E. Keine Antwort ist richtig.

179) Wobei handelt es sich nicht um ein Fügeverfahren?
A. Schweißen
B. Löten
C. Kleben
D. Sintern
E. Keine Antwort ist richtig.

180) Geringe Dichte, korrosionsbeständig, isolierend und wärmedämmend – von welcher Werkstoffgruppe ist die Rede?
A. Von den Kohlenstoffen
B. Von den Nichteisenmetallen
C. Von den Naturstoffen
D. Von den Kunststoffen
E. Keine Antwort ist richtig.

Lösungen: Fachbezogenes Wissen

1) A	31) A	61) A
2) A	32) D	62) D
3) B	33) A	63) B
4) C	34) C	64) A
5) D	35) D	65) C
6) B	36) B	66) D
7) D	37) A	67) A
8) A	38) D	68) C
9) B	39) A	69) B
10) B	40) C	70) C
11) D	41) B	71) D
12) C	42) D	72) A
13) D	43) A	73) A
14) B	44) D	74) A
15) B	45) B	75) C
16) E	46) B	76) A
17) C	47) B	77) C
18) A	48) B	78) B
19) D	49) B	79) A
20) C	50) A	80) C
21) A	51) B	81) C
22) D	52) B	82) D
23) D	53) D	83) D
24) D	54) C	84) C
25) A	55) B	85) C
26) C	56) D	86) C
27) A	57) C	87) C
28) C	58) C	88) B
29) A	59) D	89) C
30) C	60) D	90) A

91) D	121) C	151) B
92) D	122) E	152) A
93) A	123) C	153) B
94) A	124) C	154) B
95) C	125) C	155) C
96) A	126) C	156) D
97) B	127) B	157) C
98) A	128) A	158) A
99) D	129) B	159) A
100) B	130) B	160) D
101) B	131) B	161) A
102) B	132) D	162) C
103) C	133) A	163) A
104) B	134) B	164) B
105) A	135) B	165) B
106) A	136) E	166) D
107) C	137) C	167) C
108) D	138) B	168) D
109) C	139) A	169) B
110) C	140) C	170) B
111) A	141) C	171) D
112) A	142) D	172) C
113) B	143) C	173) C
114) B	144) C	174) B
115) D	145) D	175) C
116) C	146) B	176) D
117) A	147) D	177) C
118) A	148) D	178) B
119) A	149) D	179) D
120) D	150) C	180) D

Bauingenieurwesen (Aufgaben 1–20)

Zu 1) A. Aus Zement, Wasser und Gesteinskörnern

Beton besteht aus Zement, Wasser und kleinen Gesteinskörnern. Auch bei Kalziumsulfat handelt es sich um einen populären Baustoff – allgemein bekannt unter der Bezeichnung „Gips".

Zu 2) A. Staudamm A

Staudamm A wölbt sich dem Wasser bogenförmig entgegen – so werden die auftretenden Kräfte an die umgebenden Hänge abgegeben. Staudamm B stellt dem Wasser nur sein Eigengewicht entgegen, und Staudamm C leitet die Kräfte nicht etwa ab, sondern bündelt sie sogar noch gegen das Zentrum des Bauwerks.

Zu 3) B. eine Wasserwaage.

Die horizontale oder vertikale Ausrichtung eines Objekts kann man mithilfe einer Wasserwaage (auch „Maurerwaage") bestimmen. Das Herzstück dieses Geräts sind die sogenannten „Libellen": kleine, flüssigkeitsgefüllte Röhrchen, die eine Luftblase einschließen. Je nach der Ausrichtung des Objekts verlagert sich die Luftblase in der Libelle.

Zu 4) C. dank hervorragender Dämmung keine klassische Heizung oder Kühlung benötigt.

Dank ihrer guten Dämmung verbrauchen Passivhäuser kaum Energie: Weder müssen sie im Sommer gekühlt noch im Winter auf klassische Art und Weise beheizt werden. Ihren Wärmebedarf stillen sie überwiegend durch „passives" Ausnutzen der Sonneneinstrahlung oder der Abwärme von Menschen und Geräten.

Zu 5) D. Mörtel

Die Rede ist vom Mörtel. Der breiige Baustoff enthält Bindemittel wie Kalk oder Zement, Gesteinskörner, Wasser und eventuell Zusatzstoffe. Je nach Verwendungszweck nutzt man spezielle Mörtelsorten: Mit Maurermörtel verbindet man Mauersteine, mit Putzmörtel verputzt man Wände und Decken.

Zu 6) B. Ja, die Zugkraft halbiert sich.

Fügt man zur ersten noch eine zweite Rolle hinzu, halbiert sich der erforderliche Kraftbetrag, um das Gewicht auf dieselbe Höhe zu ziehen.

Zu 7) D. Zwischen Bodenbelag und Untergrundfläche

Der Estrich dient als Untergrund für Fußbodenbeläge, hergestellt aus einer speziellen Mörtelmasse: Diese wird entweder direkt auf die harte Untergrundfläche – die Bodenplatte oder eine tragende Geschossdecke – aufgetragen oder auf eine zwischenliegende Dämmschicht.

Zu 8) A. Die Fläche bei Abbildung 1

Entscheidend für die Tragfähigkeit ist, wie sich die auftretenden Kräfte verteilen. Eine aufliegende Last übt eine senkrechte Kraft auf die Regalfläche aus: Je vollständiger diese Kraft an die Wand links abgegeben wird, desto tragfähiger ist das Regal. Die Stützstrebe und das Tragseil müssen dafür in einem möglichst großen Winkel zur Regalfläche ansetzen – am geeignetsten ist demnach Konstruktion 1.

Zu 9) B. Tiefbau

Zum Tiefbau rechnet man Bauten auf oder unter der Erdoberfläche, also Straßen, Schienenwege, Tunnel, Kanalisationen, Staudämme und dergleichen. Im Gegensatz dazu befasst sich der Hochbau mit Gebäuden und anderen Bauwerken oberhalb der Geländelinie. „Massivbau" hat im Bauwesen zwei Bedeutungen: Zum einen bezieht sich der Begriff auf verwendete „massive" Materialien wie Beton, in Abgrenzung zum Leicht- und Holzbau. Zum anderen ist damit ein Bauprinzip gemeint, wonach raumabschließende Elemente wie Wände und Decken auch die tragende Funktion übernehmen. Der Fertigbau ist ein Verfahren, bei dem Bauteile im Werk vorgefertigt und an der Baustelle endmontiert werden.

Zu 10) B. Oxidation

Wenn Eisen rostet, leidet es unter dem chemischen Prozess der Oxidation. Dazu kann es kommen, wenn das Eisen mit einer Säure in Kontakt kommt; es genügen aber schon Sauerstoff und Wasser, die das Metall angreifen und es instabil machen. Jährlich werden durch die Korrosion an Eisen- oder Stahlkonstruktionen weltweit Schäden in Milliardenhöhe verursacht.

Zu 11) D. Last mal Lastarm.

„Kraft mal Kraftarm gleich Last mal Lastarm", so lautet die Merkformel für das Hebelgesetz. Das bedeutet: Wenn eine Kraft über den Kraftarm eines Hebels angreift, kann damit eine Last bewegt werden, die am Lastarm des Hebels mit einer bestimmten Gewichtskraft anliegt. Dabei werden nur die (Gewichts-)Kräfte berücksichtigt, die in einem 90-Grad-Winkel zum Hebel angreifen. Bei entsprechendem Verhältnis von Kraftarm und Lastarm – langer Kraftarm, kurzer Lastarm – kann man mit geringem Kraftaufwand große Kraftwirkungen erzielen.

Zu 12) C. Würfel 1 hat die größte Dichte.

Um die Dichte ρ eines Körpers zu berechnen, teilt man seine Masse m durch sein Volumen V:

$$\rho = \frac{m}{V}$$

Da alle skizzierten Würfel zwar die gleiche Masse, aber offensichtlich unterschiedliche Rauminhalte haben, müssen sich ihre Dichten unterscheiden: je kleiner das Volumen bei gleichbleibender Masse, desto höher die Dichte. Die größte Dichte hat demnach der Körper mit dem geringsten Volumen, also Würfel 1.

Zu 13) D. Bauwerke entwerfen.

Das Kürzel CAD steht für „computer-aided design" („rechnergestützte Gestaltung"). Mit entsprechender Software kann man unter anderem Bauwerke oder geografische Karten entwerfen. Gängige CAD-Programme sind zum Beispiel Autodesk Inventor, AutoCAD und Pro/ENGINEER.

Zu 14) B. Feder 2 wird am schwächsten gedehnt.

Wie stark eine Feder durch das Anhängen einer Last ausgelenkt („gedehnt") wird, bestimmt sich durch die angehängte Masse und die rücktreibende Kraft der Feder, die sogenannte Federkonstante. Da alle Federn identisch sind und dieselbe Federkonstante besitzen, hängen Unterschiede in ihrer Auslenkung nur von der jeweils anliegenden Masse ab.

Wenn Federn „in Reihe" aneinander gehängt werden, liegt an jeder Feder die gesamte Last der Stahlkugel an. Nehmen mehrere parallel gehängte Federn die Last einer angehängten Masse auf, verteilt sich die Gewichtskraft und die Auslenkung der Federn ist geringer.

An Feder 1 hängt die Last beider Stahlkugeln, ebenso wie an Feder 3 – sie werden gleich stark gedehnt. An Feder 2 jedoch ist nur eine Kugel befestigt; die Last der zweiten Stahlkugel zerrt nicht an ihr. Sie wird daher am schwächsten ausgelenkt.

Zu 15) B. sind relativ sturmanfällig.

Bei Hängebrücken ist die Fahrbahn an Tragseilen aufgehängt, die über Pfeiler (Pylonen) führen. Nach diesem Prinzip lassen sich große Strecken überspannen; vorwiegend nutzt man diesen Brückentyp für Stützweiten ab 800 Metern. Ein Nachteil von Hängebrücken ist, dass sie sich recht schnell

Fachbezogenes Wissen

verformen, zum Beispiel bei starkem Wind. Daher eignen sie sich nur bedingt für Schienenwege. Die wohl bekannteste Hängebrücke ist die Golden Gate Bridge in San Francisco.

Zu 16) E. Keine Antwort ist richtig.

Es ist auch bei äußerstem Krafteinsatz nicht möglich, die Schnur genau waagerecht zu spannen. Die durch das Wäschestück ausgeübte Gewichtskraft sorgt immer für einen Kraftbetrag, der die Leine senkrecht nach unten ablenkt, und sei es noch so gering.

Gewichtskraft des Wäschestücks:

$F = \text{Masse} \times \text{Gravitationskraft}$
$= 3 \text{ kg} \times 9{,}81 \ \frac{N}{kg} \approx 30 \text{ N}$

Zu 17) C. Die Durchflussgeschwindigkeit vervierfacht sich.

Wird der Durchmesser der Rohrleitung von 20 cm auf 10 cm halbiert, verkleinert sich der Rohrquerschnitt um drei Viertel, wie sich anhand der Formel zur Berechnung von Kreisflächen erkennen lässt:

$A_{Rohr1} = \pi \times r^2 = \pi \times \left(\frac{d}{2}\right)^2 = \pi \times \left(\frac{20 \text{cm}}{2}\right)^2$
$= \pi \times 100 \text{ cm}^2$

$A_{Rohr2} = \pi \times r^2 = \pi \times \left(\frac{d}{2}\right)^2 = \pi \times \left(\frac{10 \text{cm}}{2}\right)^2$
$= \pi \times 25 \text{ cm}^2$

Damit der Wasserdurchsatz (d. h. die in einem Zeitraum durch das Rohr geleitete Wassermenge) gleich bleibt, muss sich die Durchflussgeschwindigkeit des Wassers zum Ausgleich des schmaleren Rohrquerschnitts vervierfachen.

Zu 18) A. stützt sich selbst.

Eine freitragende Konstruktion stützt sich selbst, man braucht also keine zusätzlichen Streben, Pfeiler oder Ähnliches. Freitragende Dächer zum Beispiel erreichen dies durch eine Bogenform: So werden Kräfte, die durch die Eigenlast der Decke entstehen, an die Wände abgeleitet.

Zu 19) D. Der Impuls reduziert sich auf ein Neuntel.

Der Impuls p eines Körpers berechnet sich wie beschrieben aus dem Produkt von Masse m und Geschwindigkeit v:

$p = m \times v$

Wenn sich Geschwindigkeit und Masse dritteln, reduziert sich der Impuls des Fußballs auf ein Neuntel:

$\frac{1}{3}m \times \frac{1}{3}v = \frac{1}{9}m \times v = \frac{1}{9}p$

Zu 20) C. Die Werkstoffe sollten aus Sicherheitsgründen nicht kombiniert werden.

Aluminium ist wesentlich leichter als Stahl und noch dazu – ebenso wie Edelstahl – korrosionsbeständig und einfach formbar. Darüber hinaus kann man Aluminium- und Edelstahloberflächen je nach gewünschter Optik unterschiedlich ausführen (etwa gebürstet, seidenmatt geschliffen oder hochglanz-spiegelpoliert). Stahl wiederum bietet die höchste Festigkeit, was zum Beispiel breite Glasfronten oder großzügig ausgeschnittene Gebäudeeingänge ermöglicht. Aussage C stimmt nicht: Man kann die Werkstoffe auch kombinieren und beispielsweise die Festigkeit eines Stahlrahmens mit der Leichtigkeit einer Aluminiumverkleidung vereinen.

Betriebswirtschaftslehre (Aufgaben 21–40)

Zu 21) A. Inventur

Eine Inventur ist die Bestandsaufnahme durch Zählen, Messen, Schätzen oder Wiegen, die zur Aufstellung des Inventars führt. Durch die Inventur werden Vermögenswerte und Schulden eines Unternehmens zu einem bestimmten Stichtag ermittelt und schriftlich fixiert. Das Inventar führt als Ergebnis der Inventur alle Vermögenswerte und Schulden nach Art, Menge und Wert auf.

Zu 22) D. Saldo

In der Buchführung ist der Saldo die Differenz zwischen der Soll- und der Habenseite eines Kontos. Sind die Umsätze im Haben (= rechte Kontoseite) größer als im Soll (= linke Kontoseite), entsteht ein Habensaldo, andernfalls ein Sollsaldo. Somit stellt der Saldo den Wert eines Kontos dar, mit dem es in eine Gewinn- und Verlustrechnung oder eine Bilanz übertragen wird.

Zu 23) D. Aktiva und Passiva

Die Bilanz ist eine kurz gefasste Vermögensübersicht als Gegenüberstellung von Aktiva und Passiva in Kontenform. Sie ist zusammen mit der Gewinn- und Verlustrechnung Bestandteil des Jahresabschlusses eines Unternehmens. Die Bilanz stellt den wirtschaftlichen Erfolg von Unternehmen in einer Vergangenheitsbetrachtung dar: in der Regel in Bezug auf das abgelaufene Geschäftsjahr.

Zu 24) D. Ein systematisches Verzeichnis aller Konten innerhalb eines Wirtschaftszweiges

Ein Kontenrahmen ist ein systematisches Verzeichnis aller Konten für die Ordnung der Buchführung. Er dient als Richtlinie und Empfehlung für die Aufstellung eines konkreten Kontenplans in einem Unternehmen. Damit sollen einheitliche Buchungen von gleichen Geschäftsvorfällen erreicht und zwischenbetriebliche Vergleiche ermöglicht werden.

Der Kontenrahmen ist meist nach dem Zehnersystem in Kontenklassen gegliedert. Hier sind in Wesen und Inhalt ähnliche Konten gebündelt.

Zu 25) A. Portfolio

Die „vier großen P's" des Marketing stehen für „Product", „Price", „Place" und „Promotion": Ziel ist es, ein geeignetes Produkt zum richtigen Preis in einem passenden Markt zu platzieren, begleitet durch angemessene Maßnahmen zur Absatzförderung.

Zu 26) C. Die Stückkosten der Fertigung steigen, weil die Entlohnung je Zeiteinheit höher ist.

Durch die Arbeitszeitverkürzung bei vollem Lohnausgleich steigt der Stundenlohn der Mitarbeiter und somit auch die Lohnstückkosten.

Zu 27) A. $\text{Rendite} = \dfrac{\text{Gewinn}}{\text{Eingesetztes Kapital}}$

Zur Berechnung der Rendite gibt es verschiedene Formeln. Eine Möglichkeit besteht darin, wie in Lösung A den Gewinn ins Verhältnis zum eingesetzten Kapital zu setzen. Um den Gesamterfolg einer Kapitalanlage als tatsächliche Verzinsung des eingesetzten Kapitals zu messen, multipliziert man den Wert aus der Rendite-Formel mit 100. Eine andere Möglichkeit der Renditeberechnung ist, die Einzahlungen zu den Auszahlungen ins Verhältnis zu setzen.

Zu 28) C. Dass die Gesamtkapazität eines Unternehmens nur zu 70 Prozent genutzt wurde

Der Beschäftigungsgrad gibt die tatsächliche Auslastung der verfügbaren Kapazitäten eines Unternehmens wieder. Ein Beschäftigungsgrad von 70 Prozent besagt demnach, dass die Gesamtkapazität zu 70 Prozent genutzt wird.

Zu 29) A. Die Menge der verfügbaren Gegenstände eines Lagers

Beim Lagerbestand handelt es sich um die Artikelmenge, die zu einem bestimmten Zeitpunkt in einem Lager physisch vorhanden ist. Es wird unterschieden zwischen dem Mindestbestand (auch „Sicherheitsbestand"), dem Meldebestand (bestimmt den Bestellzeitpunkt) und dem Maximal- oder Höchstbestand (maximal möglicher Lagerbestand).

Zu 30) C. In Branchenverzeichnissen Zur Bezugsquellenermittlung kommen neben dem Besuch von Fachmessen u. a. Fachzeitschriften, Branchenverzeichnisse und Telefonbücher infrage. In den betriebsinternen Dateien werden sich nur die bekannten Lieferanten finden.

Zu 31) A. Tendenziell lassen sich mehr ungelernte Arbeitskräfte einstellen.

Arbeitsteilung besteht in der Aufteilung eines einzelnen Produktionsprozesses in verschiedene Teilprozesse, die innerhalb einer einzelnen Produktionsstätte von spezialisierten Arbeitskräften wahrgenommen werden. Man unterscheidet zwischen der Mengenteilung – bei der alle Beteiligten alle Arbeitsabläufe durchführen – und der Artteilung, bei der jeder Einzelne nur einen Teil der Arbeitsabläufe übernimmt: Hier entstehen häufig Arbeitsschritte, die mit geringem Vorwissen von ungelernten Arbeitskräften ausgeführt werden können.

Zu 32) D. Der Materialbedarf lässt sich bei der verbrauchsorientierten Bedarfsermittlung aus der Produktionsplanung und dem vorhandenen Lagerbestand ermitteln.

Die Materialbedarfsplanung ist die Bestimmung der produktionsnotwendigen Bedarfsart und -menge in einer definierten Planungsperiode. Zur Materialbedarfsplanung zählen die Bestandsüberwachung sowie die Erstellung von Beschaffungsvorschlägen für die Produktion und den Einkauf. Ziel ist es, die optimale Balance zwischen Kostenminimierung, Kapitalbindung und Lieferbedingung zu erreichen.

Zu 33) A. Portfolioanalyse

„Cash cow", „question mark", „star" und „dog" sind Kategorien der BCG-Matrix zur Portfolioanalyse bzw. zum Marketingcontrolling. Die Matrix klassifiziert auf Basis verschiedener Kennzahlen Produkte nach ihrer Rentabilität und ermöglicht so angemessene Produkt- bzw. Marketingstrategien.

Zu 34) C. Zur Ermittlung der Vorgabezeiten für die Fertigung

Die Zeitaufnahme (auch „Zeitstudie") ist ein arbeitsanalytisches Verfahren: Zunächst wird die für einen bestimmten Arbeitsprozess benötigte Zeit ermittelt (Ist-Zeit), um daraus im Anschluss konkrete Vorgabezeiten (Soll-Zeiten) ableiten zu können.

Zu 35) D. Erweiterung der Kompetenzen

Die Auslagerung von Unternehmensaufgaben und -strukturen („outsourcing") geht meist einher mit Bestrebungen, sich aufs Kerngeschäft zu fokussieren, flexibler zu werden, die betriebliche Komplexität zu reduzieren und Geschäftsabläufe zu rationalisieren. Kritiker sehen darin oft einen Verlust von Kompetenzen und Knowhow.

Zu 36) B. Bei einer Fakturierung in US-Dollar tritt bei einem Kurseinbruch des Euros gegenüber dem US-Dollar ein Währungsgewinn ein.

Lautet die Rechnung auf US-Dollar, erzielt der Verkäufer einen Währungsgewinn, wenn der Kurs des Euros gegenüber dem US-Dollar einbricht: Der vom Käufer bezahlte Dollarbetrag führt beim Geldumtausch zu einem höheren Eurobetrag als ursprünglich angenommen.

Zu 37) A. Die Wertschöpfungskette umfasst alle Hersteller, Dienstleister, Lieferanten und Händlerstufen, die an der Herstellung und dem Vertrieb eines Produkts beteiligt sind.

Als Wertschöpfungskette (engl. „Supply Chain") bezeichnet man den Weg eines Produkts oder einer Dienstleistung bis zum Konsumenten und die damit zusammenhängende, in jeder Stufe erfolgte Wertsteigerung (Mehrwert). Die Wertschöpfungskette beinhaltet alle Produzenten, Hersteller, Dienstleister, Lieferanten und Händler, die an der Erstellung und dem Vertrieb eines Produktes oder einer Dienstleistung beteiligt sind.

Zu 38) D. Abtretung einer Forderung

„Factoring" ist eine Finanzdienstleistung, bei der offene Forderungen an einen Factor verkauft werden. Als Gegenleistung für die Abtretung der Forderungen zahlt der Factor umgehend den Forderungskaufpreis, der dem Betrag der tatsächlich bestehenden Forderung abzüglich eines Abschlags für die Leistungen des Factors entspricht. So sorgt Factoring für Liquidität und schützt vor Forderungsausfällen.

Zu 39) A. Unterscheidung zwischen fachlicher und disziplinarischer Unterstellung

Nach dem dotted-line-Prinzip wird fachliches und disziplinarisches Weisungsrecht unterschieden. Da z. B. ein Bereichscontroller fachlich dem Controller des Gesamtbetriebs untersteht, besitzt dieser das fachliche Weisungsrecht. Gleichzeitig ist der Bereichscontroller jedoch auch dem Bereichsleiter unterstellt (disziplinarisches Weisungsrecht). Diese Unterstellung wird in Organigrammen gewöhnlich mit einer gepunkteten Linie (engl. „dotted line") veranschaulicht.

Elektrotechnik (Aufgaben 41–60)

Zu 41) B. Wenn eine bestimmte Stromstärke über eine festgelegte Zeit hinaus überschritten wird

Eine Sicherung – im Fachjargon: „Überstromschutzeinrichtung" – unterbricht den von ihr gesicherten Stromkreis dann, wenn eine definierte Stromstärke über eine festgelegte Dauer hinaus überschritten wird. Dadurch lassen sich Leitungen, Schalter und Geräte vor Überstromschäden schützen. Überströme können durch Kurzschlüsse oder Überlastungen auftreten.

Zu 42) D. $5\,\Omega$

Abgebildet ist der Schaltkreis einer Parallelschaltung, bei der sich der Gesamtwiderstand wie folgt berechnet:

$$\frac{1}{R_{gesamt}} = \frac{1}{R_1} + \frac{1}{R_2} = \frac{1}{10\,\Omega} + \frac{1}{10\,\Omega}$$

$$= \frac{2}{10\,\Omega} = \frac{1}{5\,\Omega}$$

$R_{gesamt} = 5\,\Omega$

Zu 40) C. Die Ware wird mit einem Firmen- oder Warenzeichen gekennzeichnet.

Markenartikel sind Produkte einer geschützten Marke, für die ein Warenzeichen eingetragen ist. Über die Qualität der Ware ist damit noch nichts gesagt.

Der Gesamtwiderstand beträgt 5 Ohm.

Zu 43) A. Eine Schaltung mit zwei stabilen elektrischen Zuständen

Als „Flipflop" bezeichnet man in der Elektrotechnik eine elektrische Schaltung, die zwei stabile Zustände einnehmen kann. Mit einem solchen Bauteil lässt sich dementsprechend eine Datenmenge von einem Bit speichern, was Flipflops zur massenhaften Verwendung in allen möglichen Digitalgeräten – z. B. in Computerchips – prädestiniert.

Zu 44) D. Reihenstrommotoren

Elektromotoren, die mit Dreiphasen-Wechselstrom betrieben werden, nennt man „Drehstrommotoren". Sie sind robust, vielseitig verwendbar und in der Regel relativ günstig. Gleichstrommotoren treiben unter anderem Scheibenwischer oder Gebläse in Kraftfahrzeugen an, oder industrielle Maschinen und Anlagen. Universalmotoren schließlich können mit Gleich- oder Wechselstrom betrieben werden. Eingesetzt werden sie zum Beispiel im Haushalt (Küchengeräte) oder im Heimwerkerbereich. „Reihenstrommotoren" gibt es nicht.

Zu 45) B. Ion.

Atome, die mehr oder weniger positiv geladene Elementarteilchen (Protonen) besitzen als negativ geladene (Elektronen), heißen „Ionen". Je nachdem, ob mehr Protonen oder mehr Elektronen vorhanden sind, handelt es sich um positive oder negative Ionen.

Zu 46) B. hängt von seiner Temperatur ab.

Als Halbleiter bezeichnet man Feststoffe, deren Leitfähigkeit stark temperaturabhängig ist. Im Bereich des absoluten Nullpunkts bei 0 Kelvin bzw. −273,15 Grad Celsius sind Halbleiter Isolatoren, die Leitfähigkeit wächst erst mit steigenden Temperaturen. Ein bekannter Halbleiter ist das Element Silizium.

Zu 47) B. Max sollte das Messgerät in Reihe zum Verbraucher schalten.

Ein Strommessgerät misst den Strom an der Stelle des Stromkreises, an der es eingesetzt wird. Um den Stromverbrauch der Waschmaschine zu überwachen, muss Max das Instrument also in Reihe zu ihr schalten. Hätte es Max hingegen auf die Spannung abgesehen, müsste er das entsprechende Messgerät parallel schalten.

Zu 48) B. Transistor

Zum Schalten und Verstärken elektrischer Signale eignen sich Transistoren (vom englischen „transfer resistor" – „Leitungswiderstand"). Je nach Verwendungszweck nutzt man die Bauelemente in unterschiedlichen Ausführungen, die eines gemein haben: Sie funktionieren ohne mechanische Bewegung.

Zu 49) B. Tesla

Die Einheit der magnetischen Flussdichte heißt Tesla, benannt nach dem serbischstämmigen Physiker Nikola Tesla. Das zugehörige Formelzeichen ist das „T". Bei Farad handelt es sich um die SI-Einheit der elektrischen Kapazität, in Coulomb misst man elektrische Ladung und Curie ist eine veraltete Einheit der Radioaktivität.

Zu 50) A. Schalter 1 und 2

Damit eine Lampe leuchten kann, muss sie sich in einem geschlossenen Stromkreis befinden. Um einen

Stromkreis zu schließen, muss eine durchgängige Verbindung von und zu der durch zwei schwarze Punkte symbolisierten Spannungsquelle hergestellt werden. Sollen nun genau zwei Glühbirnen leuchten, dürfen sich demnach die übrigen Birnen nicht in einem geschlossenen Stromkreis befinden. Dieser Zustand ergibt sich, wenn die Schalter 1 und 2 geschlossen werden.

Zu 51) B. bei einer Stromänderung ein Magnetfeld aufzubauen, das dieser Änderung entgegenwirkt.

Antwort B stimmt: Ein Leiter mit einer hohen Induktivität – z. B. eine Spule – reagiert auf eine Änderung des elektrischen Stroms mit dem Aufbau eines starken Magnetfelds. Dieses Magnetfeld induziert in den Windungen der Spule eine Spannung, die der Stromfluss-Änderung entgegenwirkt. Ein anschauliches Experiment dazu: Eine Spule und eine Glühlampe werden parallel geschaltet. Unterbricht man nun den Stromfluss, erzeugt die Spule eine Spannung – dadurch fließt Strom und die Lampe leuchtet kurz auf.

Zu 52) B. Elektronenüberschuss

Eine Kathode ist ein elektrischer Leiter mit einem Überschuss an Elektronen. Das Gegenstück zur Kathode ist die Anode, an der Elektronenmangel herrscht. Zwischen diesen Polen wandern die Ladungsträger: Negativ geladene Anionen zieht es zur Anode, positiv geladene Kationen zur Kathode.

Zu 53) D. von Wechselstrom in Gleichstrom.

Dioden lassen Strom nur in eine Richtung passieren und wirken zur anderen Richtung hin isolierend. Man kann sie daher als Gleichrichter verwenden: eingesetzt in einen Wechselstromkreis, in dem sich Polarität und Stromflussrichtung periodisch umkehren, wandeln sie den Wechselstrom in pulsierenden Gleichstrom um.

Zu 54) C. Je höher der Widerstand bei gleichbleibender Spannung, desto geringer die Stromstärke.

Laut dem ohmschen Gesetz ist die elektrische Stromstärke (I) proportional zur Spannung (U) und umgekehrt proportional zum Widerstand (R): I = U/R.

Der direkte Rückschluss von der Spannung bzw. dem Widerstand auf die Stromstärke (wie bei den Antworten A und B) ist also unzulässig – man muss auch den Widerstand berücksichtigen. Da sich die unter Vorschlag D angegebene Beziehung nicht mit dem ohmschen Gesetz vereinbaren lässt, kommt nur C infrage; bei konstanter Spannung sinkt die Stromstärke mit wachsendem Widerstand.

Zu 55) B. Wie in Skizze 2

Die zwei Platten (Elektroden) eines Kondensators speichern unterschiedliche Ladungen: Eine Platte ist positiv, die andere negativ geladen. Der zwischenliegende Isolator – in diesem Fall das Glas – verhindert, dass es zu einem Ladungsaustausch kommt. Das Glas wird dabei polarisiert, d. h. zur Positiv-Elektrode hin negativ und zur Negativ-Elektrode hin positiv geladen.

Zu 56) D. Ein mechanisch regulierbarer Widerstand

Ein Potentiometer ist ein elektrischer Widerstand, der sich mechanisch – durch Drehen oder Verschieben – regulieren lässt. Dadurch eignet er sich für die Steuerung elektronischer Geräte wie z. B. Radios. Aufgrund ihrer Verschleißanfälligkeit und der fortschreitenden Digitalisierung greift man mittlerweile jedoch vermehrt zu anderen Bauteilen.

Zu 57) C. Durch die Verkettung phasenverschobener Wechselströme

Drehstrom entsteht durch die Verkettung phasenverschobener Wechselströme. Bedeutendste Erscheinungsform ist der Dreiphasen-Wechselstrom, in dem sich drei um 120° gegeneinander phasenverschobene Wechselströme gleicher Frequenz überlagern. Im Vergleich zu einem einphasigen Wechselstrom lässt sich dadurch elektrische Energie effizienter transportieren und verteilen – nicht zufällig schickt man Drehstrom durch die überregionalen Hochspannungsnetze.

Zu 58) C. 40 V

Es gilt das ohmsche Gesetz:

U (elektrische Spannung) = R (elektrischer Widerstand) × I (elektrischer Strom)

Laut Aufgabenstellung also:

$U_1 = 10\,\Omega \times I_1$

$U_2 = 20\,\Omega \times I_2$

Da es sich in dieser Aufgabe um eine Reihenschaltung handelt, bei der durch alle Widerstände derselbe Strom fließt ($I_1 = I_2$), verdoppelt sich mit dem Widerstand auch die Spannung. Am zweiten Widerstand liegen also 40 Volt an.

Zu 59) D. Bei A4

Abgebildet ist der Schaltkreis einer Parallelschaltung, bei der grundsätzlich gilt: Die Spannung, die in den einzelnen Zweigen der Parallelschaltung anliegt, ist stets gleich groß und entspricht der Gesamtspannung des Stromkreises. Die Stromstärke jedoch teilt sich auf. Unabhängig davon, welche Stromstärken nun an den Stellen A1, A2 und A3 genau gemessen werden können, lässt sich also sagen, dass die Stromstärke bei A4 auf jeden Fall am größten sein muss.

Zu 60) D. Wenn mindestens ein Eingang inaktiv ist

Bei einer AND-Verknüpfung leuchtet die Diode nur dann, wenn beide Eingänge aktiv sind. In der Ausdrucksweise der binären Logik: Der Ausgang nimmt den Zustand 1 an, wenn beide Eingänge ebenfalls den Zustand 1 annehmen. Das NAND-Gatter funktioniert umgekehrt – hier bleibt der Ausgang inaktiv, wenn beide Eingänge aktiv sind. Die Diode leuchtet, wenn höchstens ein Eingang inaktiv ist.

Gesundheitsmanagement (Aufgaben 61–80)

Zu 61) A. Gewicht in Kilogramm geteilt durch das Quadrat der Körpergröße in Metern

Der Body-Mass-Index (BMI) – eine Maßzahl zur Gewichtsbewertung – berechnet sich durch das Körpergewicht in Kilogramm, geteilt durch das Quadrat der Körpergröße in Metern. Ein 1,80 Meter großer, 80 Kilogramm schwerer Mann hat demnach einen BMI von $80 \div (1{,}8 \times 1{,}8) = 24{,}7$. Bei Werten unterhalb von 18,5 vermutet man Untergewicht, Normalgewichtige haben einen BMI zwischen 18,5 und 25, darüber beginnt das Übergewicht.

Zu 62) D. stehen den Rentnern immer weniger Beitragszahler gegenüber.

Die Finanzierung der Rente hängt wesentlich von der demografischen Entwicklung ab. Dank der steigenden Lebenserwartung gibt es einerseits immer mehr Rentner, denen andererseits wegen der niedrigen Geburtenrate immer weniger Beitragszahler gegenüberstehen.

Zu 63) B. beugt Krankheiten vor.

„Prophylaxe" bedeutet Vorbeugung. Durch geeignete prophylaktische Maßnahmen wird man im Idealfall gar nicht erst krank. Zur Prophylaxe gehört die Gesundheitsförderung durch gesunde Ernährung, Sport und

Hygiene, aber auch die medizinische Krankheitsprävention z. B. durch Impfungen.

Zu 64) **A.** können mit Antibiotika bekämpft werden.

Viren sind im Unterschied zu Bakterien keine Zellen und haben demnach keinen eigenen Stoffwechsel. Sie können nicht durch Antibiotika bekämpft werden. Im Wesentlichen sind Viren Nukleinsäuren, die Informationen zur Steuerung einer Wirtszelle und vor allem zu ihrer eigenen Vermehrung speichern.

Zu 65) **C.** eine Kategorie zur Einordnung der Pflegebedürftigkeit.

Je nach dem Ausmaß ihrer Pflegebedürftigkeit werden Pflegebedürftige in einen von fünf Pflegegraden eingestuft. Das Sozialgesetzbuch XI definiert dafür folgende Kriterien: Mobilität, kognitive und kommunikative Fähigkeiten, Verhaltensweisen und psychische Problemlagen, Selbstversorgung, die Bewältigung krankheits- oder therapiebedingter Belastungen sowie die Gestaltung des Alltagslebens und der sozialen Kontakte. Die Voraussetzungen sind:

¬ Pflegegrad 1: geringe Beeinträchtigungen der Selbständigkeit oder der Fähigkeiten

¬ Pflegegrad 2: erhebliche Beeinträchtigungen der Selbständigkeit oder der Fähigkeiten

¬ Pflegegrad 3: schwere Beeinträchtigungen der Selbständigkeit oder der Fähigkeiten

¬ Pflegegrad 4: schwerste Beeinträchtigungen der Selbständigkeit oder der Fähigkeiten

¬ Pflegegrad 5: schwerste Beeinträchtigungen der Selbständigkeit oder der Fähigkeiten mit besonderen Anforderungen an die pflegerische Versorgung

Zu 66) **D.** ist eine Pflichtversicherung, u. a. für alle Arbeitnehmer mit einem bestimmten Jahresverdienst.

Als Teil der deutschen Sozialversicherung ist die gesetzliche Krankenversicherung (GKV) eine Pflichtversicherung: Ihr müssen unter anderem alle Arbeitnehmer beitreten, die ein bestimmtes Jahres-Arbeitseinkommen unterschreiten. Diese Entgeltgrenze liegt aktuell (Stand 2025) bei 73.800 Euro.

Zu 67) **A.** Richtlinien zu den Aufgaben und zur Qualität der Pflege

Pflegestandards sind interne Richtlinien einer Pflegeeinrichtung. Sie legen fest, welche Leistungen das Pflegepersonal erbringen soll und wie es in bestimmten Situationen – z. B. Ernährung oder Körperpflege – konkret vorzugehen hat.

Zu 68) C. Herpes

Pflichtimpfungen gibt es in Deutschland nicht. Das Robert-Koch-Institut empfiehlt allerdings, Neugeborene schon nach dem vollendeten zweiten Lebensmonat gegen Wundstarrkrampf, Diphterie, Keuchhusten, Haemophilus, Kinderlähmung, Hepatitis B und Pneumokokken zu impfen. Eine wirksame Impfung gegen Herpesviren gibt es (noch) nicht.

Zu 69) B. Adrenalin

Die Funktion des „Stresshormons" Adrenalin liegt ursprünglich darin, den Körper auf Gefahren- und Kampfsituationen vorzubereiten. Der Körper schüttet es bei körperlicher und seelischer Belastung aus, bei Verletzungen, Infektionen und niedrigem Blutzuckerspiegel. Insulin ist notwendig zum Glucose-Transport und zur Senkung des Blutzuckerspiegels, das „Schlafhormon" Melatonin regelt den Tag-Nacht-Rhythmus des Körpers. Leptin hemmt das Hungergefühl und trägt zur Regulierung des Fettstoffwechsels bei.

Zu 70) C. den Brustkorb.

„Thorax" ist der medizinische Fachbegriff für den Brustkorb, der die Brust- und den oberen Teil der Bauchhöhle umschließt. Er besteht aus den Brustwirbeln, den Rippenpaaren und dem Brustbein.

Zu 71) D. Je größer die beobachtete Grundgesamtheit, desto mehr wird der Zufall zu einer kalkulierbaren Größe.

Das Gesetz der großen Zahlen ist für die Versicherungsbranche elementar. Es handelt sich um einen mathematischen Satz aus der Wahrscheinlichkeitsrechnung, der grob zusammengefasst Folgendes besagt: Je häufiger ein Zufallsexperiment wiederholt wird, desto mehr nähert sich die relative Häufigkeit eines Ergebnisses seiner statistischen Wahrscheinlichkeit. Dieses Prinzip nutzen Versicherer, um künftige Schadensfälle abzuschätzen: Der Einfluss des Zufalls sinkt, wenn die Zahl der versicherten Personen, Güter und Sachwerte wächst, die von der gleichen Gefahr bedroht sind. Großereignisse und langfristige Entwicklungen wie der Klimawandel können die Berechnungsbasis der statistischen Wahrscheinlichkeit verändern und das Gesetz zumindest teilweise unbrauchbar machen.

Zu 72) A. Bildung von Antikörpern.

Die Nieren filtern Giftstoffe und Stoffwechsel-Endprodukte aus, sie regulieren den Flüssigkeitshaushalt, den Elektrolytgehalt und den Säure-Base-Haushalt des Körpers. Außerdem produzieren sie Hormone, die den Blutdruck regulieren und die Blutbildung fördern. Die Herstellung von Antikörpern gehört nicht zu ihrem Aufgabenspektrum.

Zu 73) A. Hyperaktivität

Das Kürzel ADHS steht für die „Aufmerksamkeitsdefizit-/Hyperaktivitätsstörung", die heute mutmaßlich häufigste Ursache von Verhaltensstörungen bei Kindern und Jugendlichen. Typische Kennzeichen sind leichte Ablenkbarkeit, Impulsivität und motorische Überaktivität. Studien zufolge sind rund 5 % der 3- bis 17-Jährigen betroffen, bei Jungen wird ADHS rund viermal häufiger diagnostiziert als bei Mädchen. Man vermutet, dass auch eigentlich gesunde, aber auffällige Kinder fälschlicherweise die Diagnose ADHS gestellt bekommen.

Zu 74) A. hat starkes Übergewicht.

Der Begriff „Adipositas" leitet sich ab vom lateinischen „adeps" („Fett") und bezeichnet starkes Übergewicht. Nach der Definition der Weltgesundheitsorganisation WHO beginnt Adipositas ab einem Body-Mass-Index (BMI) von 30. Der BMI errechnet sich, indem man das Körpergewicht (in Kilogramm) durch das Quadrat der Körpergröße (in Metern) teilt.

Zu 75) C. Kohlenhydratreiche Weichkost

Speichel wirkt karieshemmend, somit entfällt Vorschlag D. Käsekonsum unterstützt die Speichelbildung und liefert wichtige Mineralien, also ist auch B falsch. Und da knusprige, harte Nahrungsmittel meist schnell aus dem Mundraum verschwunden sind, stehen sie den Bakterien kaum als Nährstoffquelle zur Verfügung. Richtig ist C: Kohlenhydratreiche Kost stimuliert die Bakterien zur Produktion von Säuren, die den Zahnschmelz angreifen.

Zu 76) A. Tröpfcheninfektion

Bei perkutanen Infektionen verläuft der Ansteckungsweg über die Haut. Kontakt- oder auch Schmierinfektionen setzen die Berührung eines kontaminierten Menschen oder Gegenstands voraus, wogegen eine Gesichtsmaske nur sehr eingeschränkt hilft – sie richtet sich gegen die Tröpfcheninfektion. Nicht nur beim Niesen oder Husten, auch beim Sprechen bilden sich häufig Sekrettröpfchen, in denen Krankheitserreger von einem Wirt zum nächsten wandern können.

Zu 77) C. Epidemie.

Die Epidermis ist die Oberhaut, „Apathie" ein Synonym für Abgeschlagenheit und „Anämie" ein Fachausdruck für Blutarmut. Wenn sich eine Krankheit in einem engeren Zeitraum in einem bestimmten Gebiet stark häuft, spricht man von einer „Epidemie".

Zu 78) B. Ungefähr 60–80 Schläge pro Minute

Einen Ruhepuls von 30 erreichen normalerweise höchstens professionelle Ausdauersportler. Das Herz eines durchschnittlichen Erwachsenen schlägt ungefähr 70-mal pro Minute. Jugendliche und Senioren haben im Schnitt einen Ruhepuls von 85–90 Schlägen, Kinder liegen noch etwas darüber.

Zu 79) A. doppelt „S"-förmig gekrümmt.

Blickt man von der Seite auf die menschliche Wirbelsäule, ähnelt sie einem doppelten „S": Die Halswirbelsäule wölbt sich nach vorne, die Brustwirbelsäule nach hinten, die Lendenwirbelsäule nach vorne und der untere Teil der Wirbelsäule (Kreuz- und Steißbein) wiederum nach hinten.

Zu 80) C. Das Bundesdatenschutzgesetz findet auch Anwendung für betriebliche Daten, wenn davon ausgegangen werden kann, dass personenbezogene Daten verarbeitet werden.

Das Bundesdatenschutzgesetz regelt zusammen mit den Datenschutzgesetzen der Länder den Umgang mit personenbezogenen Daten. Danach ist die Erhebung, Verarbeitung und Nutzung solcher Daten grundsätzlich verboten und nur dann erlaubt, wenn das Gesetz dies für den bestimmten Fall zulässt oder die betroffene Person zustimmt. Dies gilt auch für betriebliche Daten. Beschäftigt ein Unternehmen mindestens zehn Personen ständig mit der Bearbeitung personengebundener Daten, benötigt es einen Datenschutzbeauftragten.

Informatik (Aufgaben 81–100)

Zu 81) C. 8

Der Begriff „Byte" stammt aus der Digitaltechnik und steht als Maßeinheit mit dem Einheitenzeichen „b" für eine Datenmenge von acht Bit. Man nutzt diese Maßeinheit, um die Speicherkapazität von Datenträgern wie Festplatten oder CD-ROMs anzugeben. Die nächst größeren Einheiten sind das Kilobyte (1 KB = 1.000 bzw. 1.024 Byte), das Megabyte (1 MB =

1.000 bzw. 1.024 KB) und das Gigabyte (1 GB = 1.000 bzw. 1.024 MB).

Zu 82) D. Die Aufteilung eines Speichermediums in mehrere Bereiche

Im IT-Bereich steht der Begriff „Partition" für eine logische Unterteilung von Systemressourcen, z. B. der Festplatte. Dabei sind die einzelnen Partitionen voneinander unabhängig und können vom Betriebssystem wie verschiedene physikalische Laufwerke behandelt werden. Für die Verwendung von Partitionen gibt es verschiedene Gründe: Die Datensicherheit steigt, da von Fehlern des Dateisystems einer Partition die anderen nicht betroffen sind. Partitionen erleichtern zudem die Datenorganisation, da sich Inhalte je nach Betreff in verschiedenen Partitionen speichern lassen. Darüber hinaus wird es möglich, mehrere Betriebssysteme auf einer Festplatte zu installieren und nutzen.

Zu 83) D. Tabellenkalkulation

Zur Tabellenkalkulation nutzt man keine Programmiersprachen, sondern spezielle Kalkulationsprogramme wie Excel. Typische Anwendungsgebiete von JavaScript sind Banner und Laufschriften, die Plausibilitätsprüfung von Formulareingaben, der gleichzeitige Wechsel mehrerer Frames, die dynamische Manipulation von Webseiten, das Senden und Empfangen von Daten, ohne dass der Browser die Seite neu laden muss, das sofortige Vorschlagen von Suchbegriffen und die Verschleierung von E-Mail-Adressen zur Spam-Abwehr.

Zu 84) C. Temporäre Dateien kann man bedenkenlos löschen.

Temporäre Dateien – häufig an der Endung „.tmp" erkennbar – sind Dateien, in denen Betriebssysteme oder andere Programme Informationen zeitlich begrenzt zwischenspeichern, um den Arbeitsspeicher des Computers zu entlasten. Üblicherweise werden sie durch das jeweilige Programm nach Gebrauch wieder gelöscht. Durch Systemabstürze oder unsauberes Arbeiten des Programms können sie jedoch auch auf der Festplatte verbleiben und nach und nach immer mehr Speicherplatz einnehmen. Bedenkenlos löschen sollte man sie jedoch nicht, da einzelne temporäre Dateien noch gebraucht werden könnten. Es empfiehlt sich daher, geeignete Dienstprogramme (Tools) einzusetzen.

Zu 85) C. beide Eingänge A und B aktiv sind.

Der Ausgang X des NOT-Gatters ist inaktiv, wenn sein Eingang aktiv ist.

Dazu müssten hier beide Eingänge des AND-Gatters aktiv sein.

Zu 86) C. Eine Zeichenkodierung, mit der Computer operieren

Der „American Standard Code for Information Interchange" (ASCII) ist eine 7-Bit-Zeichenkodierung zur Darstellung von Groß- und Kleinbuchstaben, Ziffern, Sonder- sowie Steuerzeichen. Die ASCII-Kodierung definiert 128 Zeichen, darunter 95 druckbare Zeichen und 33 nicht-druckbare Steuerzeichen.

Im ASCII-Code ist jedem Zeichen eine Zahl zugeordnet, so dass in Programmierungen z. B. Buchstaben durch Angabe des Zahlencodes generiert werden können. Ein Beispiel: Der Binärcode „1000001" steht für die Dezimalzahl „65" und den Großbuchstaben „A".

Zu 87) C. Eine Computerschnittstelle

„SATA" (auch „S-ATA") steht für „Serial ATA" oder auch „Serial AT Attachment". Damit bezeichnet man eine Computerschnittstelle für den Datenaustausch mit Festplatten und anderen Speichermedien. Der Vorläufer des SATA-Standards heißt ATA („AT Attachment") bzw. IDE („Integrated Drive Electronics").

Zu 88) B. Der Prozessor ist das Herzstück eines Computers und steuert die Bestandteile.

Der Hauptprozessor oder auch „CPU" („Central Processing Unit") ist die zentrale Verarbeitungseinheit des Computers. Der Prozessor befindet sich in einem Sockel oder direkt auf die Leiterplatte gelötet auf dem Motherboard. Er überwacht und steuert den gesamten Rechner und führt logische und arithmetische Berechnungen (Programme) aus. Die CPU hält die jeweils benötigten Informationen vorrätig und organisiert den Datentransfer.

Zu 89) C. Im Binärcode

Die digitale Datenverarbeitung beruht auf dem Binärcode, der Informationen als Folge von Nullen und Einsen darstellt. Die Grundeinheit dieser Zeichenmenge ist das Bit, das entweder den Wert 0 (= falsch) oder 1 (= wahr) annimmt, vergleichbar einem Lichtschalter, der ein- oder ausgeschaltet sein kann.

Zu 90) A. Ein Rechnernetz

Das „Local Area Network" (LAN) ist ein lokales Rechnernetz, das größer ist als ein „Personal Area Network" (PAN) und kleiner als ein „Metropolitan Area Network" (MAN). LANs erstrecken sich in der Regel über mehrere Räume, aber selten über ein Grundstück hinaus. Zum Aufbau lokaler Netzwerke gibt es verschiedene Technologien. Am verbreitetsten ist der Ethernet-Standard, der bestimmte Kabeltypen, Stecker, Signalisierungen und Protokolle festlegt.

Zu 91) D. Die IP-Adresse ist ein 30 Bit langes Datenwort.

In Computernetzen, die auf dem Internetprotokoll (IP) basieren, nutzt man IP-Adressen, um Daten von einem Absender zum vorgesehenen Empfänger zu transportieren. Jedes Gerät – Drucker, Desktop-PC, Laptop – lässt sich anhand seiner zugewiesenen IP-Adresse eindeutig identifizieren. Der lange Jahre vorherrschende IPv4-Standard definiert eine IP-Adresse als 32 Bit langes Datenwort. Es besteht in der bekanntesten Notation aus vier Zahlen zwischen 0 und 255, die durch einen Punkt getrennt sind. Rechnerisch lassen sich so knapp 4,3 Milliarden Adressen darstellen. Da dieser Vorrat nicht mehr ausreicht, hat man mittlerweile das IPv6-Verfahren eingeführt: Es erlaubt 128 Bit lange Adressen in Hexadezimal-Schreibweise (mit Ziffern, Buchstaben und Doppelpunkten).

Zu 92) D. Arbeitsspeicher

Alle Komponenten dienen zur Datenspeicherung. Im Gegensatz zu Festplatten, CD-ROMs und USB-Sticks sichert der Arbeitsspeicher diese Informationen jedoch nicht dauerhaft. Nach einer Stromunterbrechung sind sie daher in der Regel auf diesem Medium nicht mehr vorhanden.

Zu 93) A. 80

Der Datentyp „Integer" speichert Werte in Form ganzer Zahlen, wobei der Wertebereich begrenzt ist. Von den angegeben Vorschlägen kann demnach nur Antwort A stimmen. Zeichenketten wie „Mutter", die aus Buchstaben, Ziffern und Sonderzeichen bestehen können, werden in der Regel als „Stringvariable" bezeichnet. Antwort C ist ein Datum und Antwort D eine Gleitkommazahl – beide Zeichenfolgen haben in verschiedenen Programmiersprachen unterschiedliche Bezeichnungen.

Zu 94) A. nur die Eingänge A und C aktiv sind.

Damit der Ausgang X des AND-Gatters aktiv wird, müssen beide Eingänge daran aktiv sein. Ein aktiver Eingang C ist also zwingend nötig. Der Ausgang des NAND-Gatters wiederum wird dann aktiv, wenn mindestens einer der Eingänge A und B inaktiv bleibt. Folglich kann nur Vorschlag A stimmen.

Zu 95) C. Ein Compiler übersetzt eine höhere Programmiersprache in Maschinensprache.

Ein Compiler ist ein Programm, das ein in einer Quellsprache geschriebenes Programm (auch Quellprogramm) in ein semantisch äquivalentes Programm einer Zielsprache (auch Zielprogramm) „übersetzt". Ein Beispiel hierfür ist ein Basic-Compiler, der diese höhere Programmiersprache (Quellprogramm) in Maschinencode (Zielprogramm) verwandelt. Verwandt mit einem Compiler ist ein Interpreter, der ein Programm nicht in die Zielsprache übersetzt, sondern Schritt für Schritt direkt ausführt.

Zu 96) A. .jpg

Dateien mit den Endungen „.exe", „.com" und „.bat" sind ausführbar: Sie können nach ihrem Aufruf als Programm starten. Eine „.jpg"-Datei ist eine Bilddatei. Oft enthalten schädliche Mails virenverseuchte Anhänge, die sich z. B. als harmlose Bilddatei tarnen, aber anhand ihrer Namenserweiterung als ausführbare Programmdatei zu erkennen sind.

Zu 97) B. Für einen Rechner, der als Server betrieben wird

In einem Computernetzwerk bezeichnet man dasjenige System als „Host" (dt. „Gastgeber"), auf dem die Serversoftware läuft. Neben einzelnen Computern können auch komplexe Computersysteme oder Netzwerkgeräte wie Router und Druckerserver Hosts sein. Die Endgeräte, die mit ihnen kommunizieren, heißen „Clients" (dt. „Kunden").

Zu 98) A. Basic

Der Befehl „Print" stammt aus Basic und gibt die Anweisung, die Stringvariable A anzuzeigen. Er entspricht den Befehlen „write" in PASCAL, „select" in SQL und „printf" in C.

Zu 99) D. Ein Zwischenspeicher, um bereits aufgerufene Inhalte schneller bereitzustellen.

Caches (dt. „geheime Lager") sind Puffer-Speicher, um bereits aufgerufene Inhalte schneller bereitzustellen. So arbeiten z. B. Internetbrowser unter Windows mit einem Cache: Besucht man eine Webseite erneut, bezieht der Browser die Daten nicht mehr aus dem Internet, sondern vom Cache auf der Festplatte.

Zu 100) B. Assemblersprache repräsentiert die Maschinensprache einer spezifischen Prozessorarchitektur in einer für den Menschen lesbaren Form.

Assemblersprache ist eine spezielle Programmiersprache, welche die Maschinensprache einer spezifischen Prozessorarchitektur in eine für den Menschen lesbare Form übersetzt. Folglich hat jede Computerarchitektur ihre eigene Assemblersprache.

Der Vorteil von Assemblersprache besteht darin, dass sich die komplette Bandbreite des Computers nutzen lässt, da auf alle Funktionen direkt zugegriffen werden kann. Assemblerprogramme sind in der Regel erheblich kleiner und schneller als vergleichbare Programme, die durch eine Hochsprache erzeugt wurden.

Maschinenbau (Aufgaben 101–120)

Zu 101) B. Die Drehzahl beträgt 2.800 Umdrehungen pro Minute.

Die Angabe „2.800 U/min" bezieht sich auf die Drehzahl: Läuft die Maschine bei 2.800 U/min, bedeutet das, dass die Motorwelle pro Minute 2.800-mal vollständig rotiert.

Zu 102) B. Ein besonders dünnflüssiges Öl

Dickflüssiges (viskoses) Öl bildet zwar einen vergleichsweise stabileren Schmierfilm, gelangt aber kaum an schwer zugängliche, enge Stellen. Nur ein dünnflüssiges Öl ist fließfähig (fluid) genug, um auch dorthin vorzudringen. Schnell trocknende Öle sind als Schmiermittel grundsätzlich ungeeignet.

Zu 103) C. Aus Kupfer und Zinn

Bronze ist eine Legierung, d. h. ein metallischer Werkstoff aus mehreren Elementen. Hauptbestandteile des schon seit dem 4. Jahrtausend v. Chr. bekannten Materials sind Kupfer und Zinn.

Zu 104) B. In Richtung 2

Werden zwei Räder durch Riemen verbunden, drehen sie sich in derselben Richtung. Anders jedoch, wenn der Riemen gekreuzt wird – dann kommt es zu einem Wechsel des Drehsinns.

Rotiert demnach das Antriebsrad in Pfeilrichtung, bewegt sich auch der Zahnkranz im Uhrzeigersinn. Dadurch drehen sich der Kolben und das mit ihm verbundene Rad linksherum, durch die Kreuzung des Riemens laufen wiederum im Folgenden alle weiteren Räder rechtsherum.

Zu 105) A. Kraftmaschine.

Je nach ihrer Arbeitsweise kann man Maschinen in unterschiedliche Gruppen einteilen: Arbeitsmaschinen wandeln mechanische Energie in andere Energieformen, Kraftmaschinen wandeln andere Energieformen in mechanische Energie. Wie alle Verbrennungsmotoren erzeugt ein Automotor aus der chemischen Energie des Kraftstoffs mechanische Energie – und ist somit eine Kraftmaschine. Die Kategorien „Leistungsmaschine" oder „Schubmaschine" gibt es bei der Klassifizierung von Motoren nicht.

Zu 106) A. Strahlengang 1

Nach außen gewölbte konvexe Linsen (Sammellinsen) biegen einfallende Lichtstrahlen zusammen und fokussieren sie in einer bestimmten Distanz in einem Brennpunkt. Nach innen gekrümmte konkave Linsen (Zerstreuungslinsen) biegen einfallende Lichtbündel auseinander und fächern sie auf. Bei beiden Linsentypen wird das Licht zweimal gebrochen, nämlich beim Einfall in die Linse (zum Lot hin) und beim Austritt aus der Linse (vom Lot weg). Die genannten Eigenschaften berücksichtigt nur Strahlengang 1.

Zu 107) C. Löten

Bei den in den Antworten A, B und D genannten Techniken handelt es sich um Umformverfahren: Dabei erzeugt man ein Werkstück, indem man die Form des Rohmaterials dauerhaft verändert. Beim Löten hingegen handelt es sich um ein Fügeverfahren, bei dem mehrere Werkstücke miteinander verbunden werden.

Zu 108) D. die Motorspindel.

Antwort D stimmt: Eine wichtige Baugruppe moderner Werkzeugmaschinen ist die Motorspindel, auch „Hauptspindel" oder „Werkzeugspindel" genannt. Darunter versteht man eine Welle mit integrierter Werkzeugschnittstelle, die direkt an den Antrieb gekoppelt ist. Diese Bauweise erlaubt eine präzise Werkstück-Bearbeitung bei hoher Drehgeschwindigkeit. Man unterscheidet in werkzeugtragende (z. B. Bohr- und Schleifmaschinen) und werkstücktragende Motorspindeln (u. a. Drehmaschinen).

Zu 109) C. Ein elektromagnetischer Schalter

Ein Relais ist ein strombetriebener, meist elektromagnetisch funktionierender Schalter. Er besteht aus zwei Stromkreisen: Schließt man den Steuerstromkreis, zieht ein Elektromagnet an einem Schalter, der wiederum den Laststromkreis schließt.

Zu 110) C. die Verbindung langfristig stabil bleibt.

Die Nieten sollten möglichst aus dem gleichen Material bestehen wie die zu verbindenden Bauteile, da sich die einzelnen Komponenten bei Erwärmung sonst unterschiedlich stark ausdehnen könnten – die Folge: Die Verbindung lockert sich. Außerdem kann es bei der Verwendung unterschiedlicher Komponenten zur elektrochemischen Korrosion kommen. Dann fließt in Anwesenheit eines Elektrolyten (Wasser, Luftfeuchtigkeit) ein elektrischer Strom zwischen den Komponenten, der das Material angreift und dauerhaft schwächt.

Zu 111) A. 16 Kilogramm

Wenn sich die Waage im Gleichgewicht befindet, gleichen sich die Hebelkräfte (das Drehmoment) beider Gewichte aus. Das bedeutet: Obwohl der linke Hebelarm um ein Fünftel kürzer ist als der rechte – das schwarze Gewicht ist bei vier Fünfteln des linken Waagenarms befestigt, das graue am Ende des rechten Arms –, stimmen die Produkte aus Hebelarmlänge und Gewichtskraft überein. Das graue Gewicht muss dementsprechend um ein Fünftel leichter sein und wiegt 16 Kilogramm.

Zu 112) A. Wellen übertragen Energie, Achsen nicht.

Wellen übertragen Drehbewegungen und Drehmomente – also Energie, im Gegensatz zu Achsen, die eine reine Trag- oder Lagerfunktion haben. In einem Kraftfahrzeug beispielsweise wandelt die Kurbelwelle die Auf- und Ab-Bewegungen der Kolben im Motor in eine Drehbewegung um und überträgt diese an das Getriebe. Von dort aus wird die Bewegung wiederum über eine Antriebswelle an die Räder weitergegeben, die schließlich auf Achsen gelagert sind.

Zu 113) B. PVC, Silizium, Kupfer

Reihe B ist richtig. Wie alle Metalle ist auch Kupfer sehr leitfähig. Silizium – das sich unter anderem in Solaranlagen und PC-Prozessoren findet – zählt zu den Halbleitern: Deren Leitfähigkeit schwankt temperaturabhängig, ist aber im Falle des Siliziums bei Raumtemperatur recht hoch. PVC (Polyvinylchlorid) ist ein Kunststoff, der auch als Isolator zur Ummantelung von Kabeln verwendet wird.

Zu 114) B. Durch grundsätzlich geringeren Platzverbrauch

Da sich bei Riemenführungen der Treibriemen unter Belastung ausdehnt und zusammenzieht, kommt es zum Schlupf: Der Riemen rutscht leicht über die Riemenscheiben. Kettenführungen sind dank der festen Verbindung von Kette und Zahnrad kaum schlupfanfällig, verbessern die Kraftübertragung und sind unempfindlicher gegen äußere Einflüsse (z. B. hohe Temperaturen). Sie müssen jedoch nicht unbedingt platzsparender sein als Riemenführungen.

Zu 115) D. Alle Pendel haben die gleiche Schwingungsdauer.

Die Schwingungsdauer (T) eines Fadenpendels hängt ab von der Fallbeschleunigung (g) und der Pendellänge (l) – die Masse spielt dabei keine Rolle:

$$T = 2\pi \times \sqrt{\frac{l}{g}}$$

Die Größen l und g sind für alle drei Pendel gleich, also unterscheidet sich auch ihre Schwingungsdauer nicht.

Zu 116) C. Legierung

Metallische Stoffe, die aus mindestens zwei Elementen bestehen, heißen Legierungen. Beispielsweise kann man Kupfer und Zinn zu Bronze legieren, und Kupfer und Zink werden zu Messing. Ein Oxid ist eine Sauerstoffverbindung, und beim elektrochemischen Prozess des Galvanisierens wird ein Gegenstand mit einem schützenden metallischen Überzug versehen. Unter „Armierung" versteht man im Bauwesen, wenn ein Baustoff mit zusätzlichen Materialien verstärkt wird.

Zu 117) A. ist besonders spröde.

Ein Werkstoff, der schon bei leichter Verformung bricht, ist spröde – und damit genau das Gegenteil von zäh. Die Elastizität bezieht sich auf die Eigenschaft, nach einer Verformung in den Ausgangszustand zurückzukehren, und die Viskosität beschreibt das Fließverhalten von Fluiden.

Zu 118) A. Galvanisieren

Es handelt sich um die Galvanisierung: Ein Metall bzw. eine Metallverbindung wird in einer chemischen Lösung per Elektrolyse gelöst und legt sich anschließend als schützender Überzug um einen Gegenstand. Durch Galvanisierung oberflächenveredelte Objekte sind nicht mehr rostanfällig.

Zu 119) A. ein Flansch.

Eine lösbare Verbindung zweier Bauteile mithilfe von Schrauben und Muttern ist ein Flansch. Im Maschinenbau flanscht man zum Beispiel Motoren an Getriebe oder Rotorblätter an Windkraftanlagen. Bei der Rohrinstallation verflanscht man Rohrteile, indem man ringförmige Dichtflächen an den Rohrenden aneinanderschraubt. Dadurch wird ein Anpressdruck auf die zwischenliegende Dichtung ausgeübt – je höher der Druck, desto dichter die Verbindung.

Zu 120) D. Wird der Hebel nach unten gedrückt, strömt das Wasser in den Eimer.

In der abgebildeten Stellung befindet sich der Pumphebel an seiner tiefsten Position. Zieht man ihn nach oben, drückt der Pumpkolben gegen das Wasser, das wiederum die Klappe aufdrückt und durch die Leitung in den Eimer fließt. Das Ventil bleibt dabei geschlossen (Antworten A und B sind korrekt). Hat der Hebel seine höchste Position erreicht, enthält der Pumpzylinder praktisch kein Wasser mehr. Drückt man den Pumphebel nun wieder nach unten, bewegt sich der Pumpkolben nach oben, und im Pumpzylinder entsteht ein Unterdruck. Dadurch wird die Klappe in ihre Verschlussposition gezogen und es fließt kein Wasser mehr in den Eimer (Antwort D ist falsch). Dafür öffnet sich das Ventil, sodass Wasser von unten in den Behälter nachströmen kann (Antwort C stimmt).

Soziale Arbeit (Aufgaben 121–140)

Zu 121) C. Gesetzliche Haftpflicht

Das deutsche Sozialversicherungssystem gliedert sich in vier bzw. fünf Zweige: die gesetzliche Krankenversicherung (GKV), die gesetzliche Rentenversicherung (GRV), die gesetzliche Unfallversicherung (GUV) und die soziale Pflegeversicherung (SPV); manche rechnen auch die Arbeitslosenversicherung hinzu. Die gesetzliche Haftpflicht hingegen ist jedoch keine Versicherung, sondern ein u. a. im Bürgerlichen Gesetzbuch (BGB) geregelter Rechtsgrundsatz: Wer jemandem Schaden zufügt, ist demnach zum Schadenersatz verpflichtet.

Zu 122) E. Altenpflege

Sozialarbeiter kümmern sich auch um die Belange von Senioren – die fachmännische Altenpflege ist allerdings ein eigenes Berufsfeld. Typische Aufgaben der Sozialen Arbeit sind Erwachsenenbildung, Jugendgerichtshilfe, Sexualpädagogik, Suchthilfe, die Resozialisierung ehemaliger Sträflinge, die Beratung von Familien, Migranten, Schuldnern und mehr.

Zu 123) C. den Bevölkerungswandel in Großstadtvierteln.

Die Gentrifizierung beschreibt einen stets ähnlich verlaufenden Prozess des schleichenden Bevölkerungswandels, typischerweise in innenstadtnahen Großstadtlagen: Niedrige Mietpreise in weniger populären Wohnbezirken ziehen Studenten und Künstler an, die das Viertel kulturell aufwerten, was wiederum wohlhabendere Klientel anlockt. Dadurch steigen die Mietpreise und die angestammte, finanziell schwächere Bevölkerung wird allmählich vertrieben.

Zu 124) C. Die Bundesländer

Die Kulturhoheit über das deutsche Schul- und Hochschulwesen liegt laut Grundgesetz bei den Bundesländern. Daher unterscheiden sich die Schulsysteme teilweise beträchtlich, etwa in den Lehrplänen, der Schuldauer oder dem Fächerangebot. In der Kultusministerkonferenz koordinieren die Landesregierungen gemeinsame Angelegenheiten wie beispielsweise Ferientermine.

Zu 125) C. Deutsches Rotes Kreuz

Das Deutsche Rote Kreuz (DRK) hat als einzige genannte Organisation keinen konfessionellen oder politischen Hintergrund. Die Diakonie Deutschland ist eine evangelische Einrichtung, der Deutsche Caritasverband und das Kolpingwerk sind katholisch, die Arbeiterwohlfahrt (AWO) ging aus der SPD hervor und bekennt sich zum freiheitlich-demokratischen Sozialismus.

Zu 126) C. 60 %

Nach dem statistischen Standard der Europäischen Union gelten Personen als armutsgefährdet, die mit weniger als 60 Prozent des mittleren Einkommens (Median) der Gesamtbevölkerung auskommen müssen. 2024 traf dies in Deutschland auf rund 16 % der Bevölkerung zu.

Zu 127) B. das Arbeitslosengeld II.

„Hartz IV" steht umgangssprachlich für das Arbeitslosengeld II, das seit 2004 die frühere Arbeitslosenhilfe und Sozialhilfe ersetzt. Der Namensgeber Peter Hartz, ein ehemaliger Manager, leitete eine Kommission für Arbeitsmarktreformen im Rahmen der „Agenda 2010" unter Bundeskanzler Gerhard Schröder.

Zu 128) A. Schutz vor Gewalt und Missbrauch

In Frauenhäusern finden ausschließlich Frauen und ihre Kinder vorübergehenden Schutz vor Gewalt und Missbrauch. Fachliche Hilfe und Beratung zu den Themen Obdachlosigkeit, Berufsorientierung und Medizin bieten in der Regel andere Einrichtungen an.

Zu 129) B. Selbstverwaltung.

„Autonomie" stammt vom griechischen „autonomía" für „Eigengesetzlichkeit". Der Begriff bezeichnet ein Grundprinzip der Sozialen Arbeit, nämlich die Hilfe zur Selbsthilfe durch Selbstbestimmung und Selbstverwaltung. Autonome Einrichtungen verwalten sich in Eigenregie; Träger sind zum Beispiel eingetragene Vereine oder lokale Initiativen.

Zu 130) B. Machtbeziehungen

Ein wichtiges Anliegen der Sozialen Arbeit ist es, gesellschaftliche Benachteiligungen abzubauen und Menschen zu befähigen, ein selbstbestimmtes Leben zu führen. Zu diesem Zweck werden Machtbeziehungen und Machtstrukturen untersucht.

Zu 131) B. Diebstahls- und Unterschlagungsdelikte

Der größte Teil der Strafgefangenen in Deutschland sitzt wegen Diebstahls- und Unterschlagungsdelikten ein. Weitere stark vertretene Deliktgruppen sind Raub und Erpressung, Straftaten nach dem Betäubungsmittelgesetz, Straftaten gegen die körperliche Unversehrtheit, Betrug und Untreue, Straftaten gegen das Leben und Straftaten gegen die sexuelle Selbstbestimmung.

Zu 132) D. Strafverteidigung

Streetworker sind Straßensozialarbeiter. Sie suchen problembelastete Zielgruppen auf und bieten niederschwellige Hilfe an. Zum Beispiel vertreten sie die Interessen von Prostituierten, Obdachlosen, Drogenabhängigen oder sozial benachteiligten Jugendlichen und Senioren. Zu ihren Aufgaben zählen unter anderem die psychosoziale Unterstützung und vielfältige Projekte. Die Strafverteidigung ist hingegen Sache von Rechtsanwälten.

Zu 133) A. Ja, gemäß ihres Entwicklungsstands

Die Meinung von Minderjährigen ist in Angelegenheiten, die sie selbst betreffen, angemessen zu berücksichtigen, entsprechend ihres Alters und ihrer Reife. Dies regeln Artikel 12 der Kinderrechtskonvention der Vereinten Nationen und Paragraph 8 des deutschen Sozialgesetzbuches VIII. Letzterer bezieht sich auf Maßnahmen der öffentlichen Jugendhilfe.

Zu 134) B. Eine geplante und gezielte Maßnahme

Interventionen sind in der Sozialarbeit geplante und gezielte Maßnahmen in einer oftmals akuten Problemlage. So soll zum Beispiel durch rechtlichen oder faktischen Zwang verhindert werden, dass jemand sich selbst oder andere verletzt.

Zu 135) B. Die Pflegekassen übernehmen die Pflegekosten bis zu einem Höchstbetrag.

Im Fall der häuslichen Pflege unterscheiden die Pflegekassen zwischen Sachleistung und Pflegegeld. Die professionelle ambulante Pflege durch berufsmäßige Pflegekräfte gilt als Sachleistung, wofür die Pflegekassen je nach Pflegegrad bestimmte Kosten übernehmen. Auf etwas niedrigerem Niveau liegt das Pflegegeld, das für die häusliche Pflege durch Angehörige gezahlt wird.

Zu 136) E. Keine Antwort ist richtig.

Die Soziale Arbeit nutzt die Erkenntnisse vieler akademischer Disziplinen. Dazu zählen neben Psychologie, Pädagogik, Ökonomie und Medizin beispielsweise auch Jura, Philosophie, Soziologie, Theologie, Gerontologie oder Politik- und Kulturwissenschaften.

Zu 137) C. freie Träger.

Freie Träger sind vom Staat unabhängige Einrichtungen, die Hilfs- und Betreuungsangebote finanzieren. Zu den freien Trägern gehören gemeinnützige Vereine, Verbände, Gesellschaften und Stiftungen; im weiteren Sinne rechnet man auch gewinnorientierte Unternehmen dazu. Öffentliche Träger sind staatliche Instanzen, also Teile der Verwaltung einer Kommune, eines Bundeslandes oder der Bundesrepublik Deutschland.

Zu 138) B. Nur unter bestimmten Bedingungen

Nach europäischem Recht dürfen Unternehmen ihren Beschäftigten verbieten, politische, philosophische oder religiöse Zeichen (wie das Kopftuch) zu tragen. Das Verbot darf jedoch nicht ausschließlich eine bestimmte Weltanschauung oder Religion betreffen – das wäre eine unerlaubte Diskriminierung. Einige deutsche Bundesländer verbieten Kopftücher und weltanschauliche Zeichen im öffentlichen Dienst, vor allem an Schulen und Hochschulen. Das Kopftuchverbot ist höchst umstritten und Gegenstand mehrerer Gerichtsprozesse, ebenso wie das Verschleierungsverbot („Burkaverbot").

Zu 139) A. Frankfurter Weg

Der Name „Frankfurter Weg" geht zurück auf die Frankfurter Resolution von 1990, in der 20 europäische Städte eine pragmatische, hilfeleistende Drogenpolitik vereinbarten. Im Zentrum stehen die Suchtprävention, die Beratung und Betreuung und die Überlebenshilfe für Drogenabhängige. Das Konzept beinhaltet unter anderem „Druckräume" für den sicheren Drogenkonsum und die kostenlose Abgabe sauberer Spritzen.

Zu 140) C. Verfolgung.

Laut Artikel 16a des deutschen Grundgesetzes haben politisch Verfolgte ein Asylrecht. Im weiteren Sinne spricht man auch dann von Asyl, wenn jemand als Flüchtling nach der Genfer Flüchtlingskonvention (GFK) anerkannt wird, weil er in seinem Heimatstaat aufgrund seiner Rasse, Religion, Nationalität, politischen Überzeugung oder Zugehörigkeit zu einer sozialen Gruppe verfolgt und bedroht wird. Kein Asylanspruch entsteht durch Naturkatastrophen, Armut oder Krieg im Allgemeinen.

Wirtschaftsinformatik (Aufgaben 141–160)

Zu 141) C. Soll und Haben

Bei doppelter Buchführung wird die linke Seite des Kontos mit „Soll", die rechte mit „Haben" bezeichnet. Das Gewinn- und Verlustkonto stellt Einnahmen und Ausgaben als Haben und Soll dar und weist dadurch die Art, die Höhe und die Quellen des unternehmerischen Erfolgs aus. Überwiegen die Einnahmen, wurde ein Gewinn, andernfalls ein Verlust erzielt.

Zu 142) D. Inventar

Das Inventar ist ein ausführliches Bestandsverzeichnis eines Unternehmens. Darin werden alle Vermögensgegenstände und Schulden nach Art, Menge und Wert einzeln aufgeführt und summiert. Diese Summe ist fundamental für die Werte der Bilanzposten und bildet die Grundlage eines ordnungsgemäßen Jahresabschlusses. Wesentlich kompakter als das Inventar ist die Bilanz: Sie stellt die Vermögenswerte und Schulden deutlich knapper dar.

Zu 143) C. Kraftstoff und Automobil

Komplementärgüter ergänzen sich in ihrem Nutzen werden daher gemeinsam nachgefragt. Ändert sich die Nachfrage nach einem der beiden Güter, ist dadurch in der Regel auch das Komplementärgut betroffen:

Steigt der Absatz von Computern, wächst zum Beispiel auch der Bedarf an Software. Ähnlich ist es bei Automobilen und Kraftstoff, Messern und Gabeln sowie MP3-Playern und Kopfhörern.

Zu 144) C. Software, die kostenlos weiterentwickelt und -verteilt werden darf

Der Begriff „open source" („offene Quelle") steht für Software, die folgende Bedingungen erfüllt: Man muss den Quellcode – den in Programmiersprache verfassten Text des Programms – kostenfrei herunterladen können, man muss die Software beliebig nutzen und weiterverbreiten können, man muss sie beliebig weiterentwickeln können und jede Weiterentwicklung muss ihrerseits frei kopierbar sein.

Zu 145) D. Die Überwachung der Einhaltung von Hygienevorschriften

Personalabteilungen haben ein breites Aufgabenspektrum: Dazu gehört das Anlegen und Führen von Personalakten, die Sozialverwaltung, die Berechnung und Zahlung von Gehältern, die Verwaltung von Arbeits-, Urlaubs- und Fehlzeiten sowie Tätigkeiten bei der Einstellung und dem Ausscheiden von Mitarbeitern. Die Einhaltung von Hygienevorschriften zu überwachen zählt jedoch nicht dazu.

Zu 146) B. Das Web 2.0 machen Interaktivität und Kooperation aus.

Unter dem Schlagwort „Web 2.0" – angelehnt an die Zählung von Software-Versionen – wurde ab 2003 eine neue dezentrale Internet-Architektur postuliert. Anstatt vorgegebene Inhalte passiv zu konsumieren, produzieren die Nutzer im Web 2.0 selbst Inhalte und vernetzen sich untereinander. Beispiele dafür sind Blogs, Internet-Enzyklopädien oder Social Networks.

Zu 147) D. Die Automatisierung führt zu mehr Arbeitsplätzen.

„Automatisierung" bedeutet, ursprünglich durch Menschen vollbrachte Arbeit auf Maschinen zu übertragen. Eine mögliche Konsequenz: Das Unternehmen kann die Zahl der Arbeitsplätze verringern.

Zu 148) D. Ein Teilbereich einer HTML-Seite

Ein Frame (auf Deutsch „Rahmen") ist der Teilbereich einer HTML-Seite, in dem eine andere HTML-Seite dargestellt werden kann. Alle Frames einer Website bilden ein sogenanntes „Frameset".

Frames bieten die Möglichkeit zur parallelen Darstellung mehrerer, voneinander unabhängiger Einzeldokumente. So lässt sich die vom Webserver zum Webbrowser übertragene Datenmenge reduzieren, da nicht jedes Mal die gesamte Webseite neu geladen werden muss. Ein weiterer Vorteil besteht darin, dass der jeweils aktive Frame gescrollt werden kann, ohne andere Frames zu beeinflussen. Zudem lassen sich dank der Frametechnik Inhalte aus unterschiedlichen Quellen und verschiedenen Webanwendungen miteinander kombinieren.

Zu 149) D. Das TCP/IP ist ein Netzwerkprotokoll, das beispielsweise für den Austausch von Daten im Internet benötigt wird.

„TCP/IP" ist die Abkürzung für das „Transmission Control Protocol/Internet Protocol", wegen seiner Bedeutung für das Internet auch als „Internetprotokoll" bezeichnet. Lange Zeit stand TCP/IP in Konkurrenz zu anderen Protokollen wie NetBEUI von Microsoft Windows, IPX/SPX von Novell und Apple Talk. TCP/IP ist aber das einzig erfolgreiche Netzwerkprotokoll, das universell, in nahezu jeder Vernetzung und unabhängig vom Betriebssystem funktioniert. Die Identifizierung der am TCP/IP-Netzwerk teilnehmenden Rechner geschieht über IP-Adressen.

Zu 150) C. der Kundenpflege.

„Customer Relationship Management" wird auch zur Neukundenakquise eingesetzt, der Fokus liegt jedoch meist auf der Pflege und Intensivierung bestehender Kundenkontakte. Dazu werden abteilungsübergreifend alle kundenbezogenen Daten und Prozesse in einer zentralen Datenbank hinterlegt und verknüpft, was eine kundenorientierte Ansprache erleichtert.

Zu 151) B. Rechtlich selbstständige Gemeinschaftsunternehmen

„Joint Venture" bezeichnet die Zusammenarbeit verschiedener Gesellschaften. Hierzu wird eine rechtlich selbstständige Gesellschaft gegründet, an der die Gründungsgesellschaften beteiligt sind und in diese außer ihrem Kapital auch ihr Knowhow und andere wirtschaftlich relevante Ressourcen einbringen. Die wesentlichen Aspekte eines Joint Ventures sind Autonomie und Kooperation.

Zu 152) A. Eine Datenbanksprache

Als „SQL" („Structured Query Language") wird eine von IBM entwickelte standardisierte Datenbanksprache zur Definition, Abfrage und Manipulation von Daten einer relationalen Datenbank bezeichnet, die von fast allen verbreiteten Datenbanksystemen unterstützt wird.

Zu 153) B. Ausgehende Ware wurde versehentlich doppelt im System erfasst.

Wird eine ausgehende Ware im Warenwirtschaftssystem versehentlich doppelt erfasst, hält das System den Bestand für niedriger, als er eigentlich ist. Die Differenz zwischen dem tatsächlichen Bestand (Ist-Bestand) und dem vom System angenommenen Bestand (Soll-Bestand) kommt bei der Inventur ans Tageslicht.

Zu 154) B. bei dem die Beschaffungskosten berücksichtigt werden.

Der Einstandspreis ist der Bezugs- oder Beschaffungspreis, der alle Kosten und Preisabschläge enthält, die für die Beschaffung einer Ware anfallen: darunter auch die Bezugskosten, die bei der Beschaffung von Gütern entstehen – beispielsweise Fracht, Verpackung, Verladung und Transportversicherung. Gewährte Rabatte, Boni, Skonti und mögliche Vorsteuerbezüge werden zur Berechnung des Einstandspreises abgezogen.

Zu 155) C. greift über das Internet auf Daten und Anwendungen zu.

„Cloud Computing" (engl. „cloud" = „Wolke") steht für das Prinzip, Daten und Anwendungen in Netzstrukturen auszulagern, statt sie zentral vor Ort vorzuhalten (auf dem lokalen Rechner, im Rechenzentrum des Unternehmens). So können Nutzer ortsunabhängig via Internet auf die benötigten Dienste zugreifen. Ein weiterer Vorteil besteht in geringeren Kosten: Man zahlt nur für die tatsächliche Systemnutzung, lokale Ressourcen können eingespart werden. Kritiker bemängeln hauptsächlich die mangelnde Datensicherheit.

Zu 156) D. aus Autoverkäufen.

Unter dem operativen Geschäft eines Unternehmens versteht man dessen eigentlichen Geschäftszweck bzw. dessen eigentliches Geschäftsfeld, in dem Gewinne erzielt werden sollen. In diesem Beispiel ist das der Handel mit Automobilen.

Zu 157) C. Eine häufig an menschliche Denkgewohnheiten angepasste Syntax

Mithilfe höherer Programmiersprachen kann man Computerprogramme in einer abstrakten, für den Menschen verständlichen Sprache verfassen. Beispiele sind C++, Java, Basic oder PHP: Sie orientieren sich an der englischen Sprache und menschlichen Denkstrukturen und arbeiten mit leicht zugänglichen Begriffen. Im Gegensatz dazu beruhen Maschinen- und Assemblersprachen auf Binärcodes und einfachen Befehlen, welche mit einer stark komprimierten Syntax nur auf bestimmten Prozessortypen laufen. Direkt in Maschinen- und Assemblersprache ausgeführte Programme sind dafür häufig schlanker und schneller. Die Vorteile höherer Programmiersprachen bestehen in den maschinenunabhängigen Datentypen, in den verfügbaren Datenstrukturen, in der möglichen semantischen Analysierbarkeit des Programms und in der Unabhängigkeit von bestimmten Computermodellen. Da höhere Programmiersprachen nicht direkt von Computerprozessoren verstanden werden können, ist ein Compiler oder Interpreter als „Dolmetscher" nötig.

Zu 158) A. Für einen Rechner, der sich in einer untergeordneten Struktur befindet

In einem Computernetzwerk bezeichnet man dasjenige System als „Client" (dt. „Kunde"), das Kontakt zu einem Server aufnimmt: sei es als Teil eines Rechnernetzwerks oder nach dem Client-Server-Modell. Der Client nutzt den Dienst, den das Server-Programm anbietet. Der Server ist jederzeit in Bereitschaft, um auf die Kontaktaufnahme eines Clients reagieren zu können. Im Unterschied zum passiven Server, der auf Anforderungen wartet, verhält sich der Client also aktiv.

Zu 159) A. Die For-Next-Schleife ermöglicht das Ausführen von Anweisungen mit einer bestimmten Anzahl von Wiederholungen.

Die For-Next-Schleife ermöglicht das Ausführen von Anweisungen mit einer bestimmten Anzahl von Wiederholungen. Es handelt sich um eine Zählschleife, bei der der Wert einer festgelegten Variablen sich jede Runde so lange ändert, bis ein bestimmter vorgegebener Wert erreicht ist.

Eine Do-While-Schleife läuft dagegen so lange, bis eine bestimmte Bedingung erfüllt oder nicht erfüllt ist. Die Schleife wird wiederholt, bis die logische Operation einen falschen Rückgabewert liefert.

Zu 160) D. Amiga

Der Commodore Amiga ist keine Programmiersprache, sondern ein Heimcomputer, der in verschiedenen Modellen von Mitte der 1980er- bis in die 1990er-Jahre weit verbreitet war.

C++ ist eine 1979 entwickelte Erweiterung der Programmiersprache C und unterstützt als Mehrzwecksprache mehrere Programmierparadigmen. BASIC ist eine imperative Programmiersprache, die mit Zeilennummern und Sprungbefehlen arbeitet. PASCAL ist eine als Lehrsprache entwickelte, streng strukturierte Programmiersprache, deren Nachfolgerin Turbo Pascal (Delphi) in der professionellen Programmierung sehr populär war.

Wirtschaftsingenieurwesen (Aufgaben 161–180)

Zu 161) A. Sie leiten Wärme.

Antwort A stimmt: Charakteristischerweise leiten Metalle nicht nur Strom, sondern auch Wärme sehr gut. Dabei sind sie grundsätzlich eher hart und schmelzen erst bei höheren Temperaturen.

Zu 162) C. Geringe Störanfälligkeit

Die industrielle Fließband-Fertigung – perfektioniert von Henry Ford Anfang des 20. Jahrhunderts – ist äußerst effizient: Kurze Transportwege und der hohe Grad an Arbeitsteilung gewährleisten eine sehr ökonomische, schnelle Produktion. Allerdings ist die Fließbandfertigung sehr störanfällig: Hakt es bei einem Produktionsschritt, steht unter Umständen das ganze Band still.

Zu 163) A. Kreditrahmen

Ein Artikelstamm ist die Aufstellung aller Artikel eines Produktions- oder Handelsunternehmens. Er umfasst die Artikelnummer, die Bezeichnung des Artikels sowie dessen beschreibende Eigenschaften wie Gewicht und Abmessung.

Zu 164) B. Beim „Just-in-time"-Verfahren spricht man von der fertigungssynchronen Beschaffung.

Die „Just-in-time"-Produktion nennt man auch „bedarfssynchrone" oder „fertigungssynchrone" Produktion. Dabei werden benötigte Güter und Bauteile von den Zulieferern erst bei Bedarf quasi direkt ans Montageband geliefert. Dadurch sollen Lager- und Kapitalbindungskosten verringert werden. Allerdings besteht dabei das Risiko des Produktionsausfalls, wenn nur ein Glied in der Lieferkette versagt.

Zu 165) B. Die Stückliste gibt an, welches Material benötigt wird, um ein Stück des Endprodukts herzustellen.

Eine Stückliste (auch „Materialstückliste") besteht aus einer strukturierten

Gliederung aller Teile bzw. Baugruppen, die zur Herstellung eines bestimmten Produkts gebraucht werden. Diese Informationen sind wichtig, um die richtigen Materialien aus dem Lager zusammenzustellen und/oder in der Bedarfsermittlung zu bestellen, wenn ein bestimmtes Produkt gefertigt werden soll. Außerdem kann man anhand der Stückliste die Vollständigkeit eines produzierten Teils überprüfen. In der Serienfertigung und Prozesskostenrechnung nutzt man Stücklisten zur Verbrauchsermittlung.

Zu 166) D. Der Lohnkostenanteil je Erzeugnis sinkt.

Wenn bei der Produktherstellung Zeit gespart wird, bedeutet dies, dass im gleichen Zeitraum größere Stückzahlen produziert werden können. Bleibt der Lohn der Mitarbeiter konstant, sinkt demnach der Lohnkostenanteil pro Exemplar.

Zu 167) C. Putzmittel und Schmieröl

Betriebsstoffe sind Stoffe, die zur Aufrechterhaltung des Betriebs dienen, indem sie die Energieversorgung und Funktionstüchtigkeit aller beteiligten Geräte sicherstellen: Von den angegebenen Materialien trifft das auf Putzmittel und Schmieröl zu. Eisen und Holz zählen zu den Roh-, Nägel und Nieten zu den Hilfsstoffen.

Zu 168) D. Verkaufen

Unter „Materialfluss" (auch „Warenfluss") versteht man alle Vorgänge und deren Verkettung beim Gewinnen, Be- und Verarbeiten sowie Verteilen von stofflichen Gütern innerhalb bestimmter Produktionsbereiche. Diese Vorgänge umfassen das Entladen, Umschlagen, Fördern, Fertigen, Montieren, Handhaben, Puffern, Prüfen, Lagern, Sortieren, Kommissionieren, Verpacken, Verladen und Recyceln.

Zu 169) B. Sand

Als „Stückgüter" bezeichnet die Logistik Güter, die sich einzeln mit üblichen Fördermitteln wie Gabelstaplern oder Hubwagen transportieren lassen: z. B. Gebinde, beladene Paletten, Fässer, Kisten, Maschinen oder Anlagenteile, Papier- oder Kabelrollen. Sand, Kohle oder vergleichbare Feststoffe in unverpackter Form gelten als Massen- bzw. Schüttgut.

Zu 170) B. Durch Flüssigkeit

Allgemein bezeichnet „Hydraulik" die Lehre vom Strömungsverhalten flüssiger Stoffe. Hydraulische Anlagen – z. B. Bagger, Krane, Werkzeugmaschinen – nutzen das Prinzip der

Kraft- bzw. Energieübertragung mittels Flüssigkeiten. Verwendet man stattdessen Druckluft (oder andere Gase), handelt es sich um pneumatisches Gerät.

Zu 171) D. Die Zeit, welche benötigt wird, um eine Produktionsmaschine umzurüsten bzw. einzustellen

„Rüsten" bedeutet, eine Maschine für einen bestimmten Arbeitsvorgang einzurichten. Die dafür benötigte Zeit bezeichnet man folgerichtig als „Rüstzeit".

Zu 172) C. Die Produktionsmenge, bei der die Kosten je Erzeugnis am geringsten sind

Die optimale Kapazität beziffert die Produktionsmenge, bei der die Kosten je Erzeugnis am geringsten sind.

Zu 173) C. Leasing ist eine Möglichkeit, das Überalterungsrisiko einer Maschine zu verringern.

Das Leasing ist eine Finanzierungsmethode, bei der der Leasinggeber dem Leasingnehmer ein Leasinggut für einen vereinbarten Betrag zur Nutzung überlässt. Als Leasinggeber können z. B. Finanzinstitute oder Gerätehersteller auftreten. Die Vorteile für den Leasingnehmer: Liquidität wird erhalten, der Verwaltungsaufwand sinkt (mit einem entsprechenden Servicevertrag) und alte Geräte werden nach Vertragslaufzeit regelmäßig durch neue ersetzt.

Zu 174) B. Eine aus mehreren Einzelteilen zusammengesetzte Komponente einer (elektro-)technischen Anlage

Baugruppen sind aus mehreren Komponenten zusammengesetzte Teilmodule (elektro-)technischer Anlagen. Eine einzelne Baugruppe ist für sich noch nicht einsatzreif; erst im Verbund mit weiteren Baugruppen oder Geräten entsteht ein funktionsfähiges Ganzes. Vorteile der Modularisierung im Anlagen- und Maschinenbau sind die einfache Herstellung und die leichtere Wartung – bei Defekten an der Anlage genügt es, die fehlerhafte(n) Baugruppe(n) auszutauschen.

Zu 175) C. Von den Rohstoffen wird zu viel bestellt.

Wird eine Warenlieferung nicht registriert, gilt sie für die Buchhaltung als nicht vorhanden. Unter Umständen wird die bereits eingetroffene Ware noch einmal geordert – bei der Inventur fällt dann ein zu hoher Ist-Bestand auf.

Fachbezogenes Wissen

Zu 176) D. CNC-Maschinen.

Werkzeugmaschinen mit Computersteuerung nennt man auch „CNC-Maschinen" – „CNC" steht für „Computerized Numerical Control" („computergestützte numerische Steuerung"). CNC-Maschinen erledigen Arbeitsgänge wie Fräsen, Bohren oder Schleifen auf Knopfdruck, automatisiert und hochpräzise.

Zu 177) C. Fahrraddynamo

Elektrische Generatoren wandeln mechanische in elektrische Energie um. Ein Beispiel ist der Fahrraddynamo: Bei seiner verbreitetsten Bauform als Felgendynamo wird die Rotation des Laufrads auf eine Spule übertragen, die sich in einem Magnetfeld im Dynamo-Inneren dreht. Das erzeugt elektrische Energie, und die Stromversorgung der Fahrradbeleuchtung ist sichergestellt.

Zu 178) B. $\dfrac{\text{Gewinn}}{\text{Eigenkapital}} \times 100$

Die Eigenkapitalrentabilität (EKR) oder auch Eigenkapitalrendite – englisch „Return on Equity" (ROE) – ist eine betriebswirtschaftliche Kennzahl, anhand der ein Unternehmer erkennen kann, wie rentabel seine Investition im Vergleich zu einer alternativen Kapitalanlage ist. Die Eigenkapitalrentabilität gibt die Verzinsung des Eigenkapitals innerhalb einer Rechnungsperiode wider. Sie lässt sich berechnen, indem man den Jahresüberschuss (Gewinn) ins Verhältnis zum Eigenkapital setzt.

Zu 179) D. Sintern

Zur Gruppe der Fügeverfahren zählen in der Fertigungstechnik alle Vorgänge, bei denen mehrere Bauteile dauerhaft miteinander verbunden werden: z. B. Schweißen, Löten und Kleben. Das Sintern hingegen dient der Herstellung von Bauteilen – dabei werden körnige oder pulvrige Stoffe durch Erwärmung miteinander verbunden.

Zu 180) D. Von den Kunststoffen

Antwort D stimmt: Kunststoffe zeichnen sich aus durch ihre geringe Dichte, Korrosionsbeständigkeit sowie thermische und elektrische Isolierfähigkeit. Erzeugt werden sie durch die chemische Umwandlung (Synthese) von Rohstoffen wie z. B. Erdöl.

Sprachbeherrschung

Erörterung (Pro und Kontra)   *Bearbeitungszeit 20 Minuten*

In einer Erörterung müssen Sie meist zu einer gesellschaftsrelevanten Frage Stellung beziehen.

Bei dialektischen Erörterungen sind die jeweiligen Vor- und Nachteile (Pros und Kontras) darzustellen und gegeneinander abzuwägen, in der Regel nach folgendem Schema:

- **Einleitung:** Geben Sie einen knappen Überblick über die zu behandelnde Problematik. Bei einer kurzen Erörterung reicht es, die Fragestellung in einem vollständigen Satz wiederzugeben.
- **Hauptteil:** Führen Sie aus, welche Argumente für oder gegen die Ausgangsfrage sprechen. Dafür gibt es zwei unterschiedliche Methoden: Nach dem Pingpong-Prinzip konfrontieren Sie jedes Argument direkt mit einem Gegenargument und schließen eine weiterführende These an. Üblicher ist jedoch das Sanduhr-Prinzip: Hier handeln Sie die Pros und Kontras jeweils als einzelnen Block ab, ohne sie zu vermischen oder zu beurteilen. Dabei nennen Sie geschickterweise zuerst die Argumente desjenigen Standpunkts, den Sie nicht vertreten, wobei Sie sich vom stärksten zum schwächsten Punkt vorarbeiten. Erst danach widmen Sie sich Ihrer favorisierten Position, wobei Sie mit dem schwächsten Argument beginnen und mit dem stärksten enden.
- **Schluss:** Nachdem Sie alle relevanten Argumente aufgeführt haben, kommen Sie nun zur Bilanz. Welches Argument ist unter welchen Umständen besonders tragfähig, welches rückt eher in den Hintergrund? Ziehen Sie schließlich ein nachvollziehbares Fazit, in dem Sie Ihre gut begründete Meinung präsentieren. Sie müssen sich dabei nicht eindeutig auf eine Seite schlagen, sondern können auch einen ausgewogenen Kompromiss formulieren.

> **Hinweis**
>
> Bei linearen Erörterungen – die sich häufig auf Fragestellungen mit „warum" oder „wie" beziehen – greift das Pro-und-Kontra-Schema nicht: Hier müssen Sie geradlinig argumentieren.

1) Bitte nehmen Sie sich nun etwas Schreibpapier zur Hand und verfassen Sie eine Pro-und-Kontra-Erörterung zu dem Thema: **„Sollte es sich die Medizin zum Hauptziel machen, das Altern und den Tod zu besiegen?"**

   Sie haben dafür **20 Minuten** Zeit. Um Ihre Gedanken zu ordnen, können Sie die einzelnen Argumente zuerst nach Ihrer Wichtigkeit in eine Pro-und-Kontra-Tabelle einsortieren. Und nicht vergessen: Es kommt hier auch auf eine korrekte Rechtschreibung und ein sauberes Schriftbild an.

Welche Schreibweise stimmt?   *Bearbeitungszeit 5 Minuten*

In diesem Abschnitt werden Ihre Rechtschreibkenntnisse geprüft.
Wie wird das Wort richtig geschrieben? Beantworten Sie bitte die folgenden Aufgaben, indem Sie jeweils den Lösungsbuchstaben der richtigen Schreibweise markieren.

2)
- A. Konjukturanstieg
- B. Konjunkturanstieg
- C. Konjunkturanstig
- D. Koniunkturanstieg
- E. Keine Antwort ist richtig.

3)
- A. Hallogen
- B. Halogeen
- C. Halogen
- D. Hallogeen
- E. Keine Antwort ist richtig.

4)
- A. sterril
- B. steril
- C. schteril
- D. sterill
- E. Keine Antwort ist richtig.

5)
- A. Raketenapperat
- B. Raketenapparat
- C. Racketenapperat
- D. Raketenaparat
- E. Keine Antwort ist richtig.

6)
- A. apelieren
- B. appelieren
- C. appellieren
- D. apellieren
- E. Keine Antwort ist richtig.

7)
- A. numeriren
- B. nummeriren
- C. numerieren
- D. nummerieren
- E. Keine Antwort ist richtig.

8)
- A. pflegmatisch
- B. flegmatisch
- C. phlegmatisch
- D. flegmattisch
- E. Keine Antwort ist richtig.

9)
- A. Bauingenör
- B. Bauingenieur
- C. Bauingeneur
- D. Bauengeneur
- E. Keine Antwort ist richtig.

10)
A. Imatrikulationsnummer
B. Immatrikullationsnummer
C. Imatrikullationsnummer
D. Immatrikulationsnummer
E. Keine Antwort ist richtig.

11)
A. Kohlendioxit
B. Kolendioxid
C. Kohlendioksit
D. Kohlendioxid
E. Keine Antwort ist richtig.

12)
A. parallel
B. parallell
C. paralell
D. parrallel
E. Keine Antwort ist richtig.

13)
A. Metalerzeugungsprozes
B. Metallerzeugungsprozes
C. Metalerzeugungsprozess
D. Metallerzeugungsprozess
E. Keine Antwort ist richtig.

14)
A. Engagment
B. Angagment
C. Angagement
D. Engagement
E. Keine Antwort ist richtig.

15)
A. Agregat
B. Aggregat
C. Aggregatt
D. Agreggat
E. Keine Antwort ist richtig.

Rechtschreibung Lückentext

Bearbeitungszeit 3 Minuten

Welcher Ausdruck füllt die Lücke sinnvoll und fehlerfrei? Bitte markieren Sie die richtige Lösung.

16) Für optimale Heilungschancen ist es notwendig, frühzeitig die richtige _____ anzuwenden.
A. Therapie
B. Therapeuten
C. Therapien
D. Therapeut
E. Keine Antwort ist richtig.

17) _____ Jubel riss die Menschen aus ihren Sitzen.
A. Frenetische
B. Frenetisches
C. Frenetischer
D. Frenetischen
E. Keine Antwort ist richtig.

18) Im Laufe der _____ entstanden die verschiedenen Tierarten.
A. Evolution
B. Evaluation
C. Evolutionen
D. Evollution
E. Keine Antwort ist richtig.

19) Würdest du mehr lernen, dann _____ du mehr!
A. wusste
B. wusstest
C. wüsstest
D. wissest
E. Keine Antwort ist richtig.

20) Süße Getränke enthalten Kalorien in Form von _____.
A. Kohlenhydrate
B. Kohlenhydraten
C. Kohlenhidrat
D. Kolenhydrats
E. Keine Antwort ist richtig.

21) Die Worte des _____ waren in den letzten Reihen kaum verständlich.
A. Dozentin
B. Dozent
C. Dozents
D. Dozenten
E. Keine Antwort ist richtig.

22) Im Zuge der _____ und weltweiten Verflechtung der Finanzmärkte gleichen sich die Europäer in ihren Lebenseinstellungen immer mehr an.
A. Globalisierung
B. Globalisierungen
C. Archivierung
D. Archivierungen
E. Keine Antwort ist richtig.

23) Für den Erfolg eines Films ist es wichtig, dass sich die Zielgruppe mit der Hauptfigur _____ kann.
A. ersetzen
B. identifizieren
C. kennenlernen
D. verstehen
E. Keine Antwort ist richtig.

24) Die Wissenschaftler führten eine _____ Studie durch.
A. empierische
B. empirischen
C. empierischer
D. empirische
E. Keine Antwort ist richtig.

25) Ausreichend Tageslicht ist _____ für körperliches und seelisches Wohlbefinden.
A. unergiebiger
B. unersetzliche
C. unersättliches
D. unerlässlich
E. Keine Antwort ist richtig.

Fehler korrigieren

Bearbeitungszeit 5 Minuten

Dem Verfasser eines Aufsatzes sind einige Fehler unterlaufen.

Wie viele Fehler finden Sie? Bitte gehen Sie den Text Zeile für Zeile durch: Jedes falsch geschriebene Wort, jedes falsch gesetzte Komma und jedes fehlende Komma zählt als 1 Fehler. Notieren Sie für jede Zeile die Anzahl der Fehler im rechten Feld.

Hierzu ein Beispiel

Aufgabe

1) Komisar Müller, rief per Funck seine Kollegen die unverzüglich am Tatort erschihnen,

2) um den Täter ding fest zu machen. Nach einer Stunde war der Einsatz beendet.

Antwort

1) ~~Komisar~~ Müller~~,~~ rief per ~~Funck~~ seine Kollegen, die unverzüglich am Tatort ~~erschihnen~~,   5

2) um den Täter ~~ding fest~~ zu machen. Nach einer Stunde war der Einsatz beendet.   1

Die erste Textzeile enthält fünf Fehler: Die Wörter „Kommissar", „Funk" und „erschienen" sind falsch geschrieben und hinter „Müller" darf kein Komma stehen, dafür fehlt ein Komma vor dem mit „die" eingeleiteten Relativsatz. In der zweiten Zeile findet sich nur ein Fehler – statt „ding fest" muss es „dingfest" heißen.

Bitte bearbeiten Sie nun die Aufgaben: Notieren Sie für jede Zeile die Anzahl der Fehler im rechten Feld. Sie haben dafür **5 Minuten** Zeit.

Anatomie des Menschen: Knochen und Gelenke

26) Menschliche Knochen sind enorm, belastbar und erstaunlich leicht. Insgesamt

27) machen die über 200 „Einzelteile" des menschlichen Skelets, nur rund zwölf Prozent

28) des Körpergewichts aus. Wo Knochen aufeinander treffen, befinden sich Gelenke.

29) Sie übernehmen, eine schwirige Doppelaufgabe: Einerseits müßen sie die Knochen

30) stabihl verbinden anderer seits sollen sie genügend Beweegungsfreiheit bieten.

31) Dies gelingt durch eine ausgefeilte Konnstruktion, aus verschiedenen Gewebearten:

32) Bender knüpfen die Gelenkknochen aneinander Knorrpel und Gelenkflüssigkeit

33) dienen als ellastische Pufer da zwischen, Muskeln initiieren Bewegungen und geben

34) zusetzlichen Halt. Im Lauf der Evolution hat sich für jede Belastungsform ein

35) geeigneter Gelenktyp herausgebildet. Scharniergelenke wie Elenbogen und Knie

36) kann man zum Beispiel nur um eine Achse, Kugelgelenke wie Hüfte oder Schulter

37) um alle drei Raumachsen drehen. Ihr komplechser Aufbau macht die Gelenke leider

38) relativ anfellig. Nicht „konstruktionsgemäße" Drehungen oder Beugungen, in die

39) falsche Richtung können schlimmsten Falls zu Bänderdehnungen und -rißen

40) oder irreparablen Knorpelschäden führen.

Kommas setzen

Bearbeitungszeit 5 Minuten

Nun geht es darum, die richtige Kommasetzung zu erkennen.

Beantworten Sie bitte die folgenden Aufgaben, indem Sie jeweils den Lösungsbuchstaben des korrekt interpunktierten Satzes markieren.

41)
- A. Sicherlich können nicht alle Bedingungen eingehalten werden weil sehr oft der Verlauf von anderen Faktoren beeinflusst wird die von uns als gegeben betrachtet werden müssen.
- B. Sicherlich können nicht alle Bedingungen eingehalten werden, weil sehr oft der Verlauf von anderen Faktoren beeinflusst wird die von uns als gegeben betrachtet werden müssen.
- C. Sicherlich können nicht alle Bedingungen eingehalten werden weil sehr oft der Verlauf von anderen Faktoren beeinflusst wird, die von uns als gegeben betrachtet werden müssen.
- D. Sicherlich können nicht alle Bedingungen eingehalten werden, weil sehr oft der Verlauf von anderen Faktoren beeinflusst wird, die von uns als gegeben betrachtet werden müssen.
- E. Keine Antwort ist richtig.

42)
- A. Hannes hat seinen Job, schon wieder gekündigt weil er sich mit seinen Kollegen nicht gut verstanden hat.
- B. Hannes hat seinen Job schon wieder gekündigt, weil er sich, mit seinen Kollegen, nicht gut verstanden hat.
- C. Hannes hat seinen Job schon wieder, gekündigt, weil er sich mit seinen Kollegen, nicht gut verstanden hat.
- D. Hannes hat seinen Job schon wieder gekündigt, weil er sich mit seinen Kollegen nicht gut verstanden hat.
- E. Keine Antwort ist richtig.

43)
A. Auch wenn das Buch sehr gut sein soll, ist es für meine Zwecke nicht nützlich.
B. Auch wenn das Buch sehr gut sein soll ist es für meine Zwecke nicht nützlich.
C. Auch, wenn das Buch sehr gut sein soll, ist es für meine Zwecke nicht nützlich.
D. Auch wenn das Buch sehr gut sein soll, ist es für meine Zwecke, nicht nützlich.
E. Keine Antwort ist richtig.

44)
A. Wir würden es begrüßen wenn es uns gelingt, alle Leser optimal auf die Einstellungstests vorzubereiten.
B. Wir, würden es begrüßen, wenn es uns gelingt, alle Leser optimal auf die Einstellungstests vorzubereiten.
C. Wir würden es begrüßen, wenn es uns gelingt, alle Leser optimal auf die Einstellungstests vorzubereiten.
D. Wir würden es begrüßen, wenn es uns gelingt alle Leser optimal auf die Einstellungstests vorzubereiten.
E. Keine Antwort ist richtig.

45)
A. Man schätzt dass das menschliche Gehirn in der Lage ist das Wissen einer umfangreichen Bibliothek mit tausenden von Büchern zu speichern.
B. Man schätzt, dass das menschliche Gehirn in der Lage ist das Wissen einer umfangreichen Bibliothek mit tausenden von Büchern zu speichern.
C. Man schätzt dass das menschliche Gehirn in der Lage ist, das Wissen einer umfangreichen Bibliothek mit tausenden von Büchern zu speichern.
D. Man schätzt, dass das menschliche Gehirn in der Lage ist, das Wissen einer umfangreichen Bibliothek mit tausenden von Büchern zu speichern.
E. Keine Antwort ist richtig.

46)
A. Es gibt eine Umleitung weil eine Baustelle eingerichtet wird die es zu umfahren gilt.
B. Es gibt, eine Umleitung, weil eine Baustelle eingerichtet wird, die es zu umfahren gilt.
C. Es gibt eine Umleitung, weil eine Baustelle eingerichtet wird die es zu umfahren gilt.
D. Es gibt eine Umleitung, weil eine Baustelle eingerichtet wird, die es zu umfahren gilt.
E. Keine Antwort ist richtig.

47)
A. Jedes Studienbuch ist ein Buch, in dem sich Lerninhalte befinden aber nicht jedes Buch, in dem sich Lerninhalte befinden, ist ein Studienbuch.
B. Jedes Studienbuch ist ein Buch in dem sich, Lerninhalte befinden, aber nicht jedes Buch, in dem sich Lerninhalte befinden, ist ein Studienbuch.
C. Jedes Studienbuch ist ein Buch in dem sich Lerninhalte befinden, aber nicht jedes Buch, in dem sich Lerninhalte befinden, ist ein Studienbuch.
D. Jedes Studienbuch ist ein Buch, in dem sich Lerninhalte befinden, aber nicht jedes Buch, in dem sich Lerninhalte befinden, ist ein Studienbuch.
E. Keine Antwort ist richtig.

48)
A. Er ist nach der Arbeit zu müde als dass er noch joggen könnte, obwohl er sich vorgenommen hat, regelmäßig zu trainieren.
B. Er ist nach der Arbeit zu müde, als dass er noch joggen könnte obwohl er sich vorgenommen hat, regelmäßig zu trainieren.
C. Er ist nach der Arbeit zu müde als dass er noch joggen könnte, obwohl er sich vorgenommen hat regelmäßig zu trainieren.
D. Er ist nach der Arbeit zu müde, als dass er noch joggen könnte, obwohl er sich vorgenommen hat, regelmäßig zu trainieren.
E. Keine Antwort ist richtig.

49)
A. Menschen, die Vorurteile haben diese aber aufgrund objektiver Tatsachen ablegen, sind nicht länger voreingenommen.
B. Menschen die Vorurteile haben diese aber aufgrund objektiver Tatsachen ablegen, sind nicht länger voreingenommen.
C. Menschen die Vorurteile haben, diese aber aufgrund objektiver Tatsachen ablegen, sind nicht länger voreingenommen.
D. Menschen, die Vorurteile haben, diese aber aufgrund objektiver Tatsachen ablegen, sind nicht länger voreingenommen.
E. Keine Antwort ist richtig.

50)
A. Wir meinen, dass wir mit diesem Buch, einer Kombination zwischen theoretischem Wissen und umfassendem Praxisbezug eine neue Art von Übungsbuch entwickelt haben.
B. Wir meinen, dass wir mit diesem Buch einer Kombination zwischen theoretischem Wissen und umfassendem Praxisbezug, eine neue Art von Übungsbuch entwickelt haben.
C. Wir meinen dass wir mit diesem Buch, einer Kombination zwischen theoretischem Wissen und umfassendem Praxisbezug, eine neue Art von Übungsbuch entwickelt haben.
D. Wir meinen, dass wir mit diesem Buch, einer Kombination zwischen theoretischem Wissen und umfassendem Praxisbezug, eine neue Art von Übungsbuch entwickelt haben.
E. Keine Antwort ist richtig.

Konjunktionen

Bearbeitungszeit 5 Minuten

Welche Konjunktion füllt die Lücke sinnvoll? Bitte tragen Sie die jeweils richtige Lösung ein.

51) als, weil, ob

Ich bin mir nicht sicher, _____ das der Täter war.

52) da, als, bis

Es dauerte eine gefühlte Ewigkeit, _____ wir das Kind gefunden hatten.

53) weil, bevor, obwohl

Wir haben gewonnen, _____ wir gut zusammengearbeitet haben.

54) Als, Wenn, Da

_____ er von Anfang an sein wahres Gesicht gezeigt hätte, hätten wir wohl nie mit ihm Geschäfte gemacht.

55) Ob, Da, Als

_____ ich sie warnen wollte, war es schon zu spät.

56) weil, denn, doch

Wir werden immer zusammenhalten, _____ wir sind beste Freunde.

57) Obwohl, Nachdem, Ob

_____ ich einmal angefangen hatte zu lesen, konnte ich das Buch nicht mehr aus der Hand legen.

58) Danach, Wegen, Trotzdem

Die Kinder wissen genau, dass Feuer gefährlich ist. _____ spielen sie mit den Streichhölzern.

59) dass, sofern, weil

Sie reichte die Scheidung ein, _____ ihr das Leben nicht aufregend genug erschien.

60) weil, obwohl, damit

Für gefährliche Straftäter kann nach der Haft eine Sicherungsverwahrung angeordnet werden, _____ sie niemanden gefährden können.

61) ob, als, denn

Ich traute meinen Augen kaum, _____ ich sie erblickte.

62) Da, Wenn, Als

_____ ich dich sehr liebe, würde ich dich gern heiraten!

63) Bevor, Da, Wie

_____ jemand eingreifen konnte, lagen sich die beiden schon in den Haaren.

64) Als, Wenn, Bis

_____ mir jemand helfen könnte, wäre ich sehr dankbar.

65) obwohl, sodass, weil

Er war wirklich blitzschnell verschwunden, _____ ich mich noch nicht einmal verabschieden konnte.

Konjugieren und deklinieren

Bearbeitungszeit 7½ Minuten

Zu jeder Aufgabe erhalten Sie ein Wort oder eine Wortgruppe. Ihre Aufgabe lautet, die Begriffe in die richtige grammatische Form zu bringen, um den Aufgabensatz zu vervollständigen.

Hierzu ein Beispiel

Aufgabe

1) ein langer Weg

Er hat _____ hinter sich.

Antwort

Er hat *einen langen Weg* hinter sich.

Die Wortgruppe „ein langer Weg" ist in den Akkusativ zu setzen, damit sich ein grammatisch korrekter Satz ergibt.

Bitte beginnen Sie jetzt mit den Aufgaben: Schreiben Sie den vorgegebenen Ausdruck in der richtigen grammatischen Form in die Lücke.

66) ein kleiner Bach
Der Hund sprang über _____.

67) deine schnelle Hilfe
Dank _____ geht es mir schon wieder viel besser.

68) stören
Ich möchte dich bitten, mich eine halbe Stunde lang nicht _____.

69) die Bürgermeisterin
Der Wagen _____ wurde gestohlen.

70) der alte Schulrat
_____ wurde der Wagen gestohlen.

71) mein neuer Nachbar
Ich kann _____ nicht leiden!

72) die meisten Menschen

_____ fällt es schwer, auf Süßigkeiten zu verzichten.

73) ein derartiger Fehler
Ich verstehe nicht, wie _____ so lange unbemerkt bleiben konnte!

74) diese ganzen Vorfälle
Nach _____ möchte er nicht länger in der Firma arbeiten.

75) der Vertrag
Entgegen _____ erfüllte er seine Pflichten nicht.

76) gehen
_____ in dein Zimmer!

77) das schlechte Wetter
Aufgrund _____ fällt heute die Schule aus.

78) der Schock
Infolge _____ war er nicht in der Lage, den Unfallhergang genau zu schildern.

79) sich
Wir haben _____ schon gefragt, wo du steckst!

80) gehen
Wenn du nicht so früh nach Hause _____ , hättest du das Feuerwerk auch gesehen.

Satzgrammatik

Bearbeitungszeit 5 Minuten

Die folgenden Fragen testen Ihr grammatisches Grundwissen.
Beantworten Sie bitte die folgenden Aufgaben, indem Sie jeweils den richtigen Lösungsbuchstaben markieren.

81) Welches Wort ist das Subjekt des Satzes „Klaus geht jeden Tag in die Kneipe an der Ecke"?
A. Ecke
B. geht
C. Kneipe
D. Klaus
E. jeden

82) Welches Wort ist das Objekt des Satzes „Peter, Paul und Maria finden einen Igel"?
A. Peter
B. Paul
C. Maria
D. finden
E. Igel

83) Welcher Ausdruck steht nicht im Konjunktiv?
A. er gebe
B. ich schrieb
C. ihr dürfet
D. ich wolle
E. du mögest

84) Welches Wort ist nicht maskulin?
A. Wert
B. Gang
C. Hof
D. Kleidung
E. Schuhe

85) Welches Wort steht im Plural?
A. Hochzeit
B. Entscheidung
C. Heizung
D. Engel
E. Aussicht

86) Welches Wort steht im Akkusativ?
A. des Wassers
B. dem Baum
C. den Pflanzen
D. den Ball
E. der Tante

87) Welcher Ausdruck steht nicht im Dativ?
A. der Hilfe
B. dem Opfer
C. einer Explosion
D. einen Eimer
E. einem Kind

88) Welcher Satz steht im Passiv?
A. Er wusch das Auto.
B. Die Entscheidung ist gefallen.
C. Der Kuchen war gut.
D. Die Suppe wird gekocht.
E. Wir wollen ihn fragen.

89) Welches Wort steht im Präteritum?
A. mochte
B. stören
C. wolle
D. belogen
E. gedacht

90) Welches Wort steht im Partizip Präsens?
A. versprochen
B. super
C. lohnend
D. schwor
E. jauchzen

Sinnverwandte Begriffe

Bearbeitungszeit 2 Minuten

Ordnen Sie jedem Wort den sinnverwandten Begriff aus der rechten Spalte zu, indem Sie den richtigen Lösungsbuchstaben in das Kästchen eintragen.

Begriff		Sinnverwandter Begriff
91)	abtrünnig	A. adlig
92)	heikel	B. edel
93)	aristokratisch	C. verbrecherisch
94)	inbrünstig	D. schwierig
95)	welk	E. mürrisch
96)	herb	F. leidenschaftlich
97)	lethargisch	G. untreu
98)	delinquent	H. teilnahmslos
99)	bärbeißig	I. bitter
100)	erlesen	J. schlaff

Sprichwörter

Bearbeitungszeit 5 Minuten

Was bedeuten die folgenden Sprichwörter und Redensarten? Bitte markieren Sie den richtigen Lösungsbuchstaben.

101) Hunde, die bellen, beißen nicht.
A. Wer lautstark droht, ist ungefährlich.
B. Der will doch nur spielen.
C. Hunde, die nicht bellen, sind gefährlich.
D. Kleine Hunde sind gefährlicher als große.
E. Keine Antwort ist richtig.

102) Wie man sich bettet, so liegt man.
A. Es ist wichtig, ein gutes Bett zu haben.
B. Auf weichen Kissen lässt es sich gut schlafen.
C. Betten sind ein wichtiger Bestandteil unseres Lebens, da man viel Zeit im Schlaf verbringt.
D. Es hängt von jedem selbst ab, wie er sein Leben gestaltet.
E. Keine Antwort ist richtig.

103) Freunde in der Not gehen tausend auf ein Lot.
A. Gute Freunde sind immer für einen da.
B. Es ist schwer, gute Freunde zu finden.
C. In schweren Zeiten stehen einem nur wenige Freunde wirklich bei.
D. Freunde sind etwas Wichtiges.
E. Keine Antwort ist richtig.

104) Der Krug geht so lange zum Brunnen, bis er bricht.
A. Etwas geht meistens gut.
B. Etwas geht nicht auf Dauer gut.
C. Dinge sind ersetzbar.
D. Etwas geht zufällig gut.
E. Keine Antwort ist richtig.

105) Wasch mir den Pelz, aber mach mich nicht nass.
A. Vorsicht ist bei bestimmten Dingen angeraten.
B. Lege dich nicht mit Stärkeren an.
C. Jemand gibt sich mit wenig zufrieden.
D. Jemand möchte nur die Vorteile einer Sache genießen.
E. Keine Antwort ist richtig.

106) Eine Schlange am Busen nähren.
A. Viele Menschen sind falsch.
B. Falschen Freunden vertrauen
C. Es ist gut, jemandem zu vertrauen.
D. Ein krankes Tier aufziehen
E. Keine Antwort ist richtig.

107) Lieber den Spatz in der Hand als die Taube auf dem Dach.
A. Spatzen sind die wertvolleren Vögel.
B. Nur das Risiko birgt auch einen großen Gewinn.
C. Ein sicherer kleiner Nutzen ist einem unsicheren großen Nutzen vorzuziehen.
D. Ein Risiko einzugehen lohnt sich oft nicht.
E. Keine Antwort ist richtig.

108) Die Katze im Sack kaufen.
A. Man erwirbt etwas, ohne es vorher geprüft zu haben.
B. Risikobereitschaft lohnt sich nicht.
C. Viele Leute scheitern aufgrund zu hoher Risikobereitschaft.
D. Etwas Wertvolles bleibt oft unerkannt.
E. Keine Antwort ist richtig.

109) Viele Wege führen nach Rom.
A. Jeder hat eine andere Meinung.
B. Es kommt nur auf das Ziel an.
C. Rom ist überall.
D. Es gibt mehrere richtige Wege.
E. Keine Antwort ist richtig.

110) Wo Rauch ist, ist auch Feuer.
A. Vorwürfe sind oft berechtigt.
B. Wenn es raucht, dann wird es schnell gefährlich.
C. Es gibt keinen Rauch ohne Feuer.
D. Anhand von Rauch lässt sich Feuer entdecken.
E. Keine Antwort ist richtig.

Sätze bilden   *Bearbeitungszeit 15 Minuten*

Nun müssen Sie sprachlichen Einfallsreichtum beweisen.

Zu jeder Aufgabe erhalten Sie vier Buchstaben. Bitte bilden Sie daraus fünf Sätze, in denen jeder vorgegebene Buchstabe jeweils genau ein Mal als Anfangsbuchstabe eines Wortes vorkommt. Wörter mit anderen Anfangsbuchstaben dürfen Sie nach Belieben verwenden.

Alle Sätze müssen sinnvoll, grammatisch richtig und eigenständig sein; geringfügige Abwandlungen bereits genannter Sätze zählen nicht.

Hierzu ein Beispiel

Aufgabe

1) Vorgegebene Buchstaben: L | M | B | R

Lösungsvorschlag

1. Lass' mich bitte in Ruhe!

Bitte bearbeiten Sie nun die Aufgaben: Bilden Sie fünf Sätze, in denen jeder vorgegebene Buchstabe jeweils genau ein Mal als Anfangsbuchstabe eines Wortes vorkommt.

111) Vorgegebene Buchstaben: A | V | F | S

    1. _____

    2. _____

    3. _____

4.

5.

112) Vorgegebene Buchstaben: E | R | T | L

1.

2.

3.

4.

5.

113) Vorgegebene Buchstaben: F | G | H | O

1.

2.

Sprachbeherrschung

3.

4.

5.

114) Vorgegebene Buchstaben: N | W | K | L

1.

2.

3.

4.

5.

115) Vorgegebene Buchstaben: U | P | D | I

1.

Sätze bilden

2.

3.

4.

5.

Textverständnis

Bearbeitungszeit 15 Minuten

Nun erhalten Sie einen Ausschnitt aus der nordrhein-westfälischen Gemeindeordnung in der aktuell gültigen Fassung.

Bitte lesen Sie die folgenden Rechtsvorschriften in den nächsten **5 Minuten** aufmerksam durch und versuchen Sie, ihren inhaltlichen Kern zu verstehen. Anschließend sind einige Fragen zum Text zu beantworten.

§ 1 Wesen der Gemeinden

(1) Die Gemeinden sind die Grundlage des demokratischen Staatsaufbaues. Sie fördern das Wohl der Einwohner in freier Selbstverwaltung durch ihre von der Bürgerschaft gewählten Organe. Sie handeln zugleich in Verantwortung für die zukünftigen Generationen.

(2) Die Gemeinden sind Gebietskörperschaften.

(…)

§ 8 Gemeindliche Einrichtungen und Lasten

(1) Die Gemeinden schaffen innerhalb der Grenzen ihrer Leistungsfähigkeit die für die wirtschaftliche, soziale und kulturelle Betreuung ihrer Einwohner erforderlichen öffentlichen Einrichtungen.

(2) Alle Einwohner einer Gemeinde sind im Rahmen des geltenden Rechts berechtigt, die öffentlichen Einrichtungen der Gemeinde zu benutzen und verpflichtet, die Lasten zu tragen, die sich aus ihrer Zugehörigkeit zu der Gemeinde ergeben.

(…)

§ 77 Grundsätze der Finanzmittelbeschaffung

(1) Die Gemeinde erhebt Abgaben nach den gesetzlichen Vorschriften.

(2) Sie hat die zur Erfüllung ihrer Aufgaben erforderlichen Finanzmittel
  1. soweit vertretbar und geboten, aus selbst zu bestimmenden Entgelten für die von ihr erbrachten Leistungen, sowie
  2. im Übrigen aus Steuern

zu beschaffen, soweit die sonstigen Finanzmittel nicht ausreichen.

(…)

(4) Die Gemeinde darf Kredite nur aufnehmen, wenn eine andere Finanzierung nicht möglich ist oder wirtschaftlich unzweckmäßig wäre.

Bearbeitungshinweis

Die vorliegende Rechtsvorschrift gliedert sich in durchnummerierte Paragraphen (§), Absätze (im vorliegenden Fall (1), (2) und (4)) und schließlich einzelne Sätze.

Versuchen Sie besser nicht, den vorliegenden Text komplett auswendig zu lernen: Es geht hier nicht um Ihr „fotografisches Gedächtnis". Konzentrieren Sie sich stattdessen auf die Kernaussagen Abschnitte, die Sie ohne Weiteres in eigenen Worten wiedergeben können, solange ihr Sinn beibehalten wird. Achten Sie bei Ihren Antworten auf einen logischen Aufbau und eine korrekte Rechtschreibung.

Nachdem Sie sich den Gesetzestext durchgelesen haben, beantworten Sie bitte nun die folgenden Fragen schriftlich. Sie haben dafür **10 Minuten** Zeit.

116) Was ist eine Gemeinde laut § 1 der nordrhein-westfälischen Gemeindeordnung?

117) Welche Aufgaben hat eine Gemeinde?

118) Welche Rechte und Pflichten der Einwohner werden angesprochen?

119) Wie finanziert sich eine Gemeinde?

120) Welche Informationen liefert der Text zu der Frage, wer letztlich darüber entscheidet, wie eine Gemeinde verwaltet wird?

Inhalte wiedergeben *Bearbeitungszeit 10 Minuten*

Ein wissenschaftliches Institut des Handels hat eine Studie über Ladendiebstähle veröffentlicht.

Bitte lesen Sie sich den folgenden Text aufmerksam durch und entscheiden Sie, welche Aussagen dazu korrekt sind.

Ladendiebstahl ist kein Kavaliersdelikt

Die Inventurdifferenzen im gesamten Handel belaufen sich jährlich auf rund vier Milliarden Euro. Hierdurch entgehen dem Staat über 450 Millionen Euro an Mehrwertsteuern pro Jahr.

Um die Inventurverluste zu reduzieren, investiert der Handel etwa 0,3 Prozent des Umsatzes in diebstahlverhütende Maßnahmen, was ca. 1,3 Milliarden Euro Kosten verursacht. Die bei der Polizei angezeigten Ladendiebstähle sind in 2021 um 15,6 Prozent von 304.005 im Vorjahr auf 256.694 zurückgegangen. Im Umkehrschluss blieben Experten zufolge durchschnittlich 19,8 Millionen Diebstähle im Wert von jeweils 106 Euro unentdeckt – also mehr als 99 Prozent. Dass weniger Ladendiebstähle angezeigt wurden als noch 2020, hat vermutlich mit den verringerten Ausgaben für Detekteien zu tun. Diese bringen üblicherweise die meisten Fälle zur Anzeige. 2,1 Milliarden Euro Verlust verursachen Diebe aus der Kundschaft insgesamt, während eigene Mitarbeiter für 810 Millionen Euro sowie Lieferanten und Servicekräfte für 320 Millionen verantwortlich gemacht werden. 870 Millionen Euro kommen durch organisatorische Mängel abhanden.

Die Rendite im Einzelhandel wird durch eine durchschnittliche Inventurdifferenz von einem Prozent – bezogen auf den Bruttoumsatz der Verkaufszahlen im Handel – erheblich geschmälert. Die aktuellen Deliktzahlen aus dem Handel belegen die Wichtigkeit und Notwendigkeit von Detektiven, Kameraüberwachungen und weiterer Anti-Diebstahltechnik im Einzelhandel.

Quelle: EHI Retail Institute

Bitte prüfen Sie die folgenden Aussagen auf ihre Richtigkeit. Kreuzen Sie **„stimmt"** an, wenn sich eine Aussage durch den Text belegen lässt. Andernfalls markieren Sie **„stimmt nicht"**.

121) Eine weitere Verstärkung von Präventivmaßnahmen gegen Ladendiebstahl ist erforderlich.

☐ stimmt ☐ stimmt nicht

122) Ladendiebstähle nahmen 2021 weiter zu und summierten sich auf etwa 3 Millionen angezeigte Vergehen.

☐ stimmt ☐ stimmt nicht

123) Detekteien stellen im Kampf gegen Ladendiebstahl keine Hilfe dar.

☐ stimmt ☐ stimmt nicht

124) Mehr als die Hälfte der Inventurverluste gehen auf das Konto der Kundschaft.

☐ stimmt ☐ stimmt nicht

125) Für den Schutz von Ware investiert der Handel einen unerheblichen Betrag, der in die Verkaufspreise eingespielt wird.

☐ stimmt ☐ stimmt nicht

126) Die Rendite im Einzelhandel wird kaum von den Inventurverlusten beeinträchtigt.

☐ stimmt ☐ stimmt nicht

127) Das Personal im Einzelhandel stiehlt nicht.

☐ stimmt ☐ stimmt nicht

128) Eigene Fehlplanung schlägt sich in der Inventurdifferenz weniger deutlich nieder als der Schaden durch Lieferanten und Servicekräfte.

☐ stimmt ☐ stimmt nicht

129) Die meisten Diebstähle werden entdeckt und zur Anzeige gebracht.

☐ stimmt ☐ stimmt nicht

130) Dem Staat kann es egal sein, ob Ware entwendet oder verkauft wird. Er bekommt seine Steuereinnahmen in jedem Fall.

☐ stimmt ☐ stimmt nicht

Lösungen: Sprachbeherrschung

1) siehe Erklärung	31) 2	61) als
2) B	32) 4	62) Da
3) C	33) 3	63) Bevor
4) B	34) 2	64) Wenn
5) B	35) 1	65) sodass
6) C	36) 0	66) einen kleinen Bach
7) D	37) 1	67) deiner schnellen Hilfe
8) C	38) 3	68) zu stören
9) B	39) 2	69) der Bürgermeisterin
10) D	40) 0	70) Dem alten Schulrat
11) D	41) D	71) meinen neuen Nachbarn
12) A	42) D	72) Den meisten Menschen
13) D	43) A	73) ein derartiger Fehler
14) D	44) C	74) diesen ganzen Vorfällen
15) B	45) D	75) dem Vertrag
16) A	46) D	76) Geh
17) C	47) D	77) des schlechten Wetters
18) A	48) D	78) des Schocks
19) C	49) D	79) uns
20) B	50) D	80) gegangen wärst
21) D	51) ob	81) D
22) A	52) bis	82) E
23) B	53) weil	83) B
24) D	54) Wenn	84) D
25) D	55) Als	85) D
26) 1	56) denn	86) D
27) 2	57) Nachdem	87) D
28) 1	58) Trotzdem	88) D
29) 3	59) weil	89) A
30) 4	60) damit	90) C

91) G	105) D	119) siehe
92) D	106) B	120) Erklärung
93) A	107) C	121) stimmt
94) F	108) A	122) stimmt nicht
95) J	109) D	123) stimmt nicht
96) I	110) A	124) stimmt
97) H	111)	125) stimmt nicht
98) C	112)	126) stimmt nicht
99) E	113) siehe Erklärung	127) stimmt nicht
100) B	114)	128) stimmt nicht
101) A	115)	129) stimmt nicht
102) D	116)	130) stimmt nicht
103) C	117) siehe Erklärung	
104) B	118)	

Erörterung (Aufgabe 1)

Zu 1)

Proben Sie gegebenenfalls mehrmals, Ihre Ausführungen in der vorgegebenen Bearbeitungszeit auf den Punkt zu bringen.

Musterargumente pro:

¬ Keiner müsste mehr Angst vor dem Altern und Sterben haben.

¬ Viele Leiden, die das Alter mit sich bringt, würden gelindert.

¬ Die Menschen hätten unbegrenzt Zeit, sich zu verwirklichen und ihren Interessen nachzugehen.

¬ Niemand müsste mehr den Verlust nahestehender Menschen betrauern.

Musterargumente kontra:

¬ Das Altern und der Tod gehören zum Leben, man sollte sich damit auseinandersetzen. Die größte Angst hat, wer dies nicht wahrhaben will.

¬ Ein langes Leben ist nicht automatisch ein glückliches und gesundes Leben – wer garantiert, dass Leiden gelindert würden?

¬ Wer ewig lebt, weiß die Lebenszeit nicht zu schätzen. Alle Erfahrungen würden verschwimmen, statt Sinn entstünde Gleichgültigkeit.

¬ Eine Stigmatisierung des Alters führt dazu, dass das Leben alter Menschen herabgewürdigt wird.

¬ Die Medizin sollte ihre Ressourcen sinnvoller einsetzen als für ein derart unrealistisches Unterfangen.

Welche Schreibweise stimmt? (Aufgaben 2–15)

Zu 2) B. Konjunkturanstieg

Zu 3) C. Halogen

Zu 4) B. steril

Zu 5) B. Raketenapparat

Zu 6) C. appellieren

Zu 7) D. nummerieren

Zu 8) C. phlegmatisch

Zu 9) B. Bauingenieur

Zu 10) D. Immatrikulationsnummer

Zu 11) D. Kohlendioxid

Zu 12) A. parallel

Zu 13) D. Metallerzeugungsprozess

Zu 14) D. Engagement

Zu 15) B. Aggregat

Rechtschreibung: Lückentext (Aufgaben 16–25)

Zu 16) A. Therapie

Gesucht wird hier ein feminines Wort im Singular. Die einzige Möglichkeit ist daher A „Therapie".

Zu 17) C. Frenetischer

Das Adjektiv muss im gleichen Kasus wie „Jubel" stehen (Nominativ Singular), also stimmt Antwort C.

Zu 18) A. Evolution

Antwort B ist inhaltlich unsinnig, denn „Evaluation" bedeutet „Bewertung". Vorschlag D ist falsch geschrieben. Da der gesuchte Begriff „Evolution" hier einen einzigen allumfassenden Vorgang meint, muss er im Singular stehen – somit entfällt auch Antwort C.

Zu 19) C. wüsstest

Das Prädikat muss im Konjunktiv II stehen, also ist Antwort C richtig.

Zu 20) B. Kohlenhydraten

Die richtige Antwort „Kohlenhydraten" steht als einziger Vorschlag im richtigen Kasus (Dativ Plural). Alle anderen Formen beinhalten zudem Rechtschreibfehler.

Zu 21) D. Dozenten

Die Antwort D „Dozenten" gibt hier die richtige Form, nämlich den männlichen Genitiv Singular, wieder.

Zu 22) A. Globalisierung

Die Antworten C und D ergeben inhaltlich keinen Sinn. „Globalisierung" ist im Singular zu verwenden, da es sich um einen einzigen, weltumspannenden Prozess handelt.

Zu 23) B. identifizieren

Die richtige Lösung lautet B, alle anderen Antworten passen grammatisch und inhaltlich nicht.

Zu 24) D. empirische

Die Antwort muss im Nominativ Singular stehen, Antwort A fällt wegen eines Rechtschreibfehlers weg. Die einzige mögliche Lösung ist also D.

Zu 25) D. unerlässlich

Inhaltlich sinnvoll und grammatisch passend ist hier nur Antwort D.

Fehler korrigieren (Aufgaben 26–40)

Anatomie des Menschen: Knochen und Gelenke

Zu 26)	Menschliche Knochen sind enorm, belastbar und erstaunlich leicht. Insgesamt	1
Zu 27)	machen die über 200 „Einzelteile" des menschlichen ~~Skelets,~~ nur rund zwölf Prozent	2
Zu 28)	des Körpergewichts aus. Wo Knochen ~~aufeinander treffen~~, befinden sich Gelenke.	1
Zu 29)	Sie übernehmen, eine ~~schwirige~~ Doppelaufgabe: Einerseits ~~müßen~~ sie die Knochen	3
Zu 30)	~~stabihl~~ verbinden, ~~anderer seits~~ sollen sie genügend ~~Beweegungsfreiheit~~ bieten.	4
Zu 31)	Dies gelingt durch eine ausgefeilte ~~Konnstruktion,~~ aus verschiedenen Gewebearten:	2
Zu 32)	~~Bender knüppfen~~ die Gelenkknochen aneinander, ~~Knorrpel~~ und Gelenkflüssigkeit	4
Zu 33)	dienen als ~~ellastische Pufer da zwischen~~, Muskeln initiieren Bewegungen und geben	3
Zu 34)	~~zusetzlichen~~ Halt. Im Lauf der ~~Evollution~~ hat sich für jede Belastungsform ein	2
Zu 35)	geeigneter Gelenktyp herausgebildet. Scharniergelenke wie ~~Elenbogen~~ und Knie	1
Zu 36)	kann man zum Beispiel nur um eine Achse, Kugelgelenke wie Hüfte oder Schulter	0
Zu 37)	um alle drei Raumachsen drehen. Ihr ~~komplechser~~ Aufbau macht die Gelenke leider	1
Zu 38)	~~relatiev anfellig~~. Nicht „konstruktionsgemäße" Drehungen oder Beugungen, in die	3

Sprachbeherrschung

Zu 39) falsche Richtung können ~~schlimmsten Falls~~ zu Bänderdehnungen und ~~rißen~~ 2

Zu 40) oder irreparablen Knorpelschäden führen. 0

Anatomie des Menschen: Knochen und Gelenke

Menschliche Knochen sind enorm belastbar und erstaunlich leicht. Insgesamt machen die über 200 „Einzelteile" des menschlichen Skeletts nur rund zwölf Prozent des Körpergewichts aus. Wo Knochen aufeinandertreffen, befinden sich Gelenke. Sie übernehmen eine schwierige Doppelaufgabe: Einerseits müssen sie die Knochen stabil verbinden, andererseits sollen sie genügend Bewegungsfreiheit bieten. Dies gelingt durch eine ausgefeilte Konstruktion aus verschiedenen Gewebearten: Bänder knüpfen die Gelenkknochen aneinander, Knorpel und Gelenkflüssigkeit dienen als elastische Puffer dazwischen, Muskeln initiieren Bewegungen und geben zusätzlichen Halt. Im Lauf der Evolution hat sich für jede Belastungsform ein geeigneter Gelenktyp herausgebildet. Scharniergelenke wie Ellenbogen und Knie kann man zum Beispiel nur um eine Achse, Kugelgelenke wie Hüfte oder Schulter um alle drei Raumachsen drehen. Ihr komplexer Aufbau macht die Gelenke leider relativ anfällig. Nicht „konstruktionsgemäße" Drehungen oder Beugungen in die falsche Richtung können schlimmstenfalls zu Bänderdehnungen und -rissen oder irreparablen Knorpelschäden führen.

Kommas setzen (Aufgaben 41–50)

Zu 41) D. Sicherlich können nicht alle Bedingungen eingehalten werden, weil sehr oft der Verlauf von anderen Faktoren beeinflusst wird, die von uns als gegeben betrachtet werden müssen.

Am Anfang steht der Hauptsatz, der durch das erste Komma vom Kausalnebensatz getrennt wird. Das zweite Komma beendet den Kausalnebensatz und trennt ihn vom folgenden Relativnebensatz, der durch das Relativpronomen „die" eingeleitet wird.

Zu 42) D. Hannes hat seinen Job schon wieder gekündigt, weil er sich mit seinen Kollegen nicht gut verstanden hat.

Das Komma trennt den Hauptsatz vom folgenden Kausalnebensatz.

Zu 43) A. Auch wenn das Buch sehr gut sein soll, ist es für meine Zwecke nicht nützlich.

Der Konzessivnebensatz, der durch „auch wenn" eingeleitet wird und auf „sein soll" endet, wird durch das Komma vom Hauptsatz getrennt.

Zu 44) C. Wir würden es begrüßen, wenn es uns gelingt, alle Leser optimal auf die Einstellungstests vorzubereiten.

Das erste und zweite Komma trennen den eingeschobenen Konditionalsatz, der durch „wenn" eingeleitet ist und auf das Verb „gelingt" endet, vom Hauptsatz.

Zu 45) D. Man schätzt, dass das menschliche Gehirn in der Lage ist, das Wissen einer umfangreichen Bibliothek mit tausenden von Büchern zu speichern.

Das erste Komma steht am Anfang eines Nebensatzes, der mit dem zweiten Komma beendet wird, welches einen Infinitivsatz einleitet.

Zu 46) D. Es gibt eine Umleitung, weil eine Baustelle eingerichtet wird, die es zu umfahren gilt.

Das erste Komma trennt den Hauptsatz von einem Kausalnebensatz. Auf das zweite Komma folgt ein Relativsatz, der sich auf die Baustelle bezieht.

Zu 47) D. Jedes Studienbuch ist ein Buch, in dem sich Lerninhalte befinden, aber nicht jedes Buch, in dem sich Lerninhalte befinden, ist ein Studienbuch.

Die ersten beiden Kommas kennzeichnen einen eingeschobenen Relativnebensatz. Mit dem zweiten Komma endet der Relativnebensatz, und es beginnt ein zweiter Hauptsatz, in den ein weiterer Relativnebensatz eingeschoben ist, der durch das dritte und vierte Komma eingerahmt wird.

Zu 48) D. Er ist nach der Arbeit zu müde, als dass er noch joggen könnte, obwohl er sich vorgenommen hat, regelmäßig zu trainieren.

Das erste Komma trennt den Hauptsatz vom folgenden Konsekutivnebensatz. Das zweite Komma beendet den Konsekutivnebensatz und steht vor dem folgenden Konzessivnebensatz. Das dritte Komma beendet den Konzessivnebensatz und trennt ihn vom folgenden Infinitivnebensatz.

Zu 49) D. Menschen, die Vorurteile haben, diese aber aufgrund objektiver Tatsachen ablegen, sind nicht länger voreingenommen.

Das erste Komma kennzeichnet den Beginn eines Relativsatzes, der mit dem zweiten Komma endet. Es folgt ein Adversativnebensatz, der durch das dritte Komma beendet wird.

Zu 50) D. Wir meinen, dass wir mit diesem Buch, einer Kombination zwischen theoretischem Wissen und umfassendem Praxisbezug, eine neue Art von Übungsbuch entwickelt haben.

Das erste Komma trennt den Hauptsatz vom folgenden Nebensatz. Das zweite und dritte Komma umrahmen eine Apposition, die sich auf das Wort „Buch" bezieht.

Konjunktionen (Aufgaben 51–65)

Zu 51) Ich bin mir nicht sicher, _ob_ das der Täter war.

Hier ist weder von einem Zeitpunkt („als") noch von einem Grund („weil") die Rede. Es handelt sich um eine indirekte Frage, die mit „ob" richtig eingeleitet wird.

Zu 52) Es dauerte eine gefühlte Ewigkeit, _bis_ wir das Kind gefunden hatten.

Hier geht es weder um einen Zeitpunkt („als") noch um einen Grund („da"), sondern um einen Zeitraum, also stimmt „bis".

Zu 53) Wir haben gewonnen, _weil_ wir gut zusammengearbeitet haben.

Hier kann aus grammatischen Gründen keine Konjunktion ausgeschlossen werden, „bevor" und „obwohl" sind jedoch inhaltlich nicht plausibel. Die richtige Lösung lautet „weil".

Zu 54) _Wenn_ er von Anfang an sein wahres Gesicht gezeigt hätte, hätten wir wohl nie mit ihm Geschäfte gemacht.

Die Konjunktivformen lassen hier einen Bedingungssatz erkennen, der mit „wenn" richtig eingeleitet wird.

Zu 55) _Als_ ich sie warnen wollte, war es schon zu spät.

Der Nebensatz gibt weder eine Frage wieder („ob") noch einen Grund („da"), sondern einen Zeitpunkt – „als" ist richtig.

Zu 56) Wir werden immer zusammenhalten, _denn_ wir sind beste Freunde.

Die fehlende Konjunktion bezeichnet eine Begründung, wofür „doch" nicht infrage kommt. „Weil" leitet einen Nebensatz ein und passt daher grammatisch nicht, da es sich hier um zwei Hauptsätze handelt. Folglich lautet die Lösung „denn".

Zu 57) _Nachdem_ ich einmal angefangen hatte zu lesen, konnte ich das Buch nicht mehr aus der Hand legen.

Hier handelt es sich um einen Aussagesatz, die Fragekonjunktion „ob" scheidet also aus. Auch „obwohl" passt hier nicht, da der Satz damit keinen Sinn ergeben würde. Die richtige Lösung ist also „nachdem", diese Konjunktion drückt eine zeitliche Abfolge aus.

Zu 58) Die Kinder wissen genau, dass Feuer gefährlich ist. _Trotzdem_ spielen sie mit den Streichhölzern.

Die Konjunktion „danach" passt hier nicht, da keine zeitliche Reihenfolge ausgedrückt wird. „Wegen" passt aus grammatischen Gründen nicht, die richtige Lösung lautet also „trotzdem".

Zu 59) Sie reichte die Scheidung ein, _weil_ ihr das Leben nicht aufregend genug erschien.

Offensichtlich enthält der Nebensatz den Grund für die im Hauptsatz genannte Tatsache, also ist hier die begründende Konjunktion „weil" zu wählen. „Sofern" und „dass" können keine Begründung ausdrücken und passen daher inhaltlich nicht.

Zu 60) Für gefährliche Straftäter kann nach der Haft eine Sicherungsverwahrung angeordnet werden, _damit_ sie niemanden gefährden können.

„Weil" (Grund) und „obwohl" (Gegengrund) passen nicht zum Sinn des Satzes, einzig „damit" (Zweck) kann Hauptsatz und Nebensatz logisch verbinden.

Zu 61) Ich traute meinen Augen kaum, _als_ ich sie erblickte.

„Denn" leitet stets einen Hauptsatz ein und entfällt daher hier aus grammatischen Gründen; „ob" drückt eine Frage aus. Nur die Konjunktion „als", die einen Zeitpunkt angibt, passt sowohl grammatisch als auch inhaltlich in den Satz.

Sprachbeherrschung

Zu 62) _Da_ ich dich sehr liebe, würde ich dich gern heiraten!

„Als" scheidet aus grammatischen Gründen aus, denn es bezieht sich auf etwas Vergangenes. „Wenn" passt inhaltlich nicht, also kommt nur die begründende Konjunktion „da" infrage.

Zu 63) _Bevor_ jemand eingreifen konnte, lagen sich die beiden schon in den Haaren.

Hier wird eine temporale Konjunktion benötigt, wofür nur „bevor" infrage kommt.

Zu 64) _Wenn_ mir jemand helfen könnte, wäre ich sehr dankbar.

Die Konjunktive „könnte" und „wäre" deuten auf einen Bedingungssatz hin, in den die Konjunktion „wenn" hineinpasst. Die übrigen Konjunktionen drücken zeitliche Relationen aus.

Zu 65) Er war wirklich blitzschnell verschwunden, _sodass_ ich mich noch nicht einmal verabschieden konnte.

Hier wird eine Konsequenz beschrieben – dies funktioniert mit „sodass". „Weil" (Grund) und „obwohl" (Gegengrund) können den Satz nicht sinnvoll ergänzen.

Erläuterung

Konjunktionen (Bindewörter) verknüpfen Wörter, Wortgruppen oder ganze Sätze, wobei man in neben- und unterordnende Konjunktionen unterscheidet: Nebenordnende Konjunktionen verbinden Hauptsätze sowie gleichrangige Satzglieder, Wortgruppen oder Nebensätze („Er kam zu spät, denn er hatte verschlafen"). Unterordnende Konjunktionen verbinden Hauptsätze mit Nebensätzen oder Nebensätze mit weiteren, untergeordneten Nebensätzen („Er kam zu spät, weil er verschlafen hatte, da der Wecker defekt war"). Aus dem Satzbau können Sie also darauf schließen, ob eine neben- oder unterordnende Konjunktion gesucht wird.

Darüber hinaus geben Konjunktionen Auskunft über die logische Beziehung, die zwischen den verknüpften Elementen besteht. Bindewörter können einen Gegensatz ausdrücken (adversativ: „aber", „wohingegen"), Möglichkeiten aus einer Auswahl ausschließen (disjunktiv: „oder", „entweder ... oder"), einen Zweck bzw. eine Absicht wiedergeben (final: „damit",

„um ... zu"), eine Ursache angeben (kausal: „denn", „weil"), eine Bedingung einleiten (konditional: „falls", „wenn"), die Folgen des Vorangegangenen ausführen (konsekutiv: „dass", „sodass"), einen Hinderungsgrund nennen (konzessiv: „obwohl", „wenn auch"), mehrere Elemente zu einer Aufzählung verbinden (kopulativ: „und", „nicht nur ... sondern auch"), die Art und Weise einer Handlung beschreiben (modal: „indem", „ohne ... zu") oder eine zeitliche Reihenfolge wiedergeben (temporal: „als", „nachdem").

Manche Konjunktionen („ob", „dass") leiten bisweilen auch nur Nebensätze ein, ohne eine Bedeutung mitzuteilen.

Konjugieren und deklinieren (Aufgaben 66–80)

Zu 66) Der Hund sprang über _einen kleinen Bach_.

Lokale Präpositionen erfordern je nach Bedeutung ein Substantiv im Dativ oder Akkusativ. Bei einer Ortsangabe ist der Dativ zu wählen, bei einer Richtungsangabe der Akkusativ. Die Präposition „über" gibt hier die Richtung an, daher muss die Substantivgruppe im Akkusativ stehen.

Zu 67) Dank _deiner schnellen Hilfe_ geht es mir schon wieder viel besser.

Nach der Präposition „dank" kann die Substantivgruppe im Dativ oder Genitiv stehen. Beide Formen sind hier identisch.

Zu 68) Ich möchte dich bitten, mich eine halbe Stunde lang nicht _zu stören_.

Die Konstruktion des Verbs ist „jemanden bitten, etwas zu tun", die erforderliche Ergänzung ist also ein Infinitiv mit „zu". Daneben gibt es auch die Konstruktion „jemanden um etwas bitten", die mit Substantiven verwendet wird.

Zu 69) Der Wagen _der Bürgermeisterin_ wurde gestohlen.

Hier ist der Genitiv erforderlich, um das Besitzverhältnis auszudrücken.

Zu 70) _Dem alten Schulrat_ wurde der Wagen gestohlen.

Die Konstruktion des Verbs lautet „jemandem etwas stehlen". Der „alte Schulrat" muss also im Dativ stehen.

Zu 71) Ich kann _meinen neuen Nachbarn_ nicht leiden!
Die Konstruktion des Verbs lautet „jemanden (nicht) leiden können". Das Objekt muss dabei im Akkusativ stehen.

Zu 72) _Den meisten Menschen_ fällt es schwer, auf Süßigkeiten zu verzichten.
Die Konstruktion lautet „jemandem fällt etwas schwer", daher muss die Substantivgruppe im Dativ stehen.

Zu 73) Ich verstehe nicht, wie _ein derartiger Fehler_ so lange unbemerkt bleiben konnte.
„Ein derartiger Fehler" muss als Subjekt des Nebensatzes im Nominativ stehen und bleibt folglich unverändert.

Zu 74) Nach _diesen ganzen Vorfällen_ möchte er nicht länger in der Firma arbeiten.
Die Präposition „nach" erfordert, dass die folgende Substantivgruppe im Dativ steht.

Zu 75) Entgegen _dem Vertrag_ erfüllte er seine Pflichten nicht.
Die Präposition „entgegen" steht vor einer Substantivgruppe im Dativ.

Zu 76) _Geh_ in dein Zimmer!
Hier handelt es sich offensichtlich um eine Aufforderung, also ist die gesuchte Verbform der Imperativ Singular.

Zu 77) Aufgrund _des schlechten Wetters_ fällt heute die Schule aus.
Die Präposition „aufgrund" erfordert immer eine Substantivgruppe im Genitiv.

Zu 78) Infolge _des Schocks_ war er nicht in der Lage, den Unfallhergang genau zu schildern.
Die Präposition „infolge" zieht immer einen Genitiv nach sich.

Zu 79) Wir haben _uns_ schon gefragt, wo du steckst!
Die Konstruktion des Verbs lautet „sich fragen". Das Wort „uns" ist hier die flektierte Form des Reflexivpronomens „sich". Da es sich auf das Subjekt „wir" bezieht, muss es in der ersten Person Plural stehen.

Zu 80) Wenn du nicht so früh nach Hause _gegangen wärst_, hättest du das Feuerwerk auch gesehen.
Hier gilt: Beide Teilsätze müssen die gleiche Zeitform aufweisen, nämlich Konjunktiv II Perfekt.

Satzgrammatik (Aufgaben 81–90)

Zu 81) D. Klaus

Das Subjekt eines Satzes ist die Person (oder das Tier/die Sache), auf die sich das Verb bezieht. Es steht grundsätzlich im Nominativ und in Aussagesätzen oft am Anfang, aber nicht immer! (Beispiel: „Heute gehe ich in die Stadt." – Das Subjekt ist „ich".)

Zu 82) E. Igel

Das Objekt eines Satzes ist die Person (oder das Tier/Ding), mit der das Subjekt etwas tut (hier: „finden"). Das Objekt steht nie im Nominativ, sondern meist im Dativ oder Akkusativ, selten im Genitiv.

Zu 83) B. ich schrieb

Der Konjunktiv ist die Möglichkeitsform des Verbs und wird oft in Wenn-dann-Konstruktionen oder in der indirekten Rede verwendet. Der Gegensatz zum Konjunktiv ist der Indikativ, die „normale" Form des Verbs, mit der Tatsachen beschrieben werden.

Zu 84) D. Kleidung

„Maskulin" bedeutet „männlich" und bezieht sich auf das grammatische Geschlecht, das heißt auf Wörter, die im Nominativ Singular mit dem bestimmten Artikel „der" verwendet werden.

Ein Hinweis zur Lösung E: Es heißt zwar „die Schuhe" – der Artikel „die" zeigt hier aber nur den Plural an, nicht das grammatische Geschlecht! Der Singular ist „der Schuh".

Zu 85) D. Engel

Der Plural (die Mehrzahl) zeigt an, dass mehr als ein Exemplar einer Sache gemeint ist. Das Substantiv „Engel" besitzt nur eine Form für Singular und Plural, der Unterschied ist nur am Artikel erkennbar („der Engel" = einer; „die Engel" = mehrere).

Zu 86) D. den Ball

Der Akkusativ ist der vierte Fall. Man kann danach mit „wen?" fragen.

Zu 87) D. einen Eimer

Der Dativ ist der dritte Fall. Man kann danach mit „wem?" fragen. „Einen Eimer" steht hier als einziger Ausdruck im Akkusativ.

Zu 88) D. Die Suppe wird gekocht.

Das Passiv bildet man mit dem Hilfsverb „werden". Es drückt aus, dass mit dem Subjekt etwas geschieht.

Zu 89) A. mochte

Das Präteritum – auch „Imperfekt" genannt – ist die einfache Vergangenheitsform, die aus nur einem Wort besteht.

Zu 90) C. lohnend
Das Partizip Präsens ist eine Verbform, die im Deutschen eher selten verwendet wird. Es drückt Gleichzeitigkeit aus, wird in der Regel mit der Endung „-nd" gebildet („singend", „schluchzend", „jubelnd") und oft wie ein Adjektiv gebraucht („eine lohnende Investition", „ein sprechender Papagei").

Sinnverwandte Begriffe (Aufgaben 91–100)

Zu 91) abtrünnig – **G.** untreu

Zu 92) heikel – **D.** schwierig

Zu 93) aristokratisch – **A.** adlig

Zu 94) inbrünstig – **F.** leidenschaftlich

Zu 95) welk – **J.** schlaff

Zu 96) herb – **I.** bitter

Zu 97) lethargisch – **H.** teilnahmslos

Zu 98) delinquent – **C.** verbrecherisch

Zu 99) bärbeißig – **E.** mürrisch

Zu 100) erlesen – **B.** edel

Tipps für Zuordnungsaufgaben (91–100)

Diese Aufgabe prüft Wortschatz und Sprachgefühl. Gehen Sie dabei sehr konzentriert vor, da ein Fehler eine ganze Reihe anderer Fehler nach sich ziehen kann.

Beginnen Sie systematisch mit dem ersten Wort in der linken Spalte und überprüfen Sie die rechte Spalte Wort für Wort, bis Sie das Wort mit der gegenteiligen Bedeutung gefunden haben. Tragen Sie dann den Buchstaben in das leere Kästchen in der mittleren Spalte ein. Wenn Sie sich nicht ganz sicher sind, dann verschieben Sie Ihre Entscheidung – vielleicht löst sich das Problem am Ende von selbst, da nur noch eine Möglichkeit übrig bleibt.

Wenn nach dem ersten Durchgang noch Lücken klaffen, dann hilft eventuell eine Umkehr des Verfahrens weiter: Man nehme sich das Wort aus der rechten Spalte vor und suche dazu aus der linken Spalte das Wort mit der gegenteiligen Bedeutung.

Zum Schluss sollte geprüft werden, ob alle Buchstaben einmal eingetragen sind.

Sprichwörter (Aufgaben 101–110)

Zu 101) A. Wer lautstark droht, ist ungefährlich.

Dieses Sprichwort hält Menschen, die gerne drohen, für in Wahrheit ungefährlich: Sie wollen sich mit ihren Drohungen Respekt verschaffen, diese aber nicht verwirklichen.

Zu 102) D. Es hängt von jedem selbst ab, wie er sein Leben gestaltet.

„Wie man sich bettet, so liegt man" besagt, dass jeder sein Schicksal in der eigenen Hand hat und selbst für die Folgen seines Handelns verantwortlich ist.

Zu 103) C. In schweren Zeiten stehen einem nur wenige Freunde wirklich bei.

Das Lot ist eine alte Gewichtseinheit und entspricht 16,7 Gramm. In der Not ist der Beistand von tausend (vermeintlichen) Freunden demnach nicht gerade hoch zu bewerten. Anders gesagt: In schwierigen Situationen hat man nur wenige wirkliche Freunde.

Zu 104) B. Etwas geht nicht auf Dauer gut.

Dieses Sprichwort kann verschieden ausgelegt werden. Allgemein bedeutet es, dass alles einmal zu Ende geht. Zugespitzt kann es bedeuten, dass etwas nicht auf Dauer gut geht oder jedes Unrecht irgendwann bestraft wird.

Zu 105) D. Jemand möchte nur die Vorteile einer Sache genießen.

Dieses Sprichwort wird als Motto Leuten in den Mund gelegt, die nur die Vorteile einer bestimmten Gegebenheit genießen wollen, aber nicht bereit sind, die damit verbundenen Nachteile in Kauf zu nehmen.

Zu 106) B. Falschen Freunden vertrauen

„Eine Schlange am Busen nähren" bedeutet, unaufrichtigen Personen zu vertrauen, die nur so tun, als ob sie Freunde wären.

Zu 107) C. Ein sicherer kleiner Nutzen ist einem unsicheren großen Nutzen vorzuziehen.

Dieses Sprichwort empfiehlt, lieber einen kleinen Nutzen zu realisieren, als in der vagen Hoffnung auf einen größeren Nutzen am Ende leer auszugehen. Sicherheit vor Risiko also.

Zu 108) A. Man erwirbt etwas, ohne es vorher geprüft zu haben.

„Die Katze im Sack kaufen" bedeutet, etwas zu kaufen, ohne es zuvor gesehen und/oder geprüft zu haben. Man lässt sich auf etwas Unbekanntes ein.

Zu 109) D. Es gibt mehrere richtige Wege.

Dieses Sprichwort drückt aus, dass es oft mehrere Lösungen für ein Problem gibt und verschiedene Wege zum Ziel führen.

Zu 110) A. Vorwürfe sind oft berechtigt.

Dieses Sprichwort drückt aus, dass in Gerüchten oft ein Funke Wahrheit steckt.

Sätze bilden (Aufgaben 111–115, Musterlösungen)

Zu 111)

Verenas Auto fährt schnell.

„Vier mal fünf ist nicht acht", sagte Peter.

Achtung, da vorne steht ein Fahrrad!

Vor Aufregung ließ Frank die Schlüssel liegen.

Nicht alle Vögel fliegen südwärts.

Zu 112)

Elke liebt reife Tomaten.

Es regnet leider schon tagelang.

Das letzte Eis war richtig teuer.

Legen Sie die Radieschen einfach auf den Tisch!

Die erste Testaufgabe war relativ leicht.

Zu 113)

Freche Hunde bellen oft grundlos.

Hanna kauft Obst und frisches Gemüse.

Gib mir die Fernbedienung, oder ich hole sie mir!

Ich habe eine Schwäche für gehaltvolle Omeletts.

Gestern flog da oben ein Habicht.

Zu 114)

Der letzte November war zu kalt.

Die neue Kuckucksuhr tickt wahnsinnig laut.

Am Wochenende kehrt mein Nachbar aus London zurück.

Nächste Woche lässt sich alles klären.

Diesen lästigen Kater füttere ich nie wieder.

Zu 115)
Auf dieser Insel hatten wir perfekte Urlaubstage.
Das Praktikum im Unternehmen war spannend.
Im Prinzip kann man mit dieser Uhr nichts falsch machen.
Seine Unzuverlässigkeit ist das größte Problem.
Die Prüfung ist um 2 vorbei.

Textverständnis (Aufgaben 116–120, Musterantworten)

Zu 116) Was ist eine Gemeinde laut § 1 der nordrhein-westfälischen Gemeindeordnung?

Darauf gibt die Verordnung zwei Antworten. In § 1 Absatz (1) zunächst eine demokratietheoretische: Die Gemeinden, so ist hier zu lesen, „sind die Grundlage des demokratischen Staatsaufbaues". Rechtlich gesehen – § 1 Absatz (2) – sind sie Gebietskörperschaften. Darunter versteht man Organisationen öffentlichen Rechts, die in einem bestimmten Teil des Staatsgebiets die Gebietshoheit besitzen.

Zu 117) Welche Aufgaben hat eine Gemeinde?

Worum sich eine Gemeinde zu kümmern hat, umreißt § 8 Absatz (1): Gemeinden schaffen die für die „wirtschaftliche, soziale und kulturelle Betreuung ihrer Einwohner" nötigen öffentlichen Einrichtungen. Dazu gehören zum Beispiel Bürgerbüros, Ordnungsämter, Schulen, Bibliotheken und dergleichen mehr. Die kommunalen Angebote ergeben sich letztlich aus dem Hauptzweck des kommunalen Handelns, der darin besteht, das Wohl der Einwohner zu fördern (§ 1 Absatz (1)).

Zu 118) Welche Rechte und Pflichten der Einwohner werden erwähnt?

Rechte und Pflichten behandelt der vorliegende Text ausdrücklich in § 8 Absatz (2). Demnach hat jeder Einwohner (innerhalb des geltenden Rechts) einen Anspruch darauf, kommunale Einrichtungen zu nutzen. Gleichzeitig ist er verpflichtet, „die Lasten zu tragen", die sich aus seiner Zugehörigkeit zur Gemeinde ergeben. Anders gesagt: Der Preis dafür, kommunale Dienste nutzen zu dürfen, liegt auch darin, diese Dienste mitzufinanzieren. Daneben klingen auch in § 1 und § 77 Rechte und Pflichten an, etwa wenn vom Wohl der Einwohner, von der freien Selbstverwaltung oder von anfallenden Abgaben die Rede ist.

Zu 119) Wie finanziert sich eine Gemeinde?

Um ihre Leistungen zu finanzieren, darf eine Gemeinde nach § 77 Absatz (1) Abgaben erheben. Darunter versteht man vor allem Steuern, Gebühren und Beiträge. Im Regelfall, den Absatz (2) beschreibt, soll der kommunale Finanzbedarf durch leistungsbezogene Entgelte und Steuermittel gedeckt werden. In Ermangelung anderer (vorteilhafterer) Finanzierungsmöglichkeiten dürfen Gemeinden auch Kredite aufnehmen.

Zu 120) Welche Informationen liefert der Text zu der Frage, wer letztlich darüber entscheidet, wie eine Gemeinde verwaltet wird?

Den Kern des kommunalen Organisationsprinzips enthält § 1 Absatz (1): Gemeint ist die „freie Selbstverwaltung" der Bürgerschaft. Die Bürgerinnen und Bürger entscheiden per Wahl also selbst über die Zusammensetzung derjenigen Organe, von denen sie verwaltet werden.

Inhalte wiedergeben (Aufgaben 121–130)

Zu 121) stimmt

Wie es im letzten Absatz heißt, ist der Einsatz von Detektiven, Kameras und weiterer Anti-Diebstahltechnik wichtig und notwendig. Diese Entwicklung wird übrigens begünstigt durch verlängerte Öffnungszeiten und eine schlechtere Personalbesetzung.

Zu 122) stimmt nicht

2021 sind die angezeigten einfachen Ladendiebstähle von 304.005 auf 256.694 um 15,6 Prozent zurückgegangen.

Zu 123) stimmt nicht

In der Regel wird ein großer Teil der polizeibekannten Ladendiebstähle von Detekteien angezeigt.

Zu 124) stimmt

Die Kundschaft stahl 2021 Waren im Wert von 2,1 Milliarden Euro – das ist mehr als die Hälfte der gesamten Inventurverluste von rund vier Milliarden.

Zu 125) stimmt nicht

Der Handel investiert immerhin 1,3 Milliarden Euro in inventurverhütende Maßnahmen – beileibe kein „unerheblicher Betrag".

Zu 126) stimmt nicht

Die Inventurverluste belaufen sich im Schnitt auf ein Prozent des Bruttoumsatzes; der Text spricht von einer „erheblichen" Schmälerung der Rendite.

Zu 127) stimmt nicht
Das Personal im Einzelhandel wird für Verluste von 810 Millionen Euro verantwortlich gemacht.

Zu 128) stimmt nicht
Lieferanten und Servicekräfte verursachen einen Schaden von 320 Millionen Euro. Eigene Fehlplanung, also organisatorische Mängel, schlägt sich mit 870 Millionen Euro nieder.

Zu 129) stimmt nicht
2021 wurden gut 250.000 Anzeigen wegen Ladendiebstahls erstattet. Über 99 Prozent der Diebstähle bleiben somit ohne rechtliche Konsequenzen.

Zu 130) stimmt nicht
Ware, die entwendet wird, wird nicht an den Kassen abgerechnet und fließt somit nicht in den Umsatz ein. Für entwendete Ware erhält der Staat keine Steuern, die Verluste sind für Unternehmen gewinnschmälernd.

Fremdsprachenkenntnisse

Englisch: Wortbedeutungen   *Bearbeitungszeit 3 Minuten*

Geben Sie die korrekte Bedeutung des englischen Wortes wieder, indem Sie den richtigen Lösungsbuchstaben markieren.

1) to brake
A. stören
B. beugen
C. biegen
D. bremsen
E. brechen

2) to hide
A. verzögern
B. aufsteigen
C. abschwächen
D. verbergen
E. bemängeln

3) to read
A. lesen
B. schreiben
C. hören
D. sprechen
E. riechen

4) to earn
A. verdienen
B. bemerken
C. beschließen
D. verhören
E. vertreiben

5) intention
A. Beachtung
B. Absicherung
C. Klarheit
D. Verhandlung
E. Absicht

6) eventually
A. möglicherweise
B. schließlich
C. festlich
D. gelegentlich
E. unabhängig

7) conscience
A. Gewissen
B. Bewusstsein
C. Übereinstimmung
D. Selbstsicherheit
E. Wachsamkeit

8) ridiculous
A. ritterlich
B. extrem
C. lächerlich
D. herausragend
E. unsicher

9) incident
A. Entscheidung
B. Entzündung
C. Unentschlossenheit
D. Vorfall
E. Auffälligkeit

10) obvious
A. verdächtig
B. abwegig
C. offensichtlich
D. unentschlossen
E. absurd

Englisch: Rechtschreibung

Bearbeitungszeit 5 Minuten

Welche Schreibweise stimmt? Beantworten Sie bitte die folgenden Aufgaben, indem Sie jeweils den richtigen Lösungsbuchstaben markieren.

11) Wie lautet die englische Schreibweise für: „Wer den Pfennig nicht ehrt, ist des Talers nicht wert"?
- A. Take care of the pence and the pounds will take care of themselves.
- B. Take care of the pense and the ponds will take care of themselves.
- C. Take care of the pence and the ponds wil take car of themselves.
- D. Tak care of the pence ond the pounds will take care of themselfs.
- E. Keine Antwort ist richtig.

12) Wie lautet die englische Schreibweise für: „Vorsicht ist besser als Nachsicht"?
- A. Discretion is the better part off valour.
- B. Discretion is the better part of valuor.
- C. Discretion is the beter part of valuor.
- D. Discretion is the better part of valour.
- E. Keine Antwort ist richtig.

13) Wie lautet die englische Schreibweise für: „Hunger ist der beste Koch"?
- A. Hunger is the best sauce.
- B. Hunger is the best souce.
- C. Hunger is the best soce.
- D. Hunger is the best source.
- E. Keine Antwort ist richtig.

14) Wie lautet die englische Schreibweise für: „Was du heute kannst besorgen, das verschiebe nicht auf morgen"?
- A. There's no time like the present.
- B. There's not time like the present.
- C. Theres no time like the present.
- D. There's now time like the present.
- E. Keine Antwort ist richtig.

15) Wie lautet die englische Schreibweise für: „Jeder ist seines Glückes Schmied"?
A. Every man is the architect of his own fortune.
B. Everyman is the architect of his own fortune.
C. Every man is the arcitect of his own fortune.
D. Every man is the architect of his own fortun.
E. Keine Antwort ist richtig.

16) Wie lautet die englische Schreibweise für: „Kleider machen Leute"?
A. Clothes makes the man.
B. Clothe makes the man.
C. Clothes make the man.
D. Clouthes make the man.
E. Keine Antwort ist richtig.

17) Wie schreibt sich das englische Wort für „verdächtig"?
A. susspicius
B. suspicius
C. suspicious
D. suspetious
E. suspitious

18) Wie schreibt sich das englische Wort für „verschwinden"?
A. disapear
B. dissapeer
C. disappear
D. disseppear
E. disepeer

19) Wie schreibt sich das englische Wort für „verfügbar"?
A. evailable
B. eveilabel
C. aveilabel
D. available
E. aweilable

20) Wie schreibt sich das englische Wort für „Bekanntschaft"?
A. accuaintance
B. aquaintanse
C. equaintance
D. accquaintance
E. acquaintance

Englisch: Grammatik Lückentext *Bearbeitungszeit 5 Minuten*

Finden Sie heraus, welche Wörter in die Leerstellen eingesetzt werden müssen, damit sich ein sinnvoller Satz ergibt.

Hierzu ein Beispiel

Aufgabe

1) His _____ car is new. How much _____ it cost?
- A. fathers | is
- B. father's | did
- C. feather's | have
- D. furthers | has been
- E. father's | had been

Antwort

(B.) father's | did

His father's car is new. How much did it cost?

Da Genitiven im Englischen ein „s" mit Apostroph angehängt wird, kommen nur die Möglichkeiten B, C und E in Frage. „Feather" bedeutet jedoch „Feder" und nicht etwa „Vater": Somit scheidet Satz C aus. Für die zweite Leerstelle gibt es überhaupt nur einen korrekten Vorschlag, nämlich „did": „How much is it cost?" (Antwort A) ist keine korrekte Frage, und auch „have" (Antwort C) liegt grammatikalisch falsch, da es nicht zum Subjekt „it" in der 3. Person passt. Setzt man „has been" oder „had been" ein, ist zum einen der Satzbau falsch („How much has/have been it cost?"), zum anderen stimmen die Zeitformen – present perfect progressive und past perfect progressive, beides Verlaufsformen – nicht mit „cost" überein, das nicht in einer Verlaufsform steht.

Bitte bearbeiten Sie nun die Aufgaben: Markieren Sie den Lösungsbuchstaben des einzusetzenden Ausdrucks. Sie haben dafür **5 Minuten** Zeit.

21) _____, the better he feels.
A. If he earns more money
B. When he earns more money
C. More money he earns
D. The more money he earns
E. He makes more money

22) He can read very _____.
A. good
B. well
C. goodly
D. goodfully
E. fine

23) Please get me some beer when you _____ to the pub.
A. go
B. are go
C. will going
D. are went
E. went

24) We have a _____, you can _____ 90 % off.
A. sell | get
B. sale | get
C. sale | become
D. cell | become
E. for sale | act

25) Mandy and Tom _____ out every day.
A. are using to go
B. were using to go
C. were used to go
D. used to go
E. Keine Antwort ist richtig.

26) Sara told her mother that she didn't have _____ today.
A. many homeworks
B. much homeworks
C. much homework
D. many homework
E. Keine Antwort ist richtig.

27) A few of _____ are going to the club.
A. mens
B. us men
C. we mans
D. ours men
E. we men

28) She would have paid _____ for her new dress.
A. as much twice
B. times two
C. much twice
D. twice as much
E. Keine Antwort ist richtig.

29) _____ you like to visit us, since your husband isn't at home this weekend?
A. Will
B. Won't
C. Wouldn't
D. Want
E. Does

30) _____ a cat on the chair.
A. He's
B. They're
C. Theirs
D. There's
E. Keine Antwort ist richtig.

Englisch: Sätze übersetzen

Bearbeitungszeit 5 Minuten

Wie lautet der vorgegebene deutsche Satz auf Englisch?

Beantworten Sie bitte die folgenden Aufgaben, indem Sie den Lösungsbuchstaben der korrekten Übersetzung markieren.

31) Wir haben bereits gestern darüber geredet.
A. Already yesterday talked about it we have.
B. Talked about it yesterday have we already.
C. Have we talked it about already yesterday?
D. We already talked about it yesterday.
E. We have already yesterday about talked.

32) Während Thomas schlief, hat jemand sein Gepäck geklaut.
A. When Thomas is sleeping, somebody stole his package.
B. While Thomas was sleeping, somebody stealed his baggage.
C. While Thomas was sleeping, somebody stole his baggage.
D. Thomas lost his baggage during the flight.
E. Thomas was stealing somebody's baggage, when he sleeps.

33) Es ist mir egal.
A. I care not.
B. For me its equal.
C. I dont mind.
D. I don't care.
E. Keine Antwort ist richtig.

34) Es tut mir leid, aber die Ware ist bereits ausverkauft.
A. It makes me sorry, but the ware is ready out selled.
B. I'm sorry, but the goods were sold.
C. I'm sorry, but the goods are already sold out.
D. Are you sorry, you have sold out the goods?
E. I'm glad, you haven't sold out the goods.

35) Wo ein Wille ist, ist auch ein Weg.
A. Where there's a Will, there's a way.
B. Where's a will, there's away.
C. Where there's a will, there's a way.
D. Where a want is, is a way.
E. Keine Antwort ist richtig.

36) Besser spät als nie.
A. Better late than never.
B. Better late as never.
C. Better late then never.
D. Batter late as never.
E. Keine Antwort ist richtig.

37) Man sollte für Prüfungen immer gut vorbereitet sein.
A. You have to prepare yourself good for Testings.
B. Man should him check better for Tests.
C. You should always be well prepared for an exam.
D. You should always be good prepared for an exam.
E. Never prepare for an exam.

38) Wie kommst du denn auf so etwas?
A. How you get this idea?
B. Whatever gave you that idea?
C. How you come on this idea?
D. Where do you find that idea?
E. Do you have a big fantasy?

39) Hatten Sie eine gute Reise?
A. A journey good have had you?
B. Have you had a good journey?
C. Have had you a journey good?
D. You had have a good journey?
E. Had have a journey good you?

40) Entschuldigen Sie bitte, kann ich auch mit Kreditkarte zahlen?
A. Excuse me, can I pay with credit card?
B. Excuse me, can I pay by credit card?
C. Excuse me, but you have to pay by credit card!
D. Excuse me, do you have a credit card?
E. Excuse me, can I pay by creditcard?

Englisch: Kundengespräch

Bearbeitungszeit 5 Minuten

Now you slip into the role of a shop assistant at a wholesale market.

Can you respond appropriately to the following requests? Please answer each exercise by marking the letter of the missing phrase.

41) You are working behind the till at a wholesale market. A woman approaches you and says: "Excuse me, do you speak English?"
You reply: "Yes, I do. _____ "

A. What do you want?
B. What can I get you?
C. What do you do?
D. What can I do for you?
E. What are you needing?

42) The woman pulls a brochure out of her bag and answers: "I _____ the oranges on special offer."

A. look for
B. am looking for
C. am looking after
D. am searching behind
E. am browsing through

43) You take a look at the date on the brochure and tell the customer: "I'm very sorry, Madam, that brochure is old, it isn't _____ any more."

A. valid
B. actual
C. valuable
D. currently
E. modern

44) The customer says: "What a pity! _____ are the oranges today, then?"

A. How
B. However
C. How much
D. How many
E. How money

45) Unfortunately you don't know each individual price. So you say:
"Sorry, I don't know that. But the fruit department is right over there, and I'm sure my _____ can help you."
A. chef
B. college
C. colleague
D. workmate
E. employer

46) The woman thanks you for your advice and leaves. After a short while, she reappears at your till with a full shopping cart. This being a wholesale market, you ask:
"_____ I see your customer card?"
A. Must
B. May
C. Should
D. Will
E. Do

47) The customer responds:
"I need this for the sports club, for the student exchange. I don't have a customer card yet, but here is my _____ of the sports club."
A. driver's license
B. passport
C. boarding card
D. customer card
E. membership card

48) Subsequently you inform the customer:
"I'm sorry, you _____ here without a customer card."
A. can't buy anything
B. can't buy something
C. can't buy everything
D. can't buy many things
E. can buy nothing

49) Before the costumer gets upset, you add:
"If you have an ID card with you, you can go to the information right now and _____ a customer card. It won't take long."
A. appease
B. apply
C. apply for
D. apply to
E. appear at

50) The customer says "Thank you very much!" and you reply:
A. "Please!"
B. "Please you very much!"
C. "You too!"
D. "See you later!"
E. "You're welcome!"

Lösungen: Fremdsprachenkenntnisse

1) D	18) C	35) C
2) D	19) D	36) A
3) A	20) E	37) C
4) A	21) D	38) B
5) E	22) B	39) B
6) B	23) A	40) B
7) A	24) B	41) D
8) C	25) D	42) B
9) D	26) C	43) A
10) C	27) B	44) C
11) A	28) D	45) C
12) D	29) C	46) B
13) A	30) D	47) E
14) A	31) D	48) A
15) A	32) C	49) C
16) C	33) D	50) E
17) C	34) C	

Englisch: Wortbedeutungen (Aufgaben 1–10)

Zu 1) **D.** bremsen

Zu 2) **D.** verbergen

Zu 3) **A.** lesen

Zu 4) **A.** verdienen

Zu 5) **E.** Absicht

Zu 6) **B.** schließlich

Zu 7) **A.** Gewissen

Zu 8) **C.** lächerlich

Zu 9) **D.** Vorfall

Zu 10) **C.** offensichtlich

Englisch: Rechtschreibung (Aufgaben 11–20)

Zu 11) **A.** Take care of the pence and the pounds will take care of themselves.

Zu 12) **D.** Discretion is the better part of valour.

Zu 13) **A.** Hunger is the best sauce.

Zu 14) A. There's no time like the present.

Zu 15) A. Every man is the architect of his own fortune.

Zu 16) C. Clothes make the man.

Zu 17) C. suspicious

Zu 18) C. disappear

Zu 19) D. available

Zu 20) E. acquaintance

Englisch: Grammatik Lückentext (Aufgaben 21–30)

Zu 21) D. The more money he earns

The more money he earns, the better he feels.

Übersetzt: „Je mehr Geld er verdient, desto besser fühlt er sich." Der einzufügende Satzteil muss also die Formel „Je mehr ... desto besser ..." einleiten, was nur mit Antwort D gelingt.

Zu 22) B. well

He can read very well.

Übersetzt: „Er kann sehr gut lesen." Die englische Übersetzung für „gut" scheint zunächst sehr naheliegend, nämlich „good". Doch als Adverb – wenn etwas „gut gemacht" wird, wenn jemand „gut lesen" kann, wenn sich das „gut" also auf ein Tätigkeitswort bezieht – verwendet man nicht „good", sondern „well". Antwort C ist der unmögliche Versuch, aus „good" durch ein angefügtes „-ly" ein Adverb zu erstellen und ebenso falsch konstruiert wie „goodfully". „Fine" ist kein Adverb, bedeutet in manchen Wendungen aber auch „gut": „How are you?" – „Fine, thank you".

Zu 23) A. go

Please get me some beer when you go to the pub.

Übersetzt: „Bitte bring mir Bier mit, wenn du zur Kneipe gehst." Antwort A stimmt. Vorschlag B versucht mit „are" irrtümlich eine Verlaufsform zu bilden, was überdies nur mit „going" gelänge. Alternative C rückt die Zukunftsform eines hier gar nicht benötigten Hilfsverbs („will") unzulässigerweise direkt an die Verlaufsform „going". Ähnlich krude mischt Möglichkeit D die Gegenwartsform „are" mit der Vergangenheitsform „went". Auch das alleinstehende „went" in Antwort E kommt nicht infrage für eine Aufforderung, die sich auf etwas Zukünftiges bezieht.

Zu 24) B. sale | get

We have a sale, you can get 90 % off.

Übersetzt: „Wir haben einen Ausverkauf, Sie können 90 % Rabatt bekommen." Antwort A nutzt mit „to sell" („verkaufen") ein Verb, gebraucht wird jedoch ein Substantiv. Auch die Vorschläge C und D fallen weg, da „become" auf Deutsch nicht „bekommen", sondern „werden" bedeutet. Möglichkeit E geht mit „to act" („handeln", „darstellen") völlig fehl. Richtigerweise müsste es „get" heißen, wie in der korrekten Lösung B.

Zu 25) D. used to go

Mandy and Tom used to go out every day.

Übersetzt: „Mandy und Tom waren es gewohnt, jeden Tag auszugehen." Die Verlaufsform „using" (Vorschläge A und B) kommt für regelmäßig wiederholte Aktivitäten („every day") nicht infrage; „were used" (Möglichkeit C) bedeutet „wurden benutzt".

Zu 26) C. much homework

Sara told her mother that she didn't have much homework today.

Übersetzt: „Sara sagte ihrer Mutter, dass sie heute nicht viele Hausaufgaben habe." Da „homework" bereits im Plural steht – das Wort ist überhaupt nur in der Mehrzahl gebräuchlich – stimmen die Pluralkonstruktionen der Antworten A und B mit angehängtem „s" nicht. Ob nun „much" oder „many" zu verwenden ist, richtet sich nach der Zählbarkeit des Bezugsworts: Zählbare Substantive können eine Mehrzahl bilden („friend" – „friends") und werden mit „many" verwendet; nicht zählbare Substantive wie „homework" verlangen nach „much".

Zu 27) B. us men

A few of us men are going to the club.

Übersetzt: „Einige von uns Männern gehen in den Club." Antwort A bildet den Plural fälschlicherweise mit angehängtem „s", die Möglichkeiten C und E ziehen außerdem noch das falsche Personalpronomen „we" hinzu. Antwort D ist mit „ours" nicht viel besser. Somit kommt nur B infrage.

Zu 28) D. twice as much

She would have paid twice as much for her new dress.

Übersetzt: „Sie hätte für ihr neues Kleid auch doppelt so viel bezahlt." Die Formel „doppelt so viel" wird im Englischen mit „twice as much" richtig gebildet, wie in Vorschlag D angegeben.

Zu 29) C. wouldn't

Wouldn't you like to visit us, since your husband isn't at home this weekend?

Übersetzt: „Hättest du nicht Lust, uns zu besuchen, da dein Mann am Wochenende nicht zuhause ist?" Antwort E entfällt bereits aufgrund der falschen Personalform (3. Person, richtig wäre 2. Person). „Want" („wollen") passt weder grammatisch noch inhaltlich in die Satzkonstruktion. „Will you" (Antwort A) bedeutet „wirst du", „won't" heißt übersetzt „wirst du nicht" – beides etwas zu forsch für eine englische Frage, die höflicherweise mit „würde" („would") gebildet wird.

Zu 30) D. There's
There's a cat on the chair.
Übersetzt: „Dort ist eine Katze auf dem Stuhl". Einzusetzen ist die Ortsangabe „dort ist" – dies gelingt weder durch Antwort A („he's" – „er ist") noch durch die Vorschläge B („they're" – „sie sind") oder C: das Possessivpronomen „theirs" („ihrer", „ihres") zeigt ein Besitzverhältnis mehrerer Leute an. Somit kommt nur Möglichkeit D mit dem Demonstrativpronomen „there" („dort") infrage.

Englisch: Sätze übersetzen (Aufgaben 31–40)

Zu 31) D. We already talked about it yesterday.

Zeitangaben stehen im Englischen am Satzanfang oder -ende – somit entfallen die Antworten A, B und E. Die in Vorschlag C formulierte Frage kommt als Übersetzung eines Aussagesatzes sicher nicht in Betracht, sodass nur Antwort D übrig bleibt.

Zu 32) C. While Thomas was sleeping, somebody stole his baggage.

Wie der Aufgabensatz muss auch die Übersetzung in der Vergangenheit stehen: Antwort A mit der Präsensform „is sleeping" – und der Falschübersetzung „package" („Paket") – scheidet daher aus. In Vorschlag B ist das unregelmäßige Verb „to steal" falsch konjugiert. Satz D (übersetzt: „Thomas hat sein Gepäck während des Fluges verloren") schildert eine gänzlich andere Situation, und in Vorschlag E ist Thomas gar selbst der Dieb. Inhaltlich und grammatisch richtig ist allein Antwort C.

Zu 33) D. I don't care.

Die richtige Antwort lautet D, „I don't care". Die Sätze A und B sind falsch gebildet. Möglichkeit B unterschlägt außerdem noch einen Apostroph („its"), ebenso wie Vorschlag C („dont"), der darüber hinaus etwas anderes bedeutet, nämlich „es macht mir nichts aus".

Zu 34) C. I'm sorry, but the goods are already sold out.

Als Fragesatz scheidet Antwort D aus, und auch Vorschlag B kommt nicht infrage: „were sold" bedeutet „wurden verkauft" und nicht „ist ausverkauft". Antwort A disqualifiziert sich zum einen durch den veralteten Ausdruck „ware" – gebräuchlicher sind „goods", „merchandise" oder „product" – zum anderen durch die falsche Wortbildung: Bei „out selled" (statt „sold out") stimmt weder die Vergangenheitsform noch die Wortreihenfolge. Da Antwort E inhaltlich vollkommen falsch liegt („Ich bin froh, dass Du die Waren nicht ausverkauft hast"), kann nur Vorschlag C korrekt sein.

Zu 35) C. Where there's a will, there's a way.

Antwort C stimmt. Substantive schreibt man im Englischen in der Regel klein, folglich wäre das großgeschriebene „Will" in Satz A höchstens als Eigenname zulässig – um die Person Will geht es jedoch nicht. Das zusammengeschriebene „away" (Antwort B) bedeutet so viel wie „entfernt". Auch Vorschlag D liegt falsch: Als Verb heißt „want" zwar „wollen", doch als Substantiv ist es mit „Bedarf" oder „Bedürfnis" zu übersetzen. Obendrein lehnt sich hier der Satzbau zu stark ans Deutsche an.

Zu 36) A. Better late than never.

Antwort A stimmt. Nur hier sind alle Wörter richtig geschrieben und durch die passende Konjunktion „than" verbunden. „Then" (Antwort C) bedeutet „dann", und „as" (Satz D) wird in Vergleichen ungleicher Elemente („mehr als", „schlechter als", „schneller als") nicht verwendet.

Zu 37) C. You should always be well prepared for an exam.

Das Wort „testings" (Antwort A) gibt es im Englischen nicht; die „Prüfung" wird im englischen Plural zu „tests" oder „exams". Antwort B ist mit „man should" für „man sollte" zu wörtlich und damit falsch übersetzt, auch der Satzaufbau stimmt hier nicht. Vorschlag E geht inhaltlich fehl: „Never prepare for an exam" bedeutet „Bereite dich nie auf eine Prüfung vor". Übrig bleiben die Möglichkeiten C und D – heißt es nun „well prepared" oder „good prepared"? Der Unterschied: Das Adjektiv „good" bezieht sich auf ein Substantiv, das Adverb „well" auf ein Verb, Adjektiv oder Adverb. Zum Beispiel: „You should always be well prepared (Adverb + Adjektiv) for an exam", aber: „You should always be in good shape (Adjektiv + Substantiv) for an exam". Die richtige Antwort ist demnach C.

Zu 38) B. Whatever gave you that idea?

Antwort E erscheint nicht als englischer Satz, sondern als mangelhafte Übersetzung der Frage „Hast du eine große Fantasie?". Antwort D verwendet mit „find" („finden") ein unangemessenes Verb. Antwort C ist zu nahe am Deutschen: „How you come on this idea?" ist eine wörtliche (und falsche) Anlehnung an „Wie bist du denn auf die Idee gekommen?". Antwort A kommt dem vorgegebenen Satz zwar recht nahe, doch zur Vollständigkeit fehlt das Hilfsverb „did". Nach dem Ausschlussprinzip kommt nur Antwort B infrage.

Zu 39) B. Have you had a good journey?

Als richtige Antwort kommt nur Vorschlag B in Betracht. Bei allen anderen Antworten stimmt der Satzbau nicht, da „have", „had" und „you" – wenn überhaupt vorhanden – an falschen Positionen stehen.

Zu 40) B. Excuse me, can I pay by credit card?

Anders als im Deutschen schreibt man „Kreditkarte" im Englischen getrennt („credit card"), daher scheidet Antwort E aus. Auch der Aussagesatz C kommt als Übersetzung einer Frage nicht in Betracht. In Satz D wird fälschlicherweise nach dem Besitz einer Kreditkarte gefragt – somit bleibt die Auswahl zwischen den Antworten A und B, zwischen den Präpositionen „by" und „with". Beide können „mit" bedeuten. Der Unterschied: „with" bezieht sich üblicherweise auf einen spezifischen Gegenstand und zieht dann ein Personalpronomen oder einen Artikel nach sich („can I pay with my credit card"), während „by" generelle Methoden („mit Kreditkarte zahlen") benennt und insofern alleine stehen kann. Antwort B ist also korrekt.

Englisch: Kundengespräch (Aufgaben 41–50)

Zu 41) D. What can I do for you?
"Yes, I do. *What can I do for you?* "
Übersetzt: „Ja, spreche ich. Was kann ich für Sie tun?"

Ein Verkäufer an der Kasse fragt Kunden üblicherweise nicht „Was kann ich Ihnen bringen?" (Antwort B), „Was machen Sie beruflich?" (Vorschlag C) oder „Was brauchen Sie jetzt gerade?" (Antwort E). Möglichkeit A („Was wollen Sie?") ist eine ziemlich unhöfliche Art der Kundenansprache. Übrig bleibt Lösung D mit der Frage: "Was kann ich für Sie tun?"

Zu 42) B. am looking for

"I _am looking for_ the oranges on special offer."

Übersetzt: "Ich suche die Orangen im Sonderangebot."

Die Kundin möchte sicher nicht mitteilen, dass sie etwas hinter den Orangen im Sonderangebot sucht („search behind"), wie Variante D nahelegt. Vorschlag E („to browse through") bedeutet „durchstöbern" – auch dieses Verb ist im Satzzusammenhang unlogisch. Vorschlag C („to look after") heißt so viel wie „sich kümmern um". Bei Antwort A stimmt zwar das Verb („to look for" – „suchen"), es steht aber nicht in der benötigten Verlaufsform. Richtig ist also Möglichkeit B („am looking for").

Zu 43) A. valid

"I'm very sorry, Madam, that brochure is old, it isn't _valid_ any more."

Übersetzt: "Das tut mir leid, der Prospekt ist alt, er ist nicht mehr gültig."

Hier sind gute Vokabelkenntnisse gefragt. Dass der Prospekt nicht mehr gültig ist, drücken Sie mit dem Adjektiv „valid" (Vorschlag A) aus. Das ähnlich klingende „valuable" aus Antwort C bedeutet „wertvoll". Möglichkeit B kann man leicht mit dem deutschen Wort „aktuell" verwechseln – „actual" heißt aber „tatsächlich". Antwort D liegt mit „currently" („momentan") falsch. Dass der Prospekt nicht mehr modern sei (Antwort E), ist im vorliegenden Zusammenhang eine unsinnige Aussage.

Zu 44) C. How much

"What a pity! _How much_ are the oranges today, then?"

Übersetzt: "Wie schade! Was kosten die Orangen denn heute?"

"How are the oranges today, then?" (Antwort A) bedeutet "Wie geht es den Orangen denn heute?", was offensichtlich keinen Sinn ergibt. Mit Vorschlag B, dem Adverb „however" („allerdings"), lässt sich keine Frage einleiten. Mit Möglichkeit D („how many" – „wie viele") würde es um die Anzahl gehen. Vorschlag E („how money" – „wie Geld") ist schlicht Kauderwelsch. Nach dem Preis fragt man im Englischen mit „How much is/are …" („Wieviel kostet/kosten …"), wie es Antwort C vorgibt.

Zu 45) C. colleague

"Sorry, I don't know that. But the fruit department is right over there, and I'm sure my _colleague_ can help you."

Übersetzt: „Tut mir leid, das weiß ich nicht. Aber die Obstabteilung ist gleich da drüben und ich bin sicher, mein Kollege kann Ihnen helfen."

Der Kollege schreibt sich im Englischen „colleague" (Antwort C) – auf den ersten Blick leicht zu verwechseln mit „college" (Antwort B), was jedoch eine höhere Schule oder Hochschule in englischsprachigen Ländern bezeichnet. „Workmate" (Vorschlag D) bedeutet zwar auch „Kollege", ist aber für ein Kundengespräch zu umgangssprachlich. Den Arbeitgeber („employer", Antwort E) oder den Chefkoch („chef", Antwort A) zurate zu ziehen, wäre abwegig.

Zu 46) B. May

"_May_ I see your customer card?"

Übersetzt: „Darf ich Ihre Kundenkarte sehen?"

Üblicherweise verkaufen Großhändler nicht an Privatkunden, sondern nur an Gewerbetreibende sowie an Vereine und ähnliche Einrichtungen. Zum Nachweis ihrer Kaufberechtigung muss die Kundin daher ihre Kundenkarte vorzeigen. Es wäre also unstimmig, wenn sich die Verkäuferin unsicher erkundigt, ob sie die Kundenkarte sehen muss („must", Antwort A), sehen sollte („should", Vorschlag C), sehen wird („will", Möglichkeit D) oder gerade sieht („Do I see ...", Antwort E). Angebracht ist die höfliche Nachfrage „Darf ich Ihre Kundenkarte sehen?" die im Englischen mit „may" eingeleitet wird.

Zu 47) E. membership card

"I need this for the sports club, for the student exchange. I don't have a customer card yet, but here is my _membership card_ of the sports club."

Übersetzt: „Ich brauche das für den Sportverein, für den Schüleraustausch. Ich habe noch keine Kundenkarte, aber hier ist mein Mitgliedsausweis des Sportvereins."

Zum Nachweis der Mitgliedschaft im Sportverein taugt weder ein Führerschein („driver's license", Antwort A) noch ein Pass („passport", Vorschlag B) und erst recht keine Flugzeug-Bordkarte („boarding card", Möglichkeit C). Und eine Kundenkarte („customer card", Antwort D) besitzt die Kundin noch nicht – also legt sie ihren Mitgliedsausweis vor („membership card", Antwort E).

Zu 48) A. can't buy anything

"I'm sorry, you _can't buy anything_ here without a customer card."

Übersetzt: „Ich bedaure, Sie können hier nichts ohne Kundenkarte kaufen."

Die Verneinung „etwas nicht können" wird im Englischen gebildet, indem man das Modalverb „can" in verneinter Form mit dem Pronomen „anything" („etwas, alles") kombiniert. Antwort A ist also korrekt. Das Pronomen „something" (Vorschlag B) bedeutet zwar auch „etwas", wird aber nicht in Verneinungen verwendet. Antwort E („can buy nothing") ist eine wortwörtliche und falsche Übersetzung aus dem Deutschen. Vollkommen fehl gehen die Möglichkeiten C („You can't buy everything" – „Sie können nicht alles kaufen") und D („You can't buy many things" – „Sie können nicht viele Dinge kaufen").

Zu 49) C. apply for

"If you have an ID card with you, you can go to the information right now and _apply for_ a customer card. It won't take long."

Übersetzt: „Wenn Sie einen Ausweis bei sich haben, können Sie sofort zur Information gehen und eine Kundenkarte beantragen. Das dauert nicht lange."

Die Vorschläge A und E können Sie schnell ausschließen: „to appease" bedeutet „beschwichtigen", „to appear" heißt soviel wie „erscheinen". „Etwas beantragen" wird richtig mit „to apply for" übersetzt, wobei die Präposition entscheidend ist: Steht das Verb für sich allein (Möglichkeit B), bedeutet es „anwenden, auftragen", und „apply to" (Antwort D) heißt „sich beziehen auf".

Zu 50) E. "You're welcome!"

"Thank you very much!" – _"You're welcome!"_

Übersetzt: „Dankeschön!" – „Gern geschehen!"

Auf ein „Dankeschön" folgt üblicherweise ein „Bitteschön/Gern geschehen/Nichts zu danken". Diese Wendung kann nicht wörtlich mit „Please" übersetzt werden, wie es Vorschlag A versucht. Mit Antwort B ergibt sich eine Formel, die im Englischen nicht existiert. Hölzern und ungebräuchlich wäre die Entgegnung „Ihnen auch" („You too", Antwort C). Da der Text keine Anhaltspunkte dafür liefert, dass Sie die Kundin persönlich kennen, ist ein „bis später" (Antwort D) ebenfalls unangebracht. Richtig ist „You're welcome" (Antwort E).

Mathematik

Bruchrechnen
Bearbeitungszeit 10 Minuten

Beantworten Sie bitte die folgenden Aufgaben, indem Sie jeweils den Lösungsbuchstaben des richtigen Ergebnisses bestimmen.

1) $\frac{10}{4} - \frac{4}{2} = ?$ A. $\frac{6}{4}$ B. $\frac{1}{4}$ C. $\frac{6}{2}$ D. $0{,}5$ E. Keine Antwort ist richtig.

2) $\frac{10}{4} + \frac{4}{2} = ?$ A. $\frac{14}{4}$ B. $\frac{14}{2}$ C. $\frac{18}{4}$ D. $\frac{14}{6}$ E. Keine Antwort ist richtig.

3) $\frac{10}{4} \div \frac{4}{2} = ?$ A. $\frac{40}{8}$ B. $\frac{2}{2}$ C. $\frac{5}{4}$ D. $\frac{2}{4}$ E. Keine Antwort ist richtig.

4) $\frac{10}{4} \times \frac{4}{2} = ?$ A. 2 B. 3 C. 4 D. 5 E. Keine Antwort ist richtig.

5) $4\frac{8}{4} = ?$ A. 4 B. 6 C. 8 D. 10 E. Keine Antwort ist richtig.

6) $\frac{4}{8} \times 3 = ?$ A. $\frac{10}{8}$ B. $\frac{28}{8}$ C. $\frac{4}{24}$ D. $1\frac{1}{2}$ E. Keine Antwort ist richtig.

7) $6\frac{2}{4} \times 2\frac{2}{4} = ?$ A. $\frac{260}{4}$ B. 13 C. $16{,}25$ D. 65 E. Keine Antwort ist richtig.

8) $6\frac{2}{4} \div 2\frac{2}{4} = ?$ A. $3\frac{2}{4}$ B. $2{,}6$ C. $\frac{1}{4}$ D. 4 E. Keine Antwort ist richtig.

9) $\frac{1}{3} - 3 + 3\frac{2}{3} - 1{,}5 + 9{,}5 = ?$ A. 8 B. 9 C. 10 D. 11 E. Keine Antwort ist richtig.

10) $40 \times \frac{1}{4} + \frac{2}{4} + 1.029 + 0{,}5 = ?$ A. 1.020 B. 1.041 C. 1.051 D. 1.040 E. Keine Antwort ist richtig.

Kopfrechnen

Bearbeitungszeit 10 Minuten

Bei dieser Aufgabe geht es darum, einfache Rechnungen im Kopf zu lösen.
Bitte benutzen Sie **keinen Taschenrechner** und machen Sie **keine schriftlichen Nebenrechnungen**. Die **Punkt-vor-Strich-Regel gilt hier nicht!**
Beantworten Sie bitte die folgenden Aufgaben, indem Sie jeweils das richtige Ergebnis eintragen.

11) $27 \div 3 + 18 \div 3 \times 2 + 118 - 30 \div 2 + 3 \div 7 \div 2 + 16 =$ _____

12) $13 - 5 \times 6 \div 4 \div 3 + 4 + 6 - 3 \times 2 + 17 \div 3 + 12 \div 5 + 6 \times 2 =$ _____

13) $2 \times 2 + 2 \div 2 + 2 \times 2 - 2 + 22 \div 2 + 2 \times 2 - 2 \times 2 + 2 =$ _____

14) $9 \times 2 + 9 \div 3 \times 9 - 3 \div 6 + 15 \div 4 \times 5 + 11 \div 2 - 5 \div 6 + 78 \div 9 =$ _____

15) $24 + 17 \times 2 + 3 \div 5 + 4 \div 7 \times 2 + 19 \div 5 + 1 \times 8 + 7 =$ _____

16) $9 \times 4 \div 6 \times 3 + 4 - 3 \times 2 + 4 \div 6 \times 5 + 2 =$ _____

17) $18 + 4 \div 2 + 9 - 3 \times 4 - 2 \div 2 + 2 - 5 \div 5 \times 3 \div 2 =$ _____

18) $1 \times 2 + 3 \times 4 - 5 \times 2 + 15 \div 9 \times 10 - 11 \div 3 =$ _____

19) $9 \times 8 \div 6 - 5 \times 7 + 6 \div 5 + 9 \times 3 \div 2 - 1 =$ _____

20) $3 \times 6 \div 9 + 3 \times 9 \div 3 \times 2 - 3 \times 2 \div 9 =$ _____

Rechenzeichen ergänzen

Bearbeitungszeit 10 Minuten

Welche Rechenzeichen (+, –, ×, ÷) müssen in die Felder eingefügt werden, damit das jeweilige Endergebnis stimmt?
Bedenken Sie, dass dabei die Punkt-vor-Strich-Regel gilt.

Hierzu ein Beispiel

Aufgabe

1) 2 ___ 6 ___ 3 = 15

Antwort

1) 2 × 6 + 3 = 15

Es gibt nur eine Möglichkeit, die Aufgabe korrekt zu vervollständigen.

Beantworten Sie bitte die folgenden Aufgaben, indem Sie jeweils die richtigen Operatoren eintragen.

21) 2 ___ 3 ___ 2 = 12

22) 8 ___ 7 ___ 4 = 14

23) 9 ___ 3 ___ 5 = 8

24) 7 ___ 8 ___ 4 = 5

25) 1 ___ 4 ___ 4 = 17

26) 7 ___ 9 ___ 3 = 10

27) 8 ___ 2 ___ 1 = 7

28) 14 ___ 2 ___ 7 = 4

29) 18 ___ 3 ___ 2 = 4

30) 16 ___ 2 ___ 8 = 4

31) 7 ___ 2 ___ 3 = 1

32) 15 ___ 3 ___ 4 = 9

33) 2 ___ 8 ___ 7 = 9

34) 9 ___ 3 ___ 4 = 12

35) 6 ___ 4 ___ 5 = 19

36) 12 ___ 2 ___ 8 = 16

37) 3 ___ 6 ___ 2 = 9

38) 17 ___ 9 ___ 3 = 11

39) 11 ___ 6 ___ 2 = 8

40) 7 ___ 2 ___ 9 = 5

Mathematik

Schätzaufgaben   *Bearbeitungszeit 5 Minuten*

Versuchen Sie nicht, die folgenden Aufgaben vollständig auszurechnen: Sie sollen die Ergebnisse geschickt schätzen! Einen **Taschenrechner dürfen Sie dazu nicht benutzen**, auch **schriftliche Nebenrechnungen sind unzulässig**.

Bearbeitungstipps

Konzentrieren Sie sich auf die Endziffern der Operanden, um die letzte Stelle des Ergebnisses zu ermitteln.

Ergebnisbereiche lassen sich durch eine Überschlagsrechnung mit gerundeten Werten abschätzen. Aber Vorsicht: Kleine Abweichungen bei Faktoren, Dividenden und Divisoren können das Ergebnis stark verändern.

Bitte bearbeiten Sie die folgenden Aufgaben, indem Sie jeweils den Lösungsbuchstaben des richtigen Antwortvorschlags markieren.

41) In welchem Bereich liegt das Ergebnis von:
$4{,}1 \times 3{,}7$?

A. Zwischen 12,5 und 13
B. Zwischen 13 und 13,8
C. Zwischen 13,9 und 14,6
D. Zwischen 14,6 und 15,5
E. Zwischen 15,5 und 15,9

42) $18 \times 9 - 152 = ?$

A. 2.574
B. 16
C. 14
D. 10
E. 2.577

43) $1.122{,}5 + 1.870{,}565 - 490{,}065 = ?$

A. 1.999,5
B. 2.100,5
C. 2.494
D. 2.503
E. 2.796

44) $5/14 + 4/27 = ?$

A. 0,992
B. 1,202
C. 0,848
D. 0,505
E. Keine Antwort ist richtig.

45) In welchem Bereich liegt das Ergebnis von:
125 ÷ 35?
A. Zwischen 2,8 und 3,1
B. Zwischen 3,1 und 3,4
C. Zwischen 3,4 und 3,7
D. Zwischen 3,7 und 4,0
E. Zwischen 4,0 und 4,3

46) 8.306.258 + 2.118.987 = ?
A. 10.245.524
B. 104.425
C. 104.254
D. 10.425.245
E. Keine Antwort ist richtig.

47) 4,7 × 3,9 = ?
A. 18,78
B. 20,12
C. 18,33
D. 13,31
E. Keine Antwort ist richtig.

48) 77 % von 130 % = ?
A. 95,2 %
B. 100,1 %
C. 114 %
D. 112,8 %
E. Keine Antwort ist richtig.

49) $\sqrt{12.544}$ = ?
A. 12
B. 112
C. 1.112
D. 24
E. 124

50) In welchem Bereich liegt das Ergebnis von:
$3,9^2 \times 202$?
A. Zwischen 3.400 und 3.550
B. Zwischen 3.050 und 3.125
C. Zwischen 3.200 und 3.275
D. Zwischen 3.325 und 3.400
E. Zwischen 2.850 und 2.925

Mathematik

Maßeinheiten umrechnen   *Bearbeitungszeit 10 Minuten*

Beantworten Sie bitte die folgenden Aufgaben, indem Sie jeweils den richtigen Lösungsbuchstaben markieren.

51) Wie viele Millimeter sind 34,7 Zentimeter?
A. 347.000
B. 34.700
C. 3.470
D. 347
E. Keine Antwort ist richtig.

52) Herr Mayer möchte 2.600 Dollar in Euro tauschen. Die Bank bietet ihm einen Rückkaufkurs von 1 € = 1,6 $ an. Wie viel Euro bekommt Herr Mayer von der Bank?
A. 1.400 €
B. 1.600 €
C. 1.625 €
D. 1.700 €
E. Keine Antwort ist richtig.

53) Wie viele Kilometer sind 345 Millimeter?
A. 3,45
B. 0,045
C. 0,00345
D. 0,000345
E. Keine Antwort ist richtig.

54) Im Nachbarort wird ein 1,7 Hektar großes Gewerbegrundstück angeboten. Wie vielen Quadratmetern entspricht das?
A. 1.700 m^2
B. 11.700 m^2
C. 17.000 m^2
D. 117.000 m^2
E. Keine Antwort ist richtig.

55) Wie viele Gramm sind 21,7 Tonnen?
A. 21.700
B. 217.000
C. 2.170.000
D. 21.700.000
E. Keine Antwort ist richtig.

56) Für einen Kunden müssen 120 Zementsäcke je 1 Zentner von Berlin nach Hamburg befördert werden. Welchem Gesamtgewicht entspricht das?
A. 4 t
B. 4.000 kg
C. 6 t
D. 5.000 kg
E. Keine Antwort ist richtig.

57) Wie viele Sekunden haben 4,5 Tage?
A. 388.800 Sekunden
B. 389.000 Sekunden
C. 390.600 Sekunden
D. 390.800 Sekunden
E. Keine Antwort ist richtig.

58) Bei einem Gewitter wurde laut Wetteramt eine Niederschlagshöhe von 41,5 mm pro Stunde erreicht. Wie viele Liter Wasser gingen demnach stündlich auf einen Quadratmeter nieder?
A. 0,415
B. 4,15
C. 41,5
D. 415
E. Keine Antwort ist richtig.

59) Wie viele Kubikzentimeter sind 26,5 Liter?
A. 26.500
B. 2.650
C. 265
D. 2,65
E. Keine Antwort ist richtig.

60) Wie viele Quadratdezimeter sind 0,9 Hektar?
A. 900.000
B. 9 Mio.
C. 90.000
D. 9.000
E. Keine Antwort ist richtig.

Mathematik

Dreisatz *Bearbeitungszeit 10 Minuten*

Beantworten Sie bitte die folgenden Aufgaben, indem Sie jeweils den richtigen Lösungsbuchstaben markieren.

61) Für einen Kundenauftrag brauchen sechs Mitarbeiter 50 Stunden. Wie lange würden zwei Mitarbeiter für den gleichen Kundenauftrag benötigen?
- A. 120 Stunden
- B. 140 Stunden
- C. 150 Stunden
- D. 170 Stunden
- E. Keine Antwort ist richtig.

62) Ein Angestellter bearbeitet 20 Anträge in 60 Minuten. Wie lange wird er bei gleicher Arbeitsleistung für 240 Anträge benötigen?
- A. 600 min
- B. 10 h
- C. 12 h
- D. 780 min
- E. Keine Antwort ist richtig.

63) Herr Mayer verkauft eine 0,75-Liter-Weinflasche für 3 €. In Zukunft möchte er auf 1-Liter-Flaschen umsteigen. Wie teuer müsste eine solche Flasche sein, um den gleichen Umsatz zu erzielen?
- A. 3,60 €
- B. 4 €
- C. 4,20 €
- D. 5 €
- E. Keine Antwort ist richtig.

64) Herrn Mayers Lieferwagen verbraucht im Durchschnitt 10 l Benzin auf 100 km. Wie viel Benzin verbraucht Herr Mayer pro Monat, wenn er monatlich an 22 Werktagen jeweils 60 km unterwegs ist?
- A. 85 l
- B. 128 l
- C. 132 l
- D. 156 l
- E. Keine Antwort ist richtig.

65) Herr Mayer benötigt für die Bearbeitung von 40 Aufträgen die gleiche Zeit wie sein Kollege Schulz für 60 Aufträge. Wie viele Aufträge erledigt Kollege Schulz in der Zeit, die Herr Mayer für 60 Aufträge benötigt?
A. 80 Aufträge
B. 90 Aufträge
C. 100 Aufträge
D. 70 Aufträge
E. Keine Antwort ist richtig.

66) Zehn Mitarbeiter brauchen zur Fertigstellung eines Kundenauftrags 16 Arbeitstage. Wie lange dauert die Fertigstellung des Auftrags, wenn zwei Mitarbeiter krankheitsbedingt ausfallen?
A. 17 Tage
B. 18 Tage
C. 19 Tage
D. 20 Tage
E. Keine Antwort ist richtig.

67) Für einen Kundenauftrag benötigen sechs Mitarbeiter 50 Stunden. Wie viele Mitarbeiter müssten eingesetzt werden, um nach 20 Stunden fertig zu werden?
A. 12 Mitarbeiter
B. 13 Mitarbeiter
C. 14 Mitarbeiter
D. 15 Mitarbeiter
E. Keine Antwort ist richtig.

68) Für die Produktion von 40 Stahlträgern setzt Herr Mayer acht Mitarbeiter für acht Arbeitstage jeweils 8 Stunden ein. Nun muss Herr Mayer einen dringenden Auftrag über 55 Stahlträger in vier Tagen bewältigen. Wie viel Arbeiter müsste er für diesen Auftrag einsetzen?
A. 16 Mitarbeiter
B. 18 Mitarbeiter
C. 20 Mitarbeiter
D. 22 Mitarbeiter
E. Keine Antwort ist richtig.

69) Für die Produktion von 120 Maschinen setzt Herr Mayer 20 Mitarbeiter sechs Stunden lang ein. Für einen weiteren Auftrag über 100 Maschinen stehen 10 Mitarbeiter zur Verfügung. Welche Zeit benötigen die 10 Mitarbeiter für den zweiten Auftrag?

- **A.** 5 h
- **B.** 6 h
- **C.** 8 h
- **D.** 10 h
- **E.** Keine Antwort ist richtig.

70) Der Laserprinter des Versicherungsunternehmens „Live" druckt 24.000 Zeilen pro Stunde. Wie lange benötigt er für 200 Seiten mit je 50 Zeilen?

- **A.** 0,25 h
- **B.** 25 min
- **C.** 35 min
- **D.** 45 min
- **E.** Keine Antwort ist richtig.

Gemischte Textaufgaben

Bearbeitungszeit 10 Minuten

Beantworten Sie bitte die folgenden Aufgaben, indem Sie jeweils den richtigen Lösungsbuchstaben markieren.

71) Zwei Züge begegnen sich an einer Haltestelle um 10:00 Uhr und fahren in entgegengesetzte Richtungen weiter. Wie weit sind sie um 11:30 Uhr voneinander entfernt, wenn der eine Zug mit 100 km/h und der andere Zug mit 120 km/h fährt?
A. 260 km
B. 280 km
C. 320 km
D. 330 km
E. Keine Antwort ist richtig.

72) Herr Mayer hat einen Restposten Klimageräte für 1.120 € erworben. Diesen verkauft er für 1.680 € weiter. Pro Klimagerät erzielt Herr Mayer 70 € Gewinn. Wie viele Klimageräte hat Herr Mayer erworben und weiterverkauft?
A. 6 Klimageräte
B. 4 Klimageräte
C. 8 Klimageräte
D. 10 Klimageräte
E. Keine Antwort ist richtig.

73) Herr Mayer erzielt 5.730.000 € Jahresumsatz. Seine beiden Konkurrenten erwirtschaften jährlich 6.876.000 € und 4.584.000 € Umsatz. Wie stark muss Herr Mayer seinen Umsatz steigern, um den addierten Umsatz beider Mitbewerber zu erreichen?
A. Um 20 %
B. Um 40 %
C. Um 60 %
D. Verdoppeln
E. Keine Antwort ist richtig.

74) Wie viel Gewinn erzielt Herr Mayer pro 0,75-Liter-Weinflasche bei einem Verkaufspreis von 3 €, wenn er für 900 Liter Wein 1.080 € und für 1.200 Etiketten 120 € zahlen muss und weitere Kosten von 1,10 € pro Flasche entstehen?
A. 0,70 €
B. 0,80 €
C. 0,90 €
D. 1 €
E. Keine Antwort ist richtig.

Mathematik

75) Herr Mayer möchte eine Prämie von 14.000 € für besondere Leistungen an drei Mitarbeiter ausschütten. Als Verteilungsschlüssel möchte er die Dauer der Betriebszugehörigkeit nutzen. Mitarbeiter 1 ist mit 8 Jahren doppelt so lange im Betrieb tätig wie Mitarbeiter 2 und Mitarbeiter 3 halb so lange wie Mitarbeiter 2. Welchen Betrag müsste Mitarbeiter 3 erhalten?

A. 2.000 €
B. 4.000 €
C. 6.000 €
D. 8.000 €
E. Keine Antwort ist richtig.

76) Ein Kegelverein hat insgesamt 72 Mitglieder – 5/8 von ihnen lesen gerne, 6/9 gehen gerne ins Kino. Wie viele Kinogänger gibt es mehr oder weniger als Lesefreunde?

A. 2 Kinogänger weniger als Lesefreunde
B. 6 Kinogänger mehr als Lesefreunde
C. 3 Kinogänger mehr als Lesefreunde
D. 4 Kinogänger weniger als Lesefreunde
E. Keine Antwort ist richtig.

77) Herr Mayer möchte den durchschnittlichen Zeitbedarf zum Auszeichnen einer Standardlieferung herausfinden. Dafür ermittelt er während einer Woche folgende Zeiten:

Mo	Di	Mi	Do	Fr
3 h	4 h	5 h	6 h	7 h

Wie hoch ist der durchschnittliche Zeitbedarf zum Auszeichnen einer Standardlieferung?

A. 4 h
B. 4,5 h
C. 5 h
D. 5,5 h
E. Keine Antwort ist richtig.

78) In einer Warenlieferung entpuppen sich 7/15 der 360 gelieferten Teile als beschädigt. 2/9 aller gelieferten Teile sind Fehllieferungen. Keines der falsch gelieferten Teile ist zugleich beschädigt. Wie hoch ist der Anteil der verwendbaren Teile der Lieferung, dargestellt als Bruch?

A. 9/36
B. 7/15
C. 14/45
D. 54 %
E. Keine Antwort ist richtig.

79) Herr Mayer möchte einem Kunden 90 kg Schrauben verschiedener Sorten zu einem Kilogrammpreis von 16 € anbieten. Hierfür möchte Herr Mayer folgende Schrauben nutzen:

¬ Schraube A: 35 kg zu 14 €/kg

¬ Schraube B: 45 kg zu 12 €/kg

Zudem möchte Herr Mayer eine dritte Sorte Schrauben verkaufen, die sehr hochwertig ist. Welchen Preis müsste diese Sorte haben?

A. 15 €
B. 28 €
C. 38 €
D. 41 €
E. Keine Antwort ist richtig.

80) Für die Eingabe von Kundendaten werden drei Mitarbeiter mit unterschiedlichen Arbeitsgeschwindigkeiten eingesetzt. Zur Eingabe der gesamten Daten benötigt Mitarbeiter A 60 Minuten, Mitarbeiter B 180 Minuten und Mitarbeiter C 360 Minuten. Wie lange würde die Eingabe der Kundendaten dauern, wenn alle Mitarbeiter zusammen die Daten eingeben?

A. 35 min
B. 40 min
C. 45 min
D. 50 min
E. Keine Antwort ist richtig.

Mathematik

Prozentrechnen   *Bearbeitungszeit 10 Minuten*

Bei der Prozentrechnung sind drei Größen zu beachten: der Prozentsatz, der Prozentwert und der Grundwert. Zwei dieser Größen müssen gegeben sein, um die dritte Größe berechnen zu können.

Beantworten Sie bitte die folgenden Aufgaben, indem Sie jeweils den richtigen Lösungsbuchstaben markieren.

81) Nach einer Abschreibung von 15 Prozent beträgt der Restbuchwert eines Firmenwagens noch 25.500 €. Wie hoch war der Anschaffungswert?
   A. 28.500 €
   B. 29.000 €
   C. 30.000 €
   D. 35.000 €
   E. Keine Antwort ist richtig.

82) Das Versicherungsunternehmen „Live" hat einen neuen Computer bestellt. Die Frachtkosten betragen 80 € und machen acht Prozent des Rechnungsbetrags aus. Wie hoch war der Rechnungsbetrag?
   A. 1.000 €
   B. 1.100 €
   C. 1.200 €
   D. 1.300 €
   E. Keine Antwort ist richtig.

83) Die Buchhaltung begleicht nach Abzug von fünf Prozent Nachlass und zwei Prozent Skonto einen Rechnungsbetrag von 1.862 €. Wie hoch war der ursprüngliche Rechnungsbetrag?
   A. 1.950 €
   B. 2.000 €
   C. 2.100 €
   D. 2.200 €
   E. Keine Antwort ist richtig.

84) Eine Maschine kostet 18.000 €. Herr Mayer hat diese zu einem reduzierten Preis von 14.400 € erwerben können. Wie viel Prozent hat Herr Mayer einsparen können?
   A. 10 %
   B. 20 %
   C. 25 %
   D. 30 %
   E. Keine Antwort ist richtig.

85) Herr Mayer möchte den Einkauf eines Sonderpostens über die Bank finanzieren. Nach einem Jahr würde er bei einem Zinssatz von acht Prozent inklusive Zinsen einen Betrag von 19.980 € zahlen. Wie viel kostet der Sonderposten im Einkauf?
A. 18.000 €
B. 18.500 €
C. 19.500 €
D. 20.000 €
E. Keine Antwort ist richtig.

86) Herr Mayer bietet sein altes Fahrzeug für 14.000 € an. Als er bemerkt, dass der Preis zu niedrig ist, erhöht er diesen um zehn Prozent. Anschließend erhöht er den Preis nochmals um fünf Prozent, da die Nachfrage nach diesem Modell sehr groß ist. Was kostet sein Fahrzeug nun?
A. 15.170 €
B. 16.170 €
C. 17.270 €
D. 18.620 €
E. Keine Antwort ist richtig.

87) Von 85 wahlberechtigten Beschäftigten haben 68 bei der Betriebsratswahl gewählt. Wie viel Prozent der wahlberechtigten Beschäftigten haben gewählt?
A. 50 %
B. 60 %
C. 70 %
D. 80 %
E. Keine Antwort ist richtig.

88) Herr Mayer hat für eine Betriebsversammlung einen Raum inklusive Bewirtung angemietet. Da Herr Mayer Stammkunde ist, erhält er das Angebot 15 % rabattiert für 3.400 €. Wie hoch wäre der reguläre Preis gewesen?
A. 4.000 €
B. 4.500 €
C. 5.000 €
D. 5.500 €
E. Keine Antwort ist richtig.

89) Die Max Mayer Handels GmbH hat für die Lieferung von 104 Blechteilen eine Rechnung über 2.080 € ohne Mehrwertsteuer erhalten. Welcher Betrag müsste tatsächlich gezahlt werden, wenn der Lieferant einen Nachlass von 20 Prozent wegen schlechter Qualität gewährt und 19 Prozent Mehrwertsteuer bezahlt werden müssen?

A. 1.980,16 €
B. 2.010,15 €
C. 2.011,25 €
D. 2.122,25 €
E. Keine Antwort ist richtig.

90) Auszubildender Müller verkauft bei einem Stadtfest Würstchen. Für zwei Würstchen verlangt er einen Preis, den er beim Einkauf für drei Würstchen bezahlt hat. Wie viel Prozent beträgt sein Gewinn pro Wurst?

A. 30 %
B. 40 %
C. 50 %
D. 60 %
E. Keine Antwort ist richtig.

Zinsrechnen

Bearbeitungszeit 10 Minuten

Bei der kaufmännischen Zinsrechnung werden dem Monat 30 Tage und dem Jahr 360 Tage zugrunde gelegt. Der Zinseszins kann unberücksichtigt bleiben, sofern die Aufgabenstellung nicht ausdrücklich etwas anderes verlangt.
Beantworten Sie bitte die folgenden Aufgaben, indem Sie jeweils den richtigen Lösungsbuchstaben markieren.

91) Herr Mayer möchte einen Betrag von 50.000 € zu sechs Prozent fest anlegen. Wie viel Zinsen haben sich nach sechs Monaten angehäuft?
- A. 1.400 €
- B. 1.500 €
- C. 1.600 €
- D. 1.700 €
- E. Keine Antwort ist richtig.

92) Herr Mayer muss eine Rechnung von 5.000 € begleichen. Da er das Zahlungsziel um drei Monate überzogen hat, muss er nun inklusive Verzugszinsen einen Betrag von 5.100 € bezahlen. Welcher Jahreszinssatz ist für die Verzugszinsen angesetzt worden?
- A. 4 %
- B. 6 %
- C. 7 %
- D. 8 %
- E. Keine Antwort ist richtig.

93) Herr Mayer möchte seinen Anlagevertrag vorzeitig auflösen und hebt den Betrag von 30.000 € nach drei Monaten ab. Wie viel Zinsen erhält er für die drei Monate, wenn das Geld zu sechs Prozent verzinst wird?
- A. 350 €
- B. 450 €
- C. 550 €
- D. 650 €
- E. Keine Antwort ist richtig.

94) Herr Mayer hat für eine Anlage von 24.000 € in sechs Monaten 600 € Zinsen erhalten. Wie hoch ist der Zinssatz, den Herr Mayer von der Bank erhalten hat?
- A. 3,50 %
- B. 4,00 %
- C. 5,00 %
- D. 6,00 %
- E. Keine Antwort ist richtig.

Mathematik

95) Für eine Festgeldanlage erhält Herr Mayer nach einem Jahr 1.200 € bei einer Verzinsung von sechs Prozent. Welches Kapital würde in einem halben Jahr den gleichen Zinsbetrag abwerfen?
A. 20.000 €
B. 30.000 €
C. 40.000 €
D. 50.000 €
E. Keine Antwort ist richtig.

96) Wie lange muss ein Kapitalbetrag von 24.000 € zu sechs Prozent angelegt werden, um einen Zinsertrag von 800 € zu erzielen?
A. 180 Tage
B. 200 Tage
C. 220 Tage
D. 240 Tage
E. Keine Antwort ist richtig.

97) Herr Mayer hat einen Betrag von 40.000 € zu sechs Prozent Zinsen fest angelegt. Er möchte wissen, wie viel Zinsen er nach vier Monaten erhalten würde.
A. 500 €
B. 700 €
C. 800 €
D. 900 €
E. Keine Antwort ist richtig.

98) Eine Kapitalanlage von 20.000 € bringt nach 90 Tagen einen Zinsertrag von 400 €. Welchem Jahreszins entspricht das?
A. 8 %
B. 8,5 %
C. 9 %
D. 10 %
E. Keine Antwort ist richtig.

99) Ein Rentner erhält 600 € Monatsrente. Welchen Betrag müsste er in festverzinsliche Wertpapiere zum Zins von fünf Prozent anlegen, um die gleiche Rendite zu erzielen?
A. 144.000 €
B. 158.000 €
C. 162.000 €
D. 168.000 €
E. Keine Antwort ist richtig.

100) Welchem Jahreszins entsprechen 3 % Skonto unter der Zahlungsbedingung: Zahlungsziel 30 Tage, bei einer Zahlung innerhalb zwei Wochen werden 3 % Skonto gewährt. (Die Woche hat 7 Tage.)
A. 33,33 %
B. 9,00 %
C. 21,15 %
D. 67,5 %
E. Keine Antwort ist richtig.

Tabellen analysieren

Bearbeitungszeit 15 Minuten

Welche Informationen liefert die Tabelle?

Bitte analysieren Sie die Angaben und beantworten Sie die nachfolgenden Aufgaben, indem Sie jeweils den richtigen Buchstaben markieren.

I. Gewinn- und Verlustkonto

Aufwand	in €	Ertrag	in €
Rohstoffe	8.000	Umsatzerlöse	50.000
Hilfsstoffe	2.000		
Betriebsstoffe	1.000		
Löhne und Gehälter	22.000		
Miete	3.000		
Bürobedarf	500		
Instandhaltung	200		
Betriebssteuern	300		
Summe	?	**Summe**	**50.000**

101) Für welchen Posten entsteht der größte Aufwand?
A. Roh-, Hilfs- und Betriebsstoffe
B. Rohstoffe und Miete
C. Löhne und Gehälter
D. Betriebssteuern
E. Keine Antwort ist richtig.

102) Wie hoch ist der Gesamtaufwand?
A. 36.600 €
B. 37.000 €
C. 37.500 €
D. 38.800 €
E. Keine Antwort ist richtig.

103) Wie hoch ist der Gewinn?
A. 11.000 €
B. 12.000 €
C. 13.000 €
D. Es liegt ein Verlust vor.
E. Keine Antwort ist richtig.

104) Um wie viel € müssten die Ausgaben sinken, damit der Gewinn um zwei Prozent steigt?
A. 80 €
B. 240 €
C. 260 €
D. 1300 €
E. Keine Antwort ist richtig.

105) Wie viel Gewinn könnte die Gesellschaft erzielen, wenn die Umsätze bei gleichen Ausgaben um 20 % gesteigert werden könnten?
- A. 13.000 €
- B. 18.000 €
- C. 23.000 €
- D. 25.000 €
- E. Keine Antwort ist richtig.

II. ABC-Analyse

Die klassische ABC-Analyse ist ein Verfahren, um festzustellen, welchen relativen Anteil ein Artikel beispielsweise am Gesamtumsatz oder Gesamtverbrauch hat. Dabei ist der Anteil am Gesamtumsatz bei A-Artikeln sehr hoch und bei C-Artikeln sehr niedrig.

Art.-Nr.	Artikel	Menge	Stückpreis	Umsatz[1]	Anteil[2]	A/B/C
110	Sechskantschrauben	4.500	0,06 €	270 €	0,7 %	C
111	Vielzahnschrauben	1.200	3,40 €	4.080 €	10,2 %	B
112	Sicherheitsschrauben	1.500	8,60 €	12.900 €	32,4 %	A
113	Kreuzschlitzschrauben	8.500	0,55 €	4.675 €	12,0 %	B
114	Schlitzschrauben	9.000	0,45 €	4.050 €	10,1 %	B
115	Blechschrauben	5.500	0,09 €	495 €	1,2 %	C
116	Holzschrauben	9.500	0,25 €	2.375 €	6,0 %	C
117	Zollschrauben	5.000	0,20 €	1.000 €	2,5 %	C
118	Muttern	6.000	1,50 €	9.000 €	22,6 %	A
119	Scheiben	10.000	0,10 €	1.000 €	2,5 %	C
				39.845 €	100 %	

[1] Durchschnittlicher Monatsumsatz; [2] Prozentanteil am Gesamtumsatz

106) Welche Artikel gehören zur Artikelgruppe C?
A. Schlitzschrauben und Sechskantschrauben
B. Holzschrauben und Muttern
C. Scheiben und Schlitzschrauben
D. Blechschrauben und Zollschrauben
E. Keine Antwort ist richtig.

107) Wie viel Euro wird der Jahresumsatz voraussichtlich betragen, wenn die Monatsumsätze im Durchschnitt gleich hoch bleiben?
A. 29.845 €
B. 298.450 €
C. 408.145 €
D. 478.140 €
E. Keine Antwort ist richtig.

108) Wie hoch ist der Umsatzanteil an A-Artikeln?
A. Etwas weniger als die Hälfte
B. Etwas mehr als die Hälfte
C. Ca. 20 %
D. Ca. 30 %
E. Keine Antwort ist richtig.

109) Wie hoch ist der Mengenanteil an A-Artikeln?
A. Etwas weniger als 12 Prozent
B. Etwas mehr als 12 Prozent
C. Etwas weniger als 55 Prozent
D. Etwas mehr als 55 Prozent
E. Keine Antwort ist richtig.

110) Welche Aussage zur klassischen ABC-Analyse ist richtig?
A. A-Artikel haben einen geringen Umsatzanteil.
B. C-Artikel haben einen geringen Mengenanteil.
C. C-Artikel haben einen hohen Umsatzanteil.
D. A-Artikel haben einen hohen Umsatzanteil.
E. Keine Antwort ist richtig.

III. Haushaltspläne der Bundesrepublik Deutschland

Für die Jahre 2020 und 2021, Ausgaben pro Ressort in Millionen Euro

Ressort	2020	2021
Bundesministerium für Arbeit und Soziales	159.176	175.131
Bundesministerium der Verteidigung	46.114	47.237
Bundesschuld	6.995	4.608
Bundesministerium für Verkehr und digitale Infrastruktur	30.324	37.210
Bundesministerium für Bildung und Forschung	19.541	19.761
Allgemeine Finanzverwaltung	66.084	143.271
Bundesministerium für Gesundheit	36.266	48.437
Bundesministerium für Familie, Senioren, Frauen und Jugend	14.595	12.975
Bundesministerium des Innern	14.427	16.184
Bundesministerium für Wirtschaft und Energie	8.781	7.850
Sonstiges	41.129	44.429
Ausgaben gesamt	**443.432**	**557.093**

Quelle: Bundesministerium der Finanzen

111) Wie hoch waren die Gesamtausgaben der Bundesrepublik Deutschland im Jahr 2021?
- A. 437,6 Mrd. €
- B. 557,1 Mio. €
- C. 557,1 Mrd. €
- D. 543,2 Mrd. €
- E. Keine Antwort ist richtig.

112) Wie viel Prozent des gesamten Bundeshaushaltes machten 2021 die Ausgaben für Arbeit und Soziales aus? Runden Sie Ihr Ergebnis auf ganze Zahlen.
- A. 20 %
- B. 36 %
- C. 40 %
- D. 31 %
- E. Keine Antwort ist richtig.

113) Um wie viel Prozent stiegen die Ausgaben für das Bundesministerium der Verteidigung von 2020 bis 2021?

A. Rund 2,2 %
B. Rund 2,4 %
C. Rund 3,1 %
D. Rund 3,3 %
E. Keine Antwort ist richtig.

114) Um wie viel Prozent stiegen die Gesamtausgaben von 2020 bis 2021?

A. 20,3 %
B. 23,5 %
C. 25,6 %
D. 14,0 %
E. Keine Antwort ist richtig.

115) Um welchen Betrag würde sich die Haushaltslast durch die Bundesschuld 2022 bei einem Tilgungssatz von 3 % verringern? Nehmen Sie dabei an, dass alle weiteren Einflussgrößen konstant sind.

A. Ca. 0,31 Mrd. €
B. Ca. 0,14 Mrd. €
C. Ca. 0,81 Mrd. €
D. Ca. 1,38 Mrd. €
E. Keine Antwort ist richtig.

Diagramm-Aufgaben

Bearbeitungszeit 15 Minuten

Welche Informationen liefert das Diagramm?

Bitte analysieren Sie das Schaubild und beantworten Sie die nachfolgenden Aufgaben, indem Sie jeweils den richtigen Buchstaben markieren.

I. Kostenkalkulation

Eine der Aufgaben des Einkaufs besteht darin, durch eine genaue Bedarfsplanung die entstehenden Kosten möglichst niedrig zu halten. Idealerweise disponiert man die Bestellmengen so, dass die Gesamtkosten aus Lager- und Beschaffungskosten am niedrigsten sind.

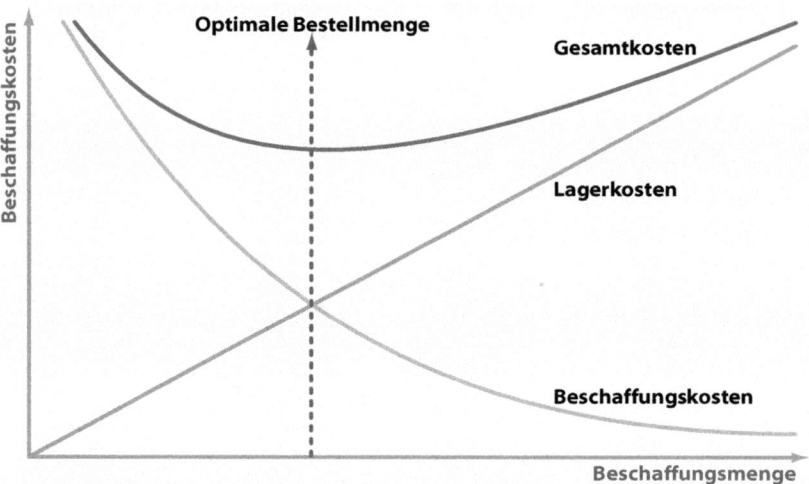

Hinweis: Die optimale Bestellmenge liegt im Schnittpunkt von Lager- und Beschaffungskosten.

116) Welche Aussage zu den Lagerkosten ist richtig?
A. Die Lagerkosten nehmen mit zunehmender Beschaffungsmenge zu.
B. Die Lagerkosten nehmen mit zunehmender Beschaffungsmenge ab.
C. Die Lagerkosten sind bei der „optimalen Bestellmenge" am niedrigsten.
D. Die Lagerkosten sind bei der „optimalen Bestellmenge" am höchsten.
E. Keine Antwort ist richtig.

117) Welche Aussage zu den Beschaffungskosten ist richtig?
A. Die Beschaffungskosten nehmen mit zunehmender Beschaffungsmenge zu.
B. Die Beschaffungskosten nehmen mit zunehmender Beschaffungsmenge ab.
C. Die Beschaffungskosten sind bei der „optimalen Bestellmenge" am niedrigsten.
D. Die Beschaffungskosten sind bei der „optimalen Bestellmenge" am höchsten.
E. Keine Antwort ist richtig.

118) Welche Aussage zur Beschaffungsmenge ist richtig?
A. Große Beschaffungsmengen führen zu niedrigen Lager- und Kapitalkosten.
B. Große Beschaffungsmengen bergen nicht die Gefahr des Absatzrisikos.
C. Kleine Beschaffungsmengen verursachen geringe Kapital- und Lagerkosten.
D. Kleine Beschaffungsmengen ermöglichen große Preisvorteile.
E. Keine Antwort ist richtig.

119) Welche Aussage zur optimalen Bestellmenge ist richtig?
A. Die Lagerkosten sind am geringsten.
B. Die Beschaffungskosten sind am geringsten.
C. Die Gesamtkosten aus Lager- und Beschaffungskosten sind am geringsten.
D. Die Gesamtkosten aus Lager- und Beschaffungskosten sind am höchsten.
E. Keine Antwort ist richtig.

120) Die optimale Bestellmenge lässt sich durch die „Andlersche Formel" berechnen:

$$M_{Opt} = \sqrt{\frac{200 \times J \times BK}{EP(ZS+LS)}}$$

Wie lautet die optimale Bestellmenge, wenn Ihnen folgende Informationen vorliegen?

¬ Jahresbedarfsmenge (J): 1.500 Stk.

¬ Bestellkosten je Bestellung (BK): 10 €

¬ Einstandspreis je Stück (EP): 20 €

¬ Zinssatz für Lagerkosten (LS): 10 %

¬ Zinssatz für Kapital (ZS): 5 %

A. 100 Stück
B. 150 Stück
C. 200 Stück
D. 250 Stück
E. Keine Antwort ist richtig.

II. Mengenkalkulation

Material A
e_1 = 2 Stk.
e_3 = 1 Stk.
e_6 = 3 Stk.

Material B
e_2 = 2 Stk.
e_4 = 4 Stk.
e_5 = 3 Stk.
e_7 = 3 Stk.

Fertigerzeugnis C
Material A = 3 Stk.
Material B = 4 Stk.
e_1 = 2 Stk.
e_4 = 1 Stk.
e_8 = 3 Stk.

121) Wie viele Teile „e_n" werden für die Herstellung des Materials A insgesamt benötigt?
A. 4
B. 6
C. 10
D. 18
E. Keine Antwort ist richtig.

122) Wie viele Elemente „e_2" sind im Fertigerzeugnis C insgesamt enthalten?
A. 2
B. 4
C. 8
D. 16
E. Keine Antwort ist richtig.

123) Wie viele Elemente „e_1" sind in 3 Fertigerzeugnissen C enthalten?
A. 8
B. 16
C. 24
D. 30
E. Keine Antwort ist richtig.

124) Welches Element „e_n" hat den größten Anteil am Fertigerzeugnis C?
A. e_4 mit 16 Teilen
B. e_2 mit 19 Teilen
C. e_2 mit 18 Teilen
D. e_4 mit 17 Teilen
E. Keine Antwort ist richtig.

125) Wie viele Elemente „e_n" werden für 5 Fertigerzeugnisse C insgesamt benötigt?
A. 24
B. 90
C. 240
D. 360
E. Keine Antwort ist richtig.

III. Sitzverteilung im 20. Deutschen Bundestag (2021–2025)

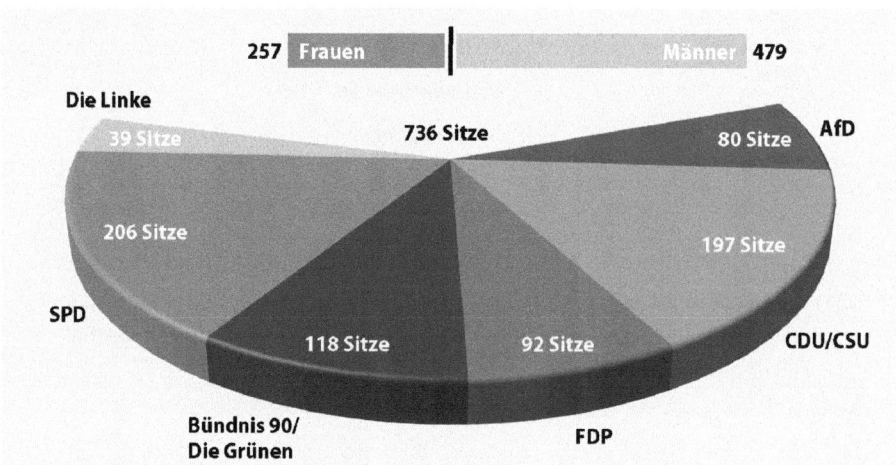

Quelle: Bundestagsverwaltung

126) Wie viel Prozent der Sitze hat die SPD?
A. Rund 27 %
B. Rund 25 %
C. Rund 28 %
D. Rund 20 %
E. Keine Antwort ist richtig.

127) Wie viele Sitze hätten CDU/CSU zusätzlich erhalten müssen, um die absolute Mehrheit im Bundestag zu erlangen?
A. 166 Sitze
B. 207 Sitze
C. 172 Sitze
D. 190 Sitze
E. Keine Antwort ist richtig.

128) Wie viel Prozent der Abgeordneten sind weiblich?
A. Rund 29 %
B. Rund 35 %
C. Rund 36 %
D. Rund 38 %
E. Keine Antwort ist richtig.

129) Wie viele Sitze müssten von Frauen statt von Männern eingenommen werden, damit möglichst genauso viele Männer wie Frauen im Bundestag sitzen?
A. 306 Sitze
B. 111 Sitze
C. 307 Sitze
D. 120 Sitze
E. Keine Antwort ist richtig.

130) Angenommen, 45 Prozent der Frauen und 78 Prozent der Männer im Bundestag wären verheiratet: Wie viele Abgeordnete wären dann insgesamt verheiratet? Runden Sie bitte auf ganze Zahlen!
A. 82 Abgeordnete
B. 320 Abgeordnete
C. 490 Abgeordnete
D. 512 Abgeordnete
E. Keine Antwort ist richtig.

Mathematik

Geometrie *Bearbeitungszeit 10 Minuten*

Nun müssen Sie geometrische Zusammenhänge untersuchen.
Beantworten Sie bitte die folgenden Aufgaben, indem Sie jeweils den richtigen Lösungsbuchstaben markieren.

131) Welchen Umfang hat das abgebildete Parallelogramm?

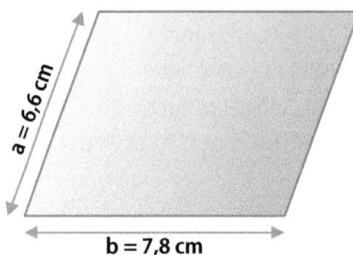

A. Rund 30,4 cm
B. 28,8 cm
C. Rund 29,6 cm
D. 24,5 cm
E. 14,4 cm

132) Frau Ziegler beklebt eine würfelförmige, oben offene Geschenkbox von außen mit Glanzfolie. Sie braucht dazu einen kompletten Bogen Folie, der 4,05 Meter lang und 1 Meter breit ist. Welches Volumen hat die Box?

A. $0,569\ m^3$
B. $0,729\ m^3$
C. $64,04\ m^3$
D. $8,1\ m^3$
E. $12,4\ m^3$

133) Herr Kerner legt seinen Garten neu an und lässt sich 4,5 Kubikmeter Erde liefern, die auf die Gartenfläche verteilt eine Schicht von 15 Zentimetern Dicke ergeben. Wie groß ist die Fläche seines Gartens?

A. $56\ m^2$
B. $42\ m^2$
C. $30\ m^2$
D. $67,5\ m^2$
E. $45\ m^2$

134) Welche Länge hat die Seite c im abgebildeten Dreieck?

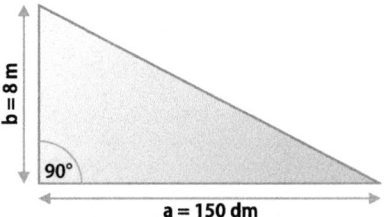

A. 166 dm
B. Rund 18 m
C. 195 dm
D. 17 m
E. Rund 184 dm

135) Frau Schröder will ihre Schlafzimmerwände neu tapezieren. Der Raum ist 4 Meter lang, 3,50 Meter breit und 2,80 Meter hoch. Wie viele Quadratmeter Tapete benötigt Frau Schröder insgesamt, wenn sie für Fenster und Türen 15 Prozent von der reinen Wandfläche abzieht?
A. 25,6 m²
B. 28,4 m²
C. 35,7 m²
D. 32,2 m²
E. 34 m²

136) Welchen Durchmesser hat der abgebildete Kreis?

U = 31,4 cm

A. Rund 10 cm
B. Rund 12 cm
C. Rund 9 cm
D. Rund 13 cm
E. Rund 8 cm

137) Wie groß sind die Winkel α und β im abgebildeten gleichschenkligen Dreieck?

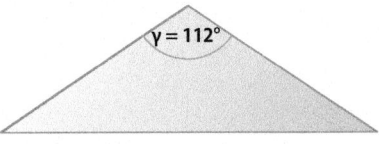

γ = 112°

A. 25°
B. 40°
C. 30°
D. 60°
E. 34°

138) Die Oberfläche eines Würfels beträgt 96 cm². Wie groß ist seine Kantenlänge (a)?
A. 32 cm
B. 8 cm
C. 16 cm
D. 4 cm
E. 6,5 cm

139) In einem rechtwinkligen Dreieck ist die Ankathete 4 cm und die Gegenkathete 3 cm lang. Wie lang ist die Hypotenuse?
A. 4 cm
B. 8 cm
C. 5 cm
D. 3 cm
E. Keine Antwort ist richtig.

140) Welches Volumen hat der abgebildete Zylinder?

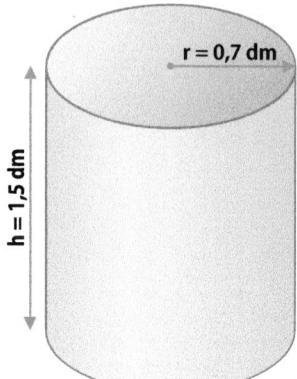

A. Rund 2,58 dm³
B. Rund 2,50 dm³
C. Rund 2,31 dm³
D. Rund 1,94 dm³
E. Rund 3,63 dm³

Analysis

Bearbeitungszeit 10 Minuten

Manchenorts müssen Bewerber besondere mathematische Fitness beweisen. Dann können im Auswahlverfahren einige knifflige Fälle lauern.
Beantworten Sie bitte die folgenden Aufgaben, indem Sie jeweils den richtigen Lösungsbuchstaben markieren.

141) Welche Lösungen für x hat die quadratische Gleichung:
$-3x^2 - 30x + 43 = 10$?
A. $x_1 = 1; x_2 = -11$
B. $x_1 = 2; x_2 = -12{,}5$
C. $x_1 = 1{,}5; x_2 = 16$
D. $x_1 = 3; x_2 = -10$
E. Keine Antwort ist richtig.

142) In welchem Punkt P eines Koordinatensystems schneiden sich die beiden Geraden, die durch folgende Funktionsgleichungen beschrieben werden?
Gerade I: $y = 3x - 3$
Gerade II: $y = -4x + 25$
A. P (4 | 9)
B. P (3 | 8)
C. P (7 | 2)
D. P (2 | 7)
E. Keine Antwort ist richtig.

143) Berechnen Sie die Ableitung der Exponentialfunktion:
$f(x) = (2x - 3) \times e^x$
A. $f'(x) = (x - 3) \times e^x$
B. $f'(x) = 2 - (3x \times e^x)$
C. $f'(x) = e^2 \times (x - 1)$
D. $f'(x) = e^x \times (2x - 1)$
E. Keine Antwort ist richtig.

144) Welchen Grenzwert hat diese Reihe:
$\frac{1}{2} + \frac{1}{4} + \frac{1}{8} + \ldots + \frac{1}{2^n}$?
A. 0
B. ½
C. 1
D. 2
E. Keine Antwort ist richtig.

145) Welcher Graph im Koordinatensystem gehört zu der Funktion $y = 2^x$?

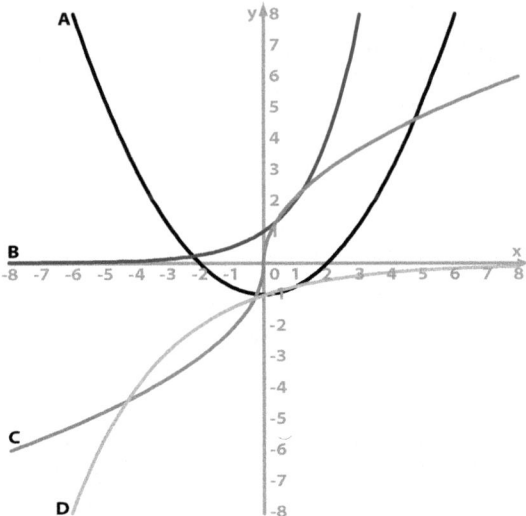

A. Graph A
B. Graph B
C. Graph C
D. Graph D
E. Keine Antwort ist richtig.

Lösungen: Mathematik

1) D	31) − | ×	61) C
2) C	32) ÷ | +	62) C
3) C	33) × | −	63) B
4) D	34) ÷ | ×	64) C
5) B	35) × | −	65) B
6) D	36) × | −	66) D
7) C	37) × | ÷	67) D
8) B	38) − | +	68) D
9) B	39) − | ÷	69) D
10) D	40) × | −	70) B
11) 20	41) D	71) D
12) 22	42) D	72) C
13) 66	43) D	73) D
14) 9	44) D	74) C
15) 55	45) C	75) A
16) 37	46) D	76) C
17) 9	47) C	77) C
18) 13	48) B	78) C
19) 29	49) B	79) D
20) 6	50) B	80) B
21) × | ×	51) D	81) C
22) × | ÷	52) C	82) A
23) ÷ | +	53) D	83) B
24) − | ÷	54) C	84) B
25) + | ×	55) D	85) B
26) + | ÷	56) C	86) B
27) − | +	57) A	87) D
28) × | ÷	58) C	88) A
29) ÷ | −	59) A	89) A
30) × | ÷	60) A	90) C

Mathematik

91) B	110) D	129) B
92) D	111) C	130) C
93) B	112) D	131) B
94) C	113) B	132) B
95) C	114) C	133) C
96) B	115) B	134) D
97) C	116) A	135) C
98) A	117) B	136) A
99) A	118) C	137) E
100) D	119) C	138) D
101) C	120) A	139) C
102) B	121) B	140) C
103) C	122) C	141) A
104) C	123) C	142) A
105) C	124) D	143) D
106) D	125) D	144) C
107) D	126) C	145) B
108) B	127) C	
109) B	128) B	

Bruchrechnen (Aufgaben 1–10)

Zu 1) D. 0,5

Brüche werden subtrahiert, indem man den kleinsten gemeinsamen Nenner findet, die Zähler subtrahiert und den Nenner beibehält. Anschließend ist das Ergebnis hier in eine Dezimalzahl umzuwandeln.

$$\frac{10}{4} - \frac{4}{2} = \frac{10}{4} - \frac{8}{4} = \frac{2}{4} = \frac{1}{2} = 0{,}5$$

Zu 2) C. $\frac{18}{4}$

Brüche werden addiert, indem man den kleinsten gemeinsamen Nenner findet, die Zähler addiert und den Nenner beibehält.

$$\frac{10}{4} + \frac{4}{2} = \frac{10}{4} + \frac{8}{4} = \frac{18}{4}$$

Zu 3) C. $\frac{5}{4}$

Brüche werden dividiert, indem man mit dem Kehrwert multipliziert. Anschließend ist das Ergebnis so weit wie möglich zu kürzen.

$$\frac{10}{4} \div \frac{4}{2} = \frac{10}{4} \times \frac{2}{4} = \frac{20}{16} = \frac{5}{4}$$

Zu 4) D. 5

Brüche werden multipliziert, indem man Zähler mit Zähler sowie Nenner mit Nenner multipliziert. Anschließend ist das Ergebnis so weit wie möglich zu kürzen.

$$\frac{10}{4} \times \frac{4}{2} = \frac{40}{8} = \frac{5}{1} = 5$$

Zu 5) B. 6

Gemischte Zahlen sollten zunächst in reine Brüche umgewandelt werden. Anschließend ist das Ergebnis so weit wie möglich zu kürzen.

$$4\frac{8}{4} = \frac{24}{4} = 6$$

Zu 6) D. $1\frac{1}{2}$

Ein Bruch wird mit einer ganzen Zahl multipliziert, indem man den Nenner beibehält und den Zähler mit der ganzen Zahl multipliziert. Anschließend ist das Ergebnis so weit wie möglich zu kürzen.

$$\frac{4}{8} \times 3 = \frac{12}{8} = \frac{3}{2} = 1\frac{1}{2}$$

Zu 7) C. 16,25

Gemischte Zahlen sollten zunächst in reine Brüche umgewandelt werden. Brüche werden multipliziert, indem man Nenner mit Nenner sowie Zähler mit Zähler malnimmt. Anschließend ist das Ergebnis hier in eine Dezimalzahl umzuwandeln.

$$6\frac{2}{4} \times 2\frac{2}{4} = \frac{26}{4} \times \frac{10}{4} = \frac{260}{16} = 16{,}25$$

Zu 8) B. 2,6

Gemischte Zahlen sollten zunächst in reine Brüche umgewandelt werden. Brüche werden dividiert, indem man mit dem Kehrwert multipliziert. Anschließend ist das Ergebnis so weit wie möglich zu kürzen.

$$6\frac{2}{4} \div 2\frac{2}{4} = \frac{26}{4} \div \frac{10}{4} = \frac{26}{4} \times \frac{4}{10} =$$

$$\frac{104}{40} = 2\frac{3}{5} = 2{,}6$$

Zu 9) B. 9

Fassen Sie Additionen und Subtraktionen geschickt zusammen:

$$\frac{1}{3} + 3\frac{2}{3} + 9{,}5 = 13{,}5$$

$$-3 - 1{,}5 = -4{,}5$$

$$13{,}5 - 4{,}5 = 9$$

Zu 10) D. 1.040

Beachten Sie die Punkt-vor-Strich-Regel bei 40 × ¼. Der Rest ist schnell berechnet.

$$40 \times \frac{1}{4} + \frac{2}{4} + 1.029 + 0,5 = 10 + 0,5 + 1.029 + 0,5 = 1.040$$

Kopfrechnen (Aufgaben 11–20)

Zu 11) 27 ÷ 3 + 18 ÷ 3 × 2 + 118 − 30 ÷ 2 + 3 ÷ 7 ÷ 2 + 16 = 20

Zu 12) 13 − 5 × 6 ÷ 4 ÷ 3 + 4 + 6 − 3 × 2 + 17 ÷ 3 + 12 ÷ 5 + 6 × 2 = 22

Zu 13) 2 × 2 + 2 ÷ 2 + 2 × 2 − 2 + 22 ÷ 2 + 2 × 2 − 2 × 2 + 2 = 66

Zu 14) 9 × 2 + 9 ÷ 3 × 9 − 3 ÷ 6 + 15 ÷ 4 × 5 + 11 ÷ 2 − 5 ÷ 6 + 78 ÷ 9 = 9

Zu 15) 24 + 17 × 2 + 3 ÷ 5 + 4 ÷ 7 × 2 + 19 ÷ 5 + 1 × 8 + 7 = 55

Zu 16) 9 × 4 ÷ 6 × 3 + 4 − 3 × 2 + 4 ÷ 6 × 5 + 2 = 37

Zu 17) 18 + 4 ÷ 2 + 9 − 3 × 4 − 2 ÷ 2 + 2 − 5 ÷ 5 × 3 ÷ 2 = 9

Zu 18) 1 × 2 + 3 × 4 − 5 × 2 + 15 ÷ 9 × 10 − 11 ÷ 3 = 13

Zu 19) 9 × 8 ÷ 6 − 5 × 7 + 6 ÷ 5 + 9 × 3 ÷ 2 − 1 = 29

Zu 20) 3 × 6 ÷ 9 + 3 × 9 ÷ 3 × 2 − 3 × 2 ÷ 9 = 6

Rechenzeichen ergänzen (Aufgaben 21–40)

Zu 21) 2 × 3 × 2 = 6 × 2 = 12

Zu 22) 8 × 7 ÷ 4 = 56 ÷ 4 = 14

Zu 23) 9 ÷ 3 + 5 = 3 + 5 = 8

Zu 24) 7 − 8 ÷ 4 = 7 − 2 = 5

Zu 25) 1 + 4 × 4 = 17

Zu 26) 7 + 9 ÷ 3 = 7 + 3 = 10

Zu 27) 8 − 2 + 1 = 7

Zu 28) 14 × 2 ÷ 7 = 28 ÷ 7 = 4

Zu 29) 18 ÷ 3 − 2 = 6 − 2 = 4

Zu 30) 16 × 2 ÷ 8 = 32 ÷ 8 = 4

Zu 31) 7 − 2 × 3 = 7 − 6 = 1

Zu 32) 15 ÷ 3 + 4 = 5 + 4 = 9

Zu 33) 2 × 8 − 7 = 9

Zu 34) 9 ÷ 3 × 4 = 3 × 4 = 12

Zu 35) 6 × 4 − 5 = 19

Zu 36) 12 × 2 − 8 = 24 − 8 = 16

Zu 37) 3 × 6 ÷ 2 = 18 ÷ 2 = 9

Zu 38) 17 − 9 + 3 = 11

Zu 39) 11 − 6 ÷ 2 = 11 − 3 = 8

Zu 40) 7 × 2 − 9 = 14 − 9 = 5

Schätzaufgaben (Aufgaben 41–50)

Zu 41) D. Zwischen 14,6 und 15,5

Runden Sie zunächst den Faktor, der am nächsten an einer ganzen Zahl liegt, und multiplizieren Sie ihn mit dem anderen Faktor: $4 \times 3,7 = 14,8$. Somit kommen Sie dem tatsächlichen Ergebnis ausreichend nahe, da die vernachlässigte Nachkommastelle 0,1 nur zu einer geringen Erhöhung führen kann ($0,1 \times 3,7 = 0,37$).

Zu 42) D. 10

Betrachten Sie nur die letzten Ziffern:

$8 \times 9 - 2 = 72 - 2 = 70$

Die Endziffer der Lösung muss demnach 0 lauten – Antwort D stimmt.

Zu 43) D. 2.503

Betrachtet man nur die letzten Ziffern und Nachkommastellen, erhält man $2,5 + 0,565 - 0,065 = 3$. Die letzte Ziffer der gesuchten Zahl muss eine 3 sein.

Zu 44) D. 0,505

Für die Schätzung kann statt $4/27$ der Wert $4/28$ – oder $2/14$ – verwendet werden. Als Annäherung erhält man so:

$5/14 + 2/14 = 7/14 = 0,5$

Zu 45) C. Zwischen 3,4 und 3,7

Die erste Stelle des Ergebnisses muss 3 lauten, da der Divisor dreimal vollständig in den Dividenden hineinpasst: $3 \times 35 = 105$. Es verbleibt ein Rest von 20 ($125 - 105$). Die erste Nachkommastelle des Ergebnisses berechnen Sie, indem Sie den Rest mit 10 multiplizieren und prüfen, wie oft der Divisor in den erhaltenen Wert hineinpasst: $200 \div 35 = 5$, Rest 25. Das Ergebnis beginnt also mit 3,5 und liegt demnach zwischen 3,4 und 3,7; Antwort C stimmt.

Zu 46) D. 10.425.245

Die letzte Ziffer der Lösung lässt sich berechnen, indem man nur die Endziffern der einzelnen Werte betrachtet:

$8 + 7 = 15$

Die Endziffer der Lösung lautet also 5. Mit gerundeten Millionenwerten lässt sich der Wert außerdem wie folgt überschlagen:

$8,3 + 2,1 = 10,4$

Beide dieser Bedingungen erfüllt nur Antwort D.

Zu 47) C. 18,33

Die letzte Ziffer der Lösung lässt sich berechnen, indem man nur die Endziffern der einzelnen Werte betrachtet:

$7 \times 9 = 63$

Die letzte Ziffer des Endergebnisses lautet also 3. Per Überschlag stellt man außerdem fest, dass der gesuchte Wert kleiner als 20 (5 × 4) sein muss. Beide dieser Bedingungen erfüllt nur Antwort C.

Zu 48) B. 100,1 %

77 % entsprechen ungefähr drei Vierteln (75 %). 130 % entsprechen ungefähr vier Dritteln (133 %). Bringt man die Werte in Bruchform, lässt sich das Ergebnis schnell abschätzen:

¾ × ⁴⁄₃ = ¹²⁄₁₂ = 1 = 100 %

Zu 49) B. 112

Zum einen muss die Endziffer 2 lauten, da $\sqrt{4} = 2$ ergibt. Zum anderen muss die Lösung – als Quadratwurzel einer fünfstelligen Zahl – dreistellig sein.

Zu 50) B. Zwischen 3.050 und 3.125

Überschlagen Sie mit gerundeten Werten: Die zweite Potenz von 3,9 liegt nahe an der zweiten Potenz von 4, und die lautet 16. Multipliziert mit 200, ergibt sich 3.200. Da das Aufrunden der Potenz durch das Abrunden des zweiten Faktors nicht ausgeglichen wird, ist das tatsächliche Ergebnis etwas kleiner – als richtige Lösung kommt nur der Bereich zwischen 3.050 und 3.125 infrage.

Maßeinheiten umrechnen (Aufgaben 51–60)

Zu 51) D. 347

Ein Zentimeter entspricht 10 Millimetern, also ergeben 34,7 Zentimeter 347 Millimeter:

34,7 × 10 mm = 347 mm

Zu 52) C. 1.625 €

Herr Mayer erhält für seine 2.600 $ von der Bank 1.625 €.

Zu 53) D. 0,000345

Ein Millimeter entspricht 0,001 Metern bzw. 0,000001 Kilometern, also ergeben 345 Millimeter 0,000345 Kilometer:

345 × 0,000001 km = 0,000345 km

Zu 54) C. 17.000 m²

Das Gewerbegrundstück im Nachbarort hat 17.000 m² Grundfläche.

1 ha = 10.000 m²

10.000 m² × 1,7 = 17.000 m²

Zu 55) D. 21.700.000

Eine Tonne entspricht 1.000 Kilogramm bzw. 1.000.000 Gramm, also ergeben 21,7 Tonnen 21,7 Mio. Gramm:

21,7 × 1.000.000 g = 21.700.000 g

Zu 56) C. 6 t

Das entspricht einem Gesamtgewicht von 6 Tonnen.

Lösungen: Mathematik

1 Ztr. = 50 kg
120 × 50 kg = 6.000 kg = 6 t

Zu 57) A. 388.800 Sekunden
4,5 Tage haben 388.800 Sekunden:
4,5 × 24 h = 108 h
108 × 60 min = 6.480 min
6.480 × 60 s = 388.800 s

Zu 58) C. 41,5
Ein Millimeter entspricht 0,001 Metern. Auf einen Quadratmeter gingen demnach 0,0415 Kubikmeter Wasser nieder:
41,5 × 0,001 m × 1 m² = 0,0415 m³
Ein Kubikmeter entspricht 1.000 Kubikdezimetern bzw. 1.000 Litern, also ergeben 0,0415 Kubikmeter 41,5 Liter:

0,0415 × 1.000 l = 41,5 l
Bei dem Gewitter gingen pro Quadratmeter stündlich 41,5 Liter Wasser nieder.

Zu 59) A. 26.500
Ein Liter entspricht 1.000 Kubikzentimetern, also ergeben 26,5 Liter 26.500 Kubikzentimeter:
26,5 × 1.000 cm³ = 26.500 cm³

Zu 60) A. 900.000
Ein Hektar entspricht 10.000 Quadratmetern bzw. 1.000.000 Quadratdezimetern, also ergeben 0,9 Hektar 900.000 Quadratdezimeter:
0,9 × 1.000.000 dm² = 900.000 dm²

Dreisatz (Aufgaben 61–70)

Zu 61) C. 150 Stunden
Zwei Mitarbeiter würden 150 Stunden für den Auftrag benötigen.
6 × 50 h = 300 h
300 h ÷ 2 = 150 h

Zu 62) C. 12 h
Er wird zwölf Stunden benötigen.
60 min ÷ 20 = 3 min pro Antrag
240 × 3 min = 720 min
720 min ÷ 60 = 12 h

Zu 63) B. 4 €
Um den gleichen Umsatz zu erzielen, müsste die 1-Liter-Flasche 4 € kosten.
3 € ÷ 0,75 × 1 = 4 €

Zu 64) C. 132 l
Herr Mayer verbraucht unter den genannten Bedingungen 132 Liter Benzin.
22 × 60 km = 1.320 km pro Monat
1.320 km ÷ 100 km × 10 l = 132 l

Zu 65) B. 90 Aufträge

Kollege Schulz erledigt 90 Aufträge in der gleichen Zeit, die Herr Mayer für 60 Aufträge benötigt.

60 ÷ 40 = 1,5 Verhältnis Schulz/Mayer

1,5 × 60 = 90 Aufträge

Zu 66) D. 20 Tage

Der Auftrag erfordert 20 Arbeitstage.

10 Mitarbeiter × 16 d = 160 d Gesamtzeit

160 d ÷ 8 Mitarbeiter = 20 d

Zu 67) D. 15 Mitarbeiter

Es müssten 15 Mitarbeiter eingesetzt werden, um den Auftrag in 20 Stunden zu bewältigen.

6 × 50 h = 300 h Gesamtzeit

300 h ÷ 20 h = 15 Mitarbeiter

Zu 68) D. 22 Mitarbeiter

Herr Mayer müsste für den zweiten Auftrag 22 Mitarbeiter einsetzen.

8 Mitarbeiter × 8 d × 8 h = 512 h

512 h ÷ 40 Stahlträger = 12,8 h pro Stahlträgern

12,8 × 55 Stahlträger = 704 h

704 h ÷ 4 d ÷ 8 h = 22 Mitarbeiter

Zu 69) D. 10 h

Die Mitarbeiter benötigen 10 Stunden.

120 Maschinen ÷ 20 Mitarbeiter = 6 Maschinen pro Mitarbeiter in 6 Stunden

6 Maschinen ÷ 6 h = 1 Maschine pro Mitarbeiter pro Stunde

1 Maschine pro Mitarbeiter × 10 Mitarbeiter = 10 Maschinen pro Stunde

100 Maschinen ÷ 10 Maschinen pro Stunde = 10 h

Zu 70) B. 25 min

Für 200 Seiten würde der Drucker 25 Minuten benötigen.

24.000 ÷ 60 = 400 Zeilen pro min

200 × 50 = 10.000 Zeilen

10.000 ÷ 400 = 25 min

Gemischte Textaufgaben (Aufgaben 71–80)

Zu 71) D. 330 km

Die beiden Züge sind nach 1,5 Stunden 330 km voneinander entfernt.

Geschwindigkeit, mit der sich die Züge voneinander entfernen:

100 km/h + 120 km/h = 220 km/h

11:30 Uhr − 10:00 Uhr = 90 min = 1,5 h

220 km/h × 1,5 h = 330 km

Zu 72) C. 8 Klimageräte

1.680 € − 1.120 € = 560 € Gewinn

560 € ÷ 70 €/Gerät = 8 Geräte

Zu 73) D. Verdoppeln

Herr Mayer müsste seinen Umsatz verdoppeln.

Gesamtumsatz der Konkurrenz:
6.876.000 € + 4.584.000 €
= 11.460.000 €
11.460.000 € ÷ 5.730.000 € = 2

Zu 74) C. 0,90 €

Herr Mayer würde pro Flasche 0,90 € Gewinn erzielen.

Kosten pro Flasche: 1.080 € ÷ 900 l × 0,75 l + 120 € ÷1.200 + 1,10 € = 2,10 €
3 € − 2,10 € = 0,90 €

Zu 75) A. 2.000 €

Mitarbeiter 3 müsste eine Prämie von 2.000 € erhalten.

Mitarbeiter 1 = 8 Jahre

Mitarbeiter 2 = 8 ÷ 2 = 4 Jahre

Mitarbeiter 3 = 4 ÷ 2 = 2 Jahre

Gesamtzahl an Jahren = 14

14.000 € ÷ 14 = 1.000 €

2 × 1.000 € = 2.000 €

Zu 76) C. 3 Kinogänger mehr als Lesefreunde

45 Vereinsmitglieder lesen gerne:

⁵⁄₈ × 72 = 45

48 Vereinsmitglieder gehen gerne ins Kino:

⁶⁄₉ × 72 = 48

Da ein Vereinsmitglied sowohl gerne lesen als auch gerne ins Kino gehen kann, kann die Summe beider Gruppen über der Gesamtzahl der Vereinsmitglieder liegen. Es gibt aber 3 Vereinsmitglieder mehr, die gerne ins Kino gehen, als solche, die sich fürs Lesen interessieren.

Zu 77) C. 5 h

Für die Auszeichnung werden im Durchschnitt 5 Stunden benötigt.

3 h + 4 h + 5 h + 6 h + 7 h = 25 h

25 h ÷ 5 = 5 h

Zu 78) C. ¹⁴⁄₄₅

Von der Gesamtmenge sind sowohl die beschädigten als auch die falsch gelieferten Teile abzuziehen, um auf den Anteil der brauchbaren Teile zu kommen. Brüche werden subtrahiert, indem man sie auf einen gemeinsamen Nenner bringt, ihre Zähler subtrahiert und den Nenner beibehält:

$$1 - \frac{7}{15} - \frac{2}{9} = 1 - \frac{42}{90} - \frac{20}{90} = \frac{90}{90} - \frac{62}{90}$$

$$= \frac{28}{90} = \frac{14}{45}$$

Die Gesamtzahl der Teile spielt hierbei keine Rolle.

Zu 79) D. 41 €

Die dritte Sorte muss 41 Euro pro Kilogramm kosten.

Gesamtpreis: 90 kg × 16 €/kg = 1.440 €

Preis Sorten A und B: 35 kg × 14 €/kg
+ 45 kg × 12 €/kg = 1.030 €
Verbleibender Betrag: 1.440 €
− 1.030 € = 410 €
Verbleibendes Gewicht: 90 kg − 45 kg
− 35 kg = 10 kg
Preis Sorte C: 410 € ÷ 10 kg = 41 €
pro kg

Zu 80) B. 40 min
In einer Minute bewältigen die Mitarbeiter zusammen ¹⁄₄₀ der Datenmenge:
$$\frac{1}{60}+\frac{1}{180}+\frac{1}{360}=\frac{6}{360}+\frac{2}{360}+\frac{1}{360}=$$
$$\frac{9}{360}=\frac{1}{40}$$
Um alle Daten einzugeben, brauchen die Mitarbeiter also 40 Minuten.

Prozentrechnen (Aufgaben 81–90)

Zu 81) C. 30.000 €
Der Anschaffungswert betrug 30.000 €.
$$Grundwert=\frac{Prozentwert \times 100}{Prozentsatz}$$
$$Grundwert=\frac{25.500\,€\times100}{85}=30.000\,€$$

Zu 82) A. 1.000 €
Der Rechnungsbetrag betrug 1.000 €.
$$Grundwert=\frac{Prozentwert \times 100}{Prozentsatz}$$
$$Grundwert=\frac{80\,€\times100}{8}=1.000\,€$$

Zu 83) B. 2.000 €
Der ursprüngliche Rechnungsbetrag betrug 2.000 €.
$$Grundwert=\frac{Prozentwert \times 100}{Prozentsatz}$$
$$Grundwert=\frac{1.862\,€\times100}{98}=1.900\,€$$

$$Grundwert=\frac{1.900\,€\times100}{95}=2.000\,€$$

Zu 84) B. 20 %
Herr Mayer hat 20 Prozent einsparen können.
Ersparnis: 18.000 € − 14.400 € = 3.600 €
$$Prozentsatz=\frac{Prozentwert \times 100}{Grundwert}$$
$$Prozentsatz=\frac{3.600\,€\times100}{18.000\,€}=20\,\%$$

Zu 85) B. 18.500 €
Der Sonderposten hat im Einkauf 18.500 € gekostet.
$$Grundwert=\frac{Prozentwert \times 100}{Prozentsatz}$$
$$Grundwert=\frac{19.980\,€\times100}{108}=18.500\,€$$

Zu 86) B. 16.170 €

Nach den Preiserhöhungen kostet Herrn Müllers altes Fahrzeug 16.170 €.

$$\text{Prozentwert} = \frac{\text{Grundwert} \times \text{Prozentsatz}}{100}$$

$$\text{Prozentwert} = \frac{14.000 \, € \times 110}{100} = 15.400 \, €$$

$$\text{Prozentwert} = \frac{15.400 \, € \times 105}{100} = 16.170 \, €$$

Zu 87) D. 80 %

80 % der wahlberechtigten Beschäftigten haben bei der Betriebsratswahl gewählt.

$$\text{Prozentsatz} = \frac{\text{Prozentwert} \times 100}{\text{Grundwert}}$$

$$\text{Prozentsatz} = \frac{68 \times 100}{85} = 80 \%$$

Zu 88) A. 4.000 €

Der reguläre Preis beträgt 4.000 €.

$$\text{Grundwert} = \frac{\text{Prozentwert} \times 100}{\text{Prozentsatz}}$$

$$\text{Grundwert} = \frac{3.400 \, € \times 100}{85} = 4.000 \, €$$

Zu 89) A. 1.980,16 €

Für die Lieferung müssen 1.980,16 € bezahlt werden.

$$\text{Prozentwert} = \frac{\text{Grundwert} \times \text{Prozentsatz}}{100}$$

$$\text{Prozentwert} = \frac{2.080 \, € \times 80}{100} = 1.664 \, €$$

$$\text{Prozentwert} = \frac{1.664 \, € \times 119}{100} = 1.980,16 \, €$$

Zu 90) C. 50 %

Der Gewinn beträgt 50 Prozent.

Beispielrechnung mit 1 € Einkaufspreis pro Wurst:

3 Würstchen à 1 € im Einkauf = 3 €

2 Würstchen à 1,5 € im Verkauf = 3 €

$$\text{Prozentsatz} = \frac{\text{Prozentwert} \times 100}{\text{Grundwert}}$$

$$\text{Prozentsatz} = \frac{0,5 \, € \times 100}{1 \, €} = 50 \%$$

Zinsrechnen (Aufgaben 91–100)

Zu 91) B. 1.500 €

Nach sechs Monaten haben sich 1.500 € Zinsen angehäuft.

$$\text{Zinsen} = \frac{\text{Kapital} \times \text{Zinssatz} \times \text{Tage}}{100 \times 360 \, \text{d}}$$

$$\text{Zinsen} = \frac{50.000 \times 6\% \times 180 \, \text{d}}{100 \times 360 \, \text{d}} = 1.500 \, €$$

Zu 92) D. 8 %

Der Jahreszinssatz für die Verzugszinsen beträgt acht Prozent.

5.100 € – 5.000 € = 100 € (Zinsen)

$$\text{Zinssatz} = \frac{\text{Zinsen} \times 100 \times 360 \, \text{d}}{\text{Kapital} \times \text{Tage}}$$

$$\text{Zinssatz} = \frac{100\,€ \times 100 \times 360\,d}{5.000\,€ \times 90\,d} = 8\%$$

Zu 93) B. 450 €

Herr Mayer würde für die drei Monate 450 € Zinsen erhalten.

$$\text{Zinsen} = \frac{\text{Kapital} \times \text{Zinssatz} \times \text{Tage}}{100 \times 360\,d}$$

$$\text{Zinsen} = \frac{30.000 \times 6\% \times 90\,d}{100 \times 360\,d} = 450\,€$$

Zu 94) C. 5,00 %

Herr Mayer hat einen Jahreszins von fünf Prozent erhalten.

$$\text{Zinssatz} = \frac{\text{Zinsen} \times 100 \times 360\,d}{\text{Kapital} \times \text{Tage}}$$

$$\text{Zinssatz} = \frac{600\,€ \times 100 \times 360\,d}{24.000\,€ \times 180\,d} = 5\%$$

Zu 95) C. 40.000 €

Ein Anlagebetrag von 40.000 € würde in einem halben Jahr den gleichen Zinsbetrag abwerfen.

$$\text{Kapital} = \frac{\text{Zinsen} \times 100 \times 360\,d}{\text{Zinssatz} \times \text{Tage}}$$

$$\text{Kapital} = \frac{1.200\,€ \times 100 \times 360\,d}{6 \times 180\,d} = 40.000\,€$$

Zu 96) B. 200 Tage

Der Kapitalbetrag muss 200 Tage angelegt werden.

$$\text{Tage} = \frac{\text{Zinsen} \times 100 \times 360\,d}{\text{Kapital} \times \text{Zinssatz}}$$

$$\text{Tage} = \frac{800\,€ \times 100 \times 360\,d}{24.000\,€ \times 6} = 200\,d$$

Zu 97) C. 800 €

Herr Mayer würde nach 120 Tagen Zinsen in Höhe von 800 € erhalten.

$$\text{Zinsen} = \frac{\text{Kapital} \times \text{Zinssatz} \times \text{Tage}}{100 \times 360\,d}$$

$$\text{Zinsen} = \frac{40.000 \times 6\% \times 120\,d}{100 \times 360\,d} = 800\,€$$

Zu 98) A. 8 %

Es entspricht einem Zinssatz von acht Prozent.

$$\text{Zinssatz} = \frac{\text{Zinsen} \times 100 \times 360\,d}{\text{Kapital} \times \text{Tage}}$$

$$\text{Zinssatz} = \frac{400\,€ \times 100 \times 360\,d}{20.000\,€ \times 90\,d} = 8\%$$

Zu 99) A. 144.000 €

Er müsste einen Betrag in Höhe von 144.000 € anlegen.

$$600\,€ \times 12 = 7.200\,€$$

$$\text{Grundwert} = \frac{\text{Prozentwert} \times 100}{\text{Prozentsatz}}$$

$$\text{Grundwert} = \frac{7.200\,€ \times 100}{5} = 144.000\,€$$

Zu 100) D. 67,5 %

Das Skonto würde einem Jahreszins von 67,5 % entsprechen.

Der Skontosatz von 3 % bezieht sich auf den Zeitraum des Zahlungsaufschubs, das sind im vorliegenden Fall 16 Tage:

30 Tage (Zahlungsziel) − 14 Tage (Skontofrist) = 16 Tage

Um den Jahreszins zu berechnen, ist der Skontosatz auf ein Jahr umzurechnen:

$$Jahreszins = \frac{Skontosatz \times 360d}{16d}$$

$$Jahreszins = \frac{3\% \times 360d}{16d} = 67{,}5\%$$

Tabellen analysieren (Aufgaben 101–115)

I. Gewinn- und Verlustkonto

Zu 101) C. Löhne und Gehälter

Für Löhne und Gehälter entsteht der größte Aufwand.

Löhne und Gehälter = 22.000 €

Zu 102) B. 37.000 €

Der Gesamtaufwand beträgt 37.000 €.

8.000 € + 2.000 € + 1.000 € + 22.000 € + 3.000 € + 500 € + 200 € + 300 € = 37.000 €

Zu 103) C. 13.000 €

Der Gewinn beträgt 13.000 €.

Umsatz − Aufwand = Gewinn

50.000 € − 37.000 € = 13.000 €

Zu 104) C. 260 €

Die Ausgaben müssten um 260 € gesenkt werden.

Gewinn = Umsatz − Aufwand =
50.000 € − 37.000 € = 13.000 €

$$Prozentwert = \frac{Grundwert \times Prozentsatz}{100}$$

$$Prozentwert = \frac{13.000 \text{ €} \times 2}{100} = 260 \text{ €}$$

Zu 105) C. 23.000 €

Der Gewinn würde 23.000 € betragen.

$$Prozentwert = \frac{Grundwert \times Prozentsatz}{100}$$

$$Prozentwert = \frac{50.000 \text{ €} \times 120}{100} = 60.000 \text{ €}$$

Gewinn = Umsatz − Aufwand =
60.000 € − 37.000 € = 23.000 €

II. ABC-Analyse

Zu 106) D. Blechschrauben und Zollschrauben

Blech- und Zollschrauben gehören zur Artikelgruppe C.

Blechschrauben: 495 €

Zollschrauben: 1.000 €

Zu 107) D. 478.140 €

Der Jahresumsatz wird voraussichtlich 478.140 Euro betragen.

270 € + 4.080 € + 12.900 € + 4.675 €
+ 4.050 € + 495 € + 2.375 € + 1.000 €
+ 9.000 € + 1.000 € = 39.845 €

12 × 39.845 € = 478.140 €

Zu 108) B. Etwas mehr als die Hälfte

Der Umsatzanteil an A-Artikeln beträgt 54,87 Prozent.

Sicherheitsschrauben: 12.900 €

Muttern: 9.000 €

Umsatzanteil an A-Artikeln: 12.900 € + 9.000 € = 21.900 €

Gesamtumsatz: 270 € + 4.080 € + 12.900 € + 4.675 € + 4.050 € + 495 € + 2.375 € + 1.000 € + 9.000 € + 1.000 € = 39.845 €

$$\text{Prozentsatz} = \frac{\text{Prozentwert} \times 100}{\text{Grundwert}}$$

$$\text{Prozentsatz} = \frac{21.900 \, € \times 100}{39.845 \, €} = 54{,}96\,\%$$

Zu 109) B. Etwas mehr als 12 Prozent

Der Mengenanteil an A-Artikeln beträgt 12,36 Prozent.

Sicherheitsschrauben: 1.500 Stk.

Muttern: 6.000 Stk.

Mengenanteil an A-Artikeln: 1.500 Stk. + 6.000 Stk. = 7.500 Stk.

Gesamtmenge: 4.500 + 1.200 + 1.500 + 8.500 + 9.000 + 5.500 + 9.500 + 5.000 + 6.000 + 10.000 = 60.700 Stk.

$$\text{Prozentsatz} = \frac{\text{Prozentwert} \times 100}{\text{Grundwert}}$$

$$\text{Prozentsatz} = \frac{7.500 \, \text{Stk.} \times 100}{60.700 \, \text{Stk.}} = 12{,}36\,\%$$

Zu 110) D. A-Artikel haben einen hohen Umsatzanteil.

Bei der klassischen ABC-Analyse haben A-Artikel einen hohen Umsatz- und einen geringen Mengenanteil. Idealtypische Regel:

Umsatz-Anteil	Mengen-Anteil	Kategorie
85 %	15 %	A
10 %	35 %	B
5 %	50 %	C

III. Haushaltspläne der BRD

Zu 111) C. 557,1 Mrd. €

Die Gesamtausgaben der Bundesrepublik Deutschland veranschlagt der Haushaltsplan für 2021 mit 557.093 Millionen Euro, das sind rund 557,1 Milliarden Euro.

Zu 112) D. 31 %

Rund 31 Prozent des Bundeshaushaltes flossen 2021 ins Ressort des Bundesministeriums für Arbeit und Soziales.

$$\text{Prozentsatz} = \frac{\text{Prozentwert} \times 100}{\text{Grundwert}}$$

$$\text{Prozentsatz} = \frac{175.131 \text{ Mio. €} \times 100}{557.093 \text{ Mio. €}}$$
$$= 41{,}8\,\%$$

Zu 113) B. Rund 2,4 %

Die Ausgaben für das Bundesministerium der Verteidigung stiegen von 2020 bis 2021 um 2,4 Prozent.

$47.237 \text{ Mio. €} - 46.114 \text{ Mio. €}$
$= 1.123 \text{ Mio. €}$

$$\text{Prozentsatz} = \frac{\text{Prozentwert} \times 100}{\text{Grundwert}}$$

$$\text{Prozentsatz} = \frac{1.123 \text{ Mio. €} \times 100}{46.114 \text{ Mio. €}} = 2{,}4\,\%$$

Zu 114) C. 25,6 %

Die Gesamtausgaben stiegen von 2020 zu 2021 um rund 25,6 Prozent.

$557.093 \text{ Mio. €} - 443.432 \text{ Mio. €}$
$= 113.661 \text{ Mio. €}$

$$\text{Prozentsatz} = \frac{\text{Prozentwert} \times 100}{\text{Grundwert}}$$

$$\text{Prozentsatz} = \frac{113.661 \text{ Mio. €} \times 100}{443.432 \text{ Mio. €}}$$
$$= 25{,}6\,\%$$

Zu 115) B. Ca. 0,14 Mrd. €

Lägen die Staatsschulden um drei Prozent niedriger, würden die Ausgaben für den Schuldendienst um mehr als 138 Millionen Euro sinken.

$$\text{Prozentwert} = \frac{\text{Grundwert} \times \text{Prozentsatz}}{100}$$

$$\text{Prozentwert} = \frac{4.608 \text{ Mio. €} \times 3\,\%}{100}$$

$= 138{,}24 \text{ Mio. €} \approx 0{,}14 \text{ Mrd. €}$

Diagramm-Aufgaben (Aufgaben 116–130)

I. Kostenkalkulation

Zu 116) A. Die Lagerkosten nehmen mit zunehmender Beschaffungsmenge zu.

Je mehr Material zu lagern ist, desto höher werden auch die Lagerkosten.

Zu 117) B. Die Beschaffungskosten nehmen mit zunehmender Beschaffungsmenge ab.

Je mehr von einem Artikel oder Material einzukaufen ist, desto bessere Konditionen lassen sich pro Artikel erzielen.

Zu 118) C. Kleine Beschaffungsmengen verursachen geringe Kapital- und Lagerkosten.

Kleine Beschaffungsmengen benötigen wenig Lagerraum und verursachen daher geringe Lagerkosten. Zudem benötigt man für einen kleinen Einkauf auch nur wenig Kapital.

Zu 119) C. Die Gesamtkosten aus Lager- und Beschaffungskosten sind am geringsten.

Die optimale Bestellmenge ist jene Menge, bei der die Summe aus Bestell- und Lagerhaltungskosten in einem Planungszeitraum am geringsten ist. Je häufiger bestellt wird, umso höher sind die Bestellkosten und umso niedriger die Lagerhaltungskosten. Bei einer geringeren Bestellhäufigkeit sind die Lagerhaltungskosten höher und die Bestellkosten niedriger.

Zu 120) A. 100 Stück

Die optimale Bestellmenge lautet 100 Stück.

$$M_{Opt} = \sqrt{\frac{200 \times 1.500 \times 10}{20(5+10)}} =$$

$$\sqrt{\frac{3.000.000}{300}} = \sqrt{10.000} = 100$$

II. Mengenkalkulation

Zu 121) B. 6

Es werden 6 Teile der Elemente „e_n" zur Herstellung des Materials A benötigt.

$2 + 1 + 3 = 6$

Zu 122) C. 8

Im Fertigerzeugnis C sind 8 Teile des Elements „e_2" enthalten.

$2 \times 4 = 8$

Zu 123) C. 24

Es sind 24 Elemente „e_1" in 3 Fertigerzeugnissen C enthalten.

$(2 \times 3) \times 3 + (2 \times 3) = 24$

Zu 124) D. e_4 mit 17 Teilen

Das Element „e_4" hat mit 17 Teilen den größten Teileanteil am Fertigerzeugnis C.

$4 \times 4 + 1 = 17$

Zu 125) D. 360

Es werden 360 Teile der Elemente „e_n" zur Herstellung von 5 Fertigerzeugnissen C benötigt.

$((6 \times 3) + (12 \times 4) + (6)) \times 5 = 360$

III. Sitzverteilung im Bundestag

Zu 126) C. Rund 28 %

Die SPD ist mit rund 28 Prozent der Sitze im Parlament vertreten.

$$Prozentsatz = \frac{Prozentwert \times 100}{Grundwert}$$

$$Prozentsatz = \frac{206 \times 100}{736} = 27,99\,\%$$

Zu 127) C. 172 Sitze

Für die absolute Mehrheit braucht man mindestens 369 Sitze. CDU und CSU hätten also mindestens noch 172 weitere Sitze erlangen müssen: $369 - 197 = 172$.

Zu 128) B. Rund 35 %

Der Frauenanteil im Bundestag beträgt rund 35 Prozent.

$$\text{Prozentsatz} = \frac{\text{Prozentwert} \times 100}{\text{Grundwert}}$$

$$\text{Prozentsatz} = \frac{257 \times 100}{736} = 34{,}92\,\%$$

Zu 129) B. 136 Sitze

Damit Männer und Frauen gleich viele Sitze haben, müssten auf beide Geschlechter 736 ÷ 2 = 368 Sitze entfallen. Die Differenz zu den tatsächlich weiblich belegten Sitzen beträgt 368 − 257 = 111 Sitze. Wenn also weitere 111 Abgeordnete weiblich statt männlich wären, säßen genauso viele Frauen wie Männer im Bundestag.

Zu 130) C. 490 Abgeordnete

490 Abgeordnete wären verheiratet.

$$\text{Prozentwert} = \frac{\text{Grundwert} \times \text{Prozentsatz}}{100}$$

Verheiratete Frauen:

$$\text{Prozentwert} = \frac{257 \times 45\,\%}{100} = 115{,}65$$

Verheiratete Männer:

$$\text{Prozentwert} = \frac{479 \times 78\,\%}{100} = 373{,}62$$

116 + 374 = 490 Abgeordnete

Geometrie (Aufgaben 131–140)

Zu 131) B. 28,8 cm

Ein Parallelogramm ist ein Viereck, dessen gegenüberliegende Seiten parallel verlaufen und gleich lang sind. Da man die Längen der unterschiedlichen Seiten des skizzierten Parallelogramms kennt, lässt sich sein Umfang (U) schnell berechnen:

U = 2 × (a + b) = 2 × (6,6 cm + 7,8 cm) = 2 × 14,4 cm = 28,8 cm

Der Umfang des Parallelogramms beträgt 28,8 Zentimeter.

Zu 132) B. 0,729 m³

Um das Volumen der würfelförmigen Box zu berechnen, braucht man ihre Kantenlänge. Die wiederum kann man berechnen, wenn man den Flächeninhalt der Seitenflächen kennt. Die insgesamt beklebte Außenfläche der Geschenkbox entspricht der Fläche des komplett aufgebrauchten Folienbogens, die sich wie folgt berechnet:

A = l × b = 4,05 m × 1 m = 4,05 m²

Da die Box oben offen ist, müssen nur 5 Seiten der würfelförmigen Box beklebt werden. Eine einzige Seite hat demnach folgenden Flächeninhalt:

$A_{Seitenfläche}$ = 4,05 m² ÷ 5 = 0,81 m²

Da die Seitenflächen eines Würfels Quadrate sind, ergibt sich ihre Seitenlänge – und zugleich die Kantenlänge (a) der Box – aus der Wurzel der Seitenfläche:

$A_{Seitenfläche} = a \times a = a^2$

$a = \sqrt{A_{Seitenfläche}} = \sqrt{0,81 m^2} = 0,9 m$

Nun kann das Volumen der Box berechnet werden:

$V = a \times a \times a = (0,9 m)^3 = 0,729 m^3$

Das Volumen der Box beträgt 0,729 Kubikmeter.

Zu 133) C. 30 m²

Das Volumen der Erdschicht berechnet sich durch Grundfläche mal Höhe:

$V = l \times b \times h = A \times h$

Da das Volumen und die Höhe – bzw. Dicke – der Erdschicht bekannt sind, kann die Grundfläche wie folgt berechnet werden:

$A = \dfrac{V}{h} = \dfrac{4,5 m^3}{15 cm} = \dfrac{4,5 m^3}{0,15 m} = 30 m^2$

Herrn Kerners Garten hat eine Fläche von 30 Quadratmetern.

Zu 134) D. 17 m

Da es sich hier um ein rechtwinkliges Dreieck handelt, gilt der Satz des Pythagoras: $a^2 + b^2 = c^2$. Nachdem man die in Dezimetern angegebene Seitenlänge in Meter umgeformt hat, lässt sich der gesuchte Wert wie folgt berechnen:

$c^2 = a^2 + b^2 = (15 m)^2 + (8 m)^2 = 225 m^2 + 64 m^2 = 289 m^2$

$c = \sqrt{289 m^2} = 17 m$

Die Seite c – die Hypotenuse des rechtwinkligen Dreiecks – ist 17 Meter lang.

Zu 135) C. 35,7 m²

Zunächst ist die Gesamt-Wandfläche (A) des Zimmers zu berechnen. Gegenüberliegende Wände des Schlafzimmers besitzen die gleiche Fläche und müssen nicht jeweils einzeln ausgerechnet werden:

$A_{gesamt} = 2 \times A_{Seitenwand} + 2 \times A_{Längswand}$

Der Inhalt rechteckiger Flächen ergibt sich aus der Multiplikation ihrer Seitenlängen:

$A_{gesamt} = 2 \times (l \times h) + 2 \times (b \times h) = 2 \times (4 m \times 2,8 m) + 2 \times (3,5 m \times 2,8 m) = 2 \times 11,2 m^2 + 2 \times 9,8 m^2 = 22,4 m^2 + 19,6 m^2 = 42 m^2$

Nun müssen die Tür- und Fensterflächen abgezogen werden, die 15 Prozent der gesamten Wandfläche einnehmen – wie viele Quadratmeter das sind, lässt sich anhand folgender Formel berechnen:

$$\text{Prozentwert} = \frac{\text{Grundwert} \times \text{Prozentsatz}}{100}$$

$$\text{Prozentwert} = \frac{42 \text{ m}^2 \times 15}{100} = 6{,}3 \text{ m}^2$$

Nach dem Abzug der 6,3 Quadratmeter für Türen und Fenster beträgt die zu tapezierende Fläche noch:

$42 \text{ m}^2 - 6{,}3 \text{ m}^2 = 35{,}7 \text{ m}^2$

Zu 136) A. Rund 10 cm

Der Kreisumfang (U) berechnet sich nach der Formel $U = 2 \times \pi \times r$. Da der Radius (r) der Hälfte des Durchmessers entspricht, besteht zwischen Umfang und Durchmesser folgender Zusammenhang:

$U = 2 \times \pi \times r$

$U = \pi \times d \quad | \div \pi$

$\frac{U}{\pi} = d$

Durch Einsetzen ergibt sich:

$d = \frac{U}{\pi} \approx \frac{31{,}4 \text{ cm}}{3{,}14} = 10 \text{ cm}$

Der Durchmesser des abgebildeten Kreises beträgt rund 10 Zentimeter.

Zu 137) E. 34°

Ein gleichschenkliges Dreieck hat zwei gleich lange Seiten, denen zwei gleich große Winkel – im abgebildeten Dreieck α und β – gegenüberliegen. Da die Summe aller Winkel im Dreieck 180° ergibt, lassen sich die gesuchten Winkel wie folgt berechnen:

$α = β = (180° - 112°) \div 2 = 34°$

Die Winkel α und β betragen jeweils 34°.

Zu 138) D. 4 cm

Die gesamte Oberfläche eines Würfels setzt sich – da seine Länge, Breite und Höhe gleich sind – aus 6 identischen Seitenflächen zusammen. Kennt man also die Gesamtoberfläche des Würfels, kann man mühelos auf den Flächeninhalt einer einzigen Seite schließen:

$$A_{Seite} = \frac{A_{gesamt}}{6} = \frac{96 \text{ cm}^2}{6} = 16 \text{ cm}^2$$

Da die Seitenflächen eines Würfels Quadrate sind, beträgt die gesuchte Kantenlänge die Wurzel aus dem Inhalt einer Seitenfläche:

$A_{Seite} = a \times a = a^2$

$a = \sqrt{A_{Seite}} = \sqrt{16 \text{ cm}^2} = 4 \text{ cm}$

Die Kantenlänge des Würfels beträgt 4 Zentimeter.

Zu 139) C. 5 cm

Die Hypotenuse ist 5 cm lang.

$a^2 + b^2 = c^2$

$4^2 + 3^2 = c^2$

$16 + 9 = c^2$

$c = \sqrt{25} = 5$

Mathematik

Zu 140) C. Rund 2,31 dm³

Das Zylindervolumen (V) berechnet sich nach der Formel $V = \pi \times r^2 \times h$. Durch Einsetzen ergibt sich:

$V = \pi \times r^2 \times h = \pi \times (0{,}7 \text{ dm})^2 \times 1{,}5 \text{ dm} = \pi \times 0{,}49 \text{ dm}^2 \times 1{,}5 \text{ dm} = \pi \times 0{,}735 \text{ dm}^3 \approx 2{,}31 \text{ dm}^3$

Das Volumen des abgebildeten Zylinders beträgt rund 2,31 Kubikdezimeter.

Analysis (Aufgaben 141–145)

Zu 141) A. $x_1 = 1; x_2 = -11$

Bringen Sie die Gleichung zuerst in die Normalform:

$-3x^2 - 30x + 43 = 10 \quad | -10$

$-3x^2 - 30x + 33 = 0 \quad | \div (-3)$

$x^2 + 10x - 11 = 0$

Nun können Sie die pq-Formel anwenden:

$$x_{1,2} = -\frac{p}{2} \pm \sqrt{\left(\frac{p}{2}\right)^2 - q}$$

$$x_{1,2} = -\frac{10}{2} \pm \sqrt{\left(\frac{10}{2}\right)^2 - (-11)}$$

$$= -5 \pm \sqrt{25 + 11}$$

$$= -5 \pm \sqrt{36}$$

$$= -5 \pm 6$$

Für x ergeben sich die Lösungen:

$x_1 = -5 + 6 = 1$

$x_2 = -5 - 6 = -11$

Zu 142) A. P (4 | 9)

Die x-Koordinate des Schnittpunktes P erhalten Sie, indem Sie beide Funktionen gleichsetzen und dann nach x auflösen:

$3x - 3 = -4x + 25 \quad | +4x$

$7x - 3 = 25 \quad | +3$

$7x = 28 \quad | \div 7$

$x = 4$

Die y-Koordinate des Schnittpunktes P erhalten Sie, indem Sie den soeben berechneten x-Wert in eine der beiden Ausgangsgleichungen einsetzen:

$y = 3x - 3$

$y = 3 \times 4 - 3$

$y = 12 - 3 = 9$

Die Geraden schneiden sich im Punkt P (4 | 9).

Zu 143) D. $f'(x) = e^x \times (2x - 1)$

Im ersten Schritt wenden Sie die Produktregel an:

$f(x) = (2x - 3) \times e^x$

$f'(x) = 2 \times e^x + (2x - 3) \times e^x$

Nun können Sie bei dieser Art von Funktion e^x wieder ausklammern und die Rechnung vereinfachen:

$f'(x) = 2 \times e^x + (2x - 3) \times e^x$
$= e^x \times (2 + 2x - 3)$
$= e^x \times (2x - 1)$

Zu 144) C. 1

Die geometrische Reihe konvergiert gegen 1.

$$\frac{1}{2} + \frac{1}{4} + \frac{1}{8} + \ldots + \frac{1}{2^n} = \sum_{k=1}^{\infty} \frac{1}{2^k}$$

$$\sum_{k=1}^{\infty} \frac{1}{2^k} = \left(\sum_{k=0}^{\infty} \frac{1}{2^k}\right) - \frac{1}{2^0}$$

$$= \left(\sum_{k=0}^{\infty} \left(\frac{1}{2}\right)^k\right) - 1$$

Nach der geometrischen Summenformel gilt (für alle reellen $q \neq 1$):

$$\sum_{k=0}^{n} q^k = \frac{1 - q^{n+1}}{1 - q}$$

Wandelt man den oben erhaltenen Ausdruck mit der geometrischen Summenformel um, erhält man:

$$\left(\sum_{k=0}^{\infty} \left(\frac{1}{2}\right)^k\right) - 1 = \frac{1 - \left(\frac{1}{2}\right)^{n+1}}{1 - \left(\frac{1}{2}\right)} - 1 = \frac{1}{\frac{1}{2}} - 1$$

$$= 2 - 1 = 1$$

Zu 145) B. Graph B

Setzt man in der Funktionsgleichung $y = 2^x$ für x probeweise die Werte 0, 1, 2 und 3 ein, dann erhält man für y die Werte 1, 2, 4 und 8. Dies entspricht dem Graphen B im Koordinatensystem.

Logisches Denkvermögen

Zahlenreihen *Bearbeitungszeit 10 Minuten*

Jede Zahlenreihe ist sinnvoll nach einer bestimmten Bildungsregel aufgebaut. Welche Zahl setzt die Reihe logisch fort?

Hierzu ein Beispiel

Aufgabe

1)

A. 6
B. 7
C. 8
D. 9
E. Keine Antwort ist richtig.

Antwort

A. 6

Gesucht ist die 6: Jede Zahl ist um 1 größer als ihre Vorgängerin.

Bitte bearbeiten Sie nun die Aufgaben: Setzen Sie die Zahlenreihen sinnvoll fort, indem Sie jeweils den richtigen Lösungsbuchstaben markieren.

1)

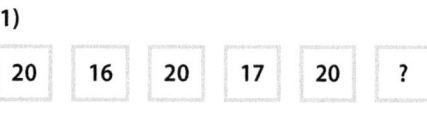

A. 20
B. 22
C. 18
D. 12
E. Keine Antwort ist richtig.

2)

A. 21
B. 23
C. 12
D. 19
E. Keine Antwort ist richtig.

3)

A. 10
B. 24
C. 18
D. 20
E. Keine Antwort ist richtig.

4)

A. 22
B. 26
C. 24
D. 25
E. Keine Antwort ist richtig.

5)

| 86 | 68 | 65 | 56 | 53 | ? |

A. 35
B. 44
C. 25
D. 52
E. Keine Antwort ist richtig.

6)

| 120 | 120 | 60 | 20 | ? |

A. 4
B. 5
C. 10
D. 15
E. Keine Antwort ist richtig.

7)

| 2 | 2 | 4 | 8 | 32 | ? |

A. 40
B. 64
C. 72
D. 256
E. Keine Antwort ist richtig.

8)

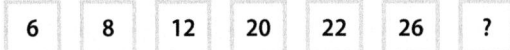

A. 14
B. 8
C. 20
D. 34
E. Keine Antwort ist richtig.

9)

A. 15
B. 11
C. 32
D. 13
E. Keine Antwort ist richtig.

10)

A. 15
B. 16
C. 17
D. 19
E. Keine Antwort ist richtig.

Logisches Denkvermögen

Zahlenmatrizen
Bearbeitungszeit 10 Minuten

Die Zahlenmatrizen in diesem Abschnitt sind nach festen Regeln gebildet. Bitte stellen Sie sicher, dass jede Matrix richtig aufgestellt ist.

Hierzu ein Beispiel

Aufgabe

1) Welche Zahl fehlt?

1	2	2
3	2	?
3	4	12

- A. 4
- B. 2
- C. 8
- D. 6
- E. Keine Antwort ist richtig.

Antwort

(D.) 6

In jeder Reihe ergeben die zwei linken Zahlen multipliziert die rechte Zahl. In jeder Spalte ergeben die zwei oberen Zahlen multipliziert die untere Zahl.

> **Bearbeitungstipp**
>
> Konzentrieren Sie sich zuerst auf eine einzige Reihe oder Spalte. Wie hängen die Zahlen darin rechnerisch zusammen, wird addiert, subtrahiert, multipliziert, dividiert? Wenn Sie eine Regel gefunden haben, versuchen Sie diese auf alle übrigen Reihen bzw. Spalten zu übertragen. Bei pyramidenförmigen Matrizen ist jede Zahl meist mit den beiden Zahlen unmittelbar darunter verknüpft.

Bitte bearbeiten Sie nun die Aufgaben: Markieren Sie jeweils den Lösungsbuchstaben des richtigen Antwortvorschlags. Sie haben dafür **10 Minuten** Zeit.

11) In jeder Reihe und Spalte sind Zahlen durch bestimmte Rechenoperationen verknüpft. Welche Zahl stimmt nicht?

64	32	16
16	8	4
5	2	1

A. 16
B. 4
C. 1
D. 2
E. 5

12) Welche Zahl fehlt?

5	45	15	21
7	63	21	27
?	72	24	30
11	99	33	39

A. 9
B. 8
C. 13
D. 6
E. Keine Antwort ist richtig.

13) Welche Zahl fehlt?

48	39	47
40	?	41
45	42	44

A. 54
B. 46
C. 36
D. 26
E. Keine Antwort ist richtig.

14) Welche Zahl fehlt?

3	7	9	15
10	14	16	22
20	?	32	44
5	7	8	11

A. 28
B. 24
C. 26
D. 32
E. Keine Antwort ist richtig.

15) Welche Zahl fehlt?

5	8	32	35
4	16	?	76
3	6	24	27
2	8	11	44

A. 19
B. 22
C. 24
D. 36
E. Keine Antwort ist richtig.

16) Welche Zahl fehlt?

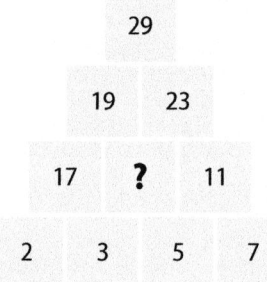

A. 9
B. 21
C. 17
D. 13
E. Keine Antwort ist richtig.

17) Welche Zahl fehlt?

10	4	1	5
2	?	10	2
1	2	10	10
10	5	2	2

A. 2
B. 1
C. 5
D. 4
E. Keine Antwort ist richtig.

18) Welche Zahl fehlt?

2	5	2	5
1	5	10	?
5	4	1	5
10	1	5	2

A. 2
B. 4
C. 5
D. 10
E. Keine Antwort ist richtig.

19) Die Zahlen in den dunkelgrauen Feldern sollen addiert jeweils von oben nach unten, diagonal und von links nach rechts die Zahlen in den hellgrauen Feldern ergeben. Welche Zahl stimmt nicht?

38	54	92
42	24	66
80	88	62

A. 80
B. 88
C. 66
D. 92
E. 62

20) Welche Zahl fehlt?

30	1	10	8
10	3	10	8
4	16	0,5	75
2	?	48	0,5

A. 24
B. 15
C. 50
D. 8
E. Keine Antwort ist richtig.

Ein Wort fällt aus der Reihe

Bearbeitungszeit 5 Minuten

In diesem Abschnitt steht Ihr Sprachgefühl auf dem Prüfstand.

Pro Aufgabe erhalten Sie fünf Wörter, wovon vier sich in einer gewissen Weise entsprechen. Ein Begriff passt nicht in die Reihe – bitte markieren Sie den zugehörigen Lösungsbuchstaben.

Hierzu ein Beispiel

Aufgabe

1)
- A. Motorrad
- B. Personenkraftwagen
- C. Lastkraftwagen
- D. Traktor
- E. Rose

Antwort

(E.) Rose

Bei den ersten vier Antworten handelt es sich um Kraftfahrzeuge. Bei der fünften Antwort handelt es sich um eine Pflanze. „Rose" passt nicht – Lösungsbuchstabe ist daher das E.

Bitte bearbeiten Sie nun die Aufgaben: Markieren Sie jeweils den Lösungsbuchstaben des aus der Reihe fallenden Wortes.

21)
- A. bald
- B. beinahe
- C. kaum
- D. fast
- E. nahezu

22)
- A. Ermäßigung
- B. Abschlag
- C. Zuschlag
- D. Nachlass
- E. Rabatt

23)
A. Rot
B. Violett
C. Braun
D. Orange
E. Türkis

24)
A. schneiden
B. telefonieren
C. wissen
D. eisern
E. verweigern

25)
A. unverzüglich
B. sofort
C. augenblicklich
D. zukünftig
E. sogleich

26)
A. komisch
B. seltsam
C. lustig
D. sonderbar
E. eigentümlich

27)
A. Pullover
B. Jeanshose
C. Rock
D. Unterhose
E. Mantel

28)
A. Treppe
B. Eingangstür
C. Fenster
D. Boden
E. Büro

29)
A. oval
B. rund
C. viereckig
D. rechteckig
E. kantig

30)
A. Kalb
B. Lamm
C. Pony
D. Ferkel
E. Welpe

Sprachanalogien

Bearbeitungszeit 5 Minuten

In diesem Abschnitt wird Ihre Fähigkeit zu logischem Denken im sprachlichen Bereich geprüft.

Pro Aufgabe erhalten Sie zwei Wörter, die in einer bestimmten Beziehung zueinander stehen. Eine ähnliche Beziehung besteht zwischen einem dritten und vierten Wort. Das dritte Wort wird Ihnen vorgegeben, das vierte sollen Sie in den Antworten A bis E selbst ermitteln.

Hierzu ein Beispiel

Aufgabe

1) dick : dünn wie lang : ?
A. hell
B. dunkel
C. schmal
D. kurz
E. schlank

Antwort

(D.) kurz

Gesucht wird ein Begriff, zu dem sich „lang" genauso verhält wie „dick" zu „dünn". Da „dick" das Gegenteil von „dünn" ist, muss nun ein Gegenbegriff zu „lang" gefunden werden. Von den Wahlwörtern kommt dafür nur „kurz" infrage; Lösungsbuchstabe ist daher das D.

Bitte bearbeiten Sie nun die Aufgaben: Vervollständigen Sie die Wortgleichung, indem Sie den richtigen Lösungsbuchstaben markieren.

31) **Fleiß : Erfolg** wie **Arbeit : ?**
A. Stress
B. Gehalt
C. Stunden
D. Nachtschicht
E. Gleitzeit

32) **Mikroskop : Biologie** wie **Teleskop : ?**
A. Astronomie
B. Astrologie
C. Sternwarte
D. Feldstecher
E. Raumschiff

33) **Getreide : Silo** wie
    Öl : ?
A. Raffinerie
B. Motor
C. Heizung
D. Tank
E. Schiff

34) **Zement : Wasser** wie
    Kuchen : ?
A. Margarine
B. Zucker
C. Backform
D. Milch
E. Ofen

35) **Komponist : Noten** wie
    Schriftsteller : ?
A. Skript
B. Reportage
C. Buch
D. Nachricht
E. Wörter

36) **Verfassung : Artikel** wie
    Koran : ?
A. Suren
B. Vers
C. Psalm
D. Lied
E. Inhalt

37) **Sauerstoff : Mensch** wie
    Stickstoff : ?
A. Verbrennung
B. Tier
C. Pflanze
D. Reptil
E. Stoffwechsel

38) **Kegel : Raum** wie
    Rechteck : ?
A. Dimension
B. Fläche
C. Linie
D. Punkt
E. Gerade

39) **Entfernung : Meter** wie
    Stromstärke : ?
A. Watt
B. Ampere
C. Ohm
D. Widerstand
E. Kabel

40) **Äquator : Breitengrad** wie
    Nullmeridian : ?
A. Querstreifen
B. Längengrad
C. Höhengrad
D. Koordinate
E. Datumsgrenze

Schlussfolgerungen

Bearbeitungszeit 10 Minuten

Jede Aufgabe konfrontiert Sie mit mehreren Aussagen. Welche Schlussfolgerung lässt sich daraus ziehen? Ob die Aussagen in einem sinnvollen Bezug zur Realität stehen, ist hierbei unerheblich.

41) Welche Schlussfolgerung ist logisch richtig, wenn die folgende Behauptung zugrunde gelegt wird? „Marc ist unbegabt. Wenn Marc unbegabt ist, dann malt er gerne."

A. Marc ist begabt und malt gerne.
B. Marc ist unbegabt und malt gerne.
C. Marc malt nicht gerne.
D. Marc ist begabt und malt nicht gerne.
E. Keine Antwort ist richtig.

42) Welche Schlussfolgerung ist logisch richtig, wenn die folgende Behauptung zugrunde gelegt wird? „Alle Würfel sind rund. Einige Würfel sind grün. Alle grünen Würfel haben ein Loch."

A. Alle Würfel haben ein Loch.
B. Alle Würfel, die ein Loch haben, sind grün.
C. Es gibt Würfel, die rund und grün sind und ein Loch haben.
D. Es gibt Würfel, die weder rund sind noch ein Loch haben.
E. Keine Antwort ist richtig.

43) Doris, Kurt, Marta, Sinan und Michaela ziehen jeweils ein Stäbchen und legen fest, dass derjenige mit dem kürzesten Stäbchen abwaschen muss. Wer erledigt den Abwasch?

¬ Kurt hätte das längste Stäbchen, wenn Michaela nicht wäre.
¬ Sinans Stäbchen ist ein wenig länger als Doris'.
¬ Sinan und Marta haben gleich lange Stäbchen gezogen.

A. Marta
B. Kurt
C. Doris
D. Sinan
E. Keine Antwort ist richtig.

44) Welche Schlussfolgerung ist logisch richtig, wenn die folgende Behauptung zugrunde gelegt wird? „Hans möchte um 19:00 Uhr entweder Barbara oder Paul besuchen. Hans besucht um 19:00 Uhr Paul. Also …"
A. besucht Hans um 19:00 Uhr Barbara.
B. besucht Hans um 19:00 Uhr Barbara und Paul.
C. besucht Hans um 19:00 Uhr nicht Barbara.
D. besucht Barbara um 19:00 Uhr Paul.
E. Keine Antwort ist richtig.

45) Welche Schlussfolgerung ist logisch richtig, wenn die folgende Behauptung zugrunde gelegt wird? „Pierre arbeitet im Garten oder poliert sein Auto. Seine Frau gießt den Garten. Wenn seine Frau den Garten gießt, arbeitet er nicht im Garten. Also …"
A. arbeitet er im Garten mit der Frau zusammen.
B. arbeitet er am Schreibtisch.
C. poliert Pierre sein Auto.
D. poliert Pierre sein Auto und arbeitet im Garten.
E. Keine Antwort ist richtig.

46) Wer ist beim Wettlauf am langsamsten?
¬ Peter ist ein wenig schneller als Dieter.
¬ Peter und Maria treffen zur gleichen Zeit ein.
¬ Klaus hätte gewonnen, wenn ihn Mike nicht noch überholt hätte.
A. Dieter
B. Klaus
C. Maria
D. Peter
E. Keine Antwort ist richtig.

47) Welcher der genannten Flüsse ist am längsten?
¬ Der Kongo ist mehr als dreimal so lang wie der Rhein.
¬ Der Niger ist nicht ganz doppelt so lang wie der Ganges, aber nicht am längsten.
¬ Die Wolga ist kürzer als der Niger.
¬ Die Wolga ist der längste Fluss Europas.
A. Wolga
B. Kongo
C. Ganges
D. Niger
E. Keine Antwort ist richtig.

Logisches Denkvermögen

48) Welche Schlussfolgerung ist logisch richtig, wenn die folgende Behauptung zugrunde gelegt wird? „Wenn Enten Schnecken essen, dann essen sie auch Körner. Wenn Enten Wasser trinken, dann essen sie keine Körner. Enten trinken Wasser oder jagen Fische. Enten essen Schnecken. Also ..."

A. jagen Enten Fische.
B. jagen Enten keine Fische.
C. essen Enten keine Körner.
D. trinken Enten kein Wasser.
E. Keine Antwort ist richtig.

49) Welche Schlussfolgerung ist logisch richtig, wenn die folgende Behauptung zugrunde gelegt wird? „Wenn Pedro das Spiel gewonnen hat, ist Charlene oder Max auf Platz 2 gelandet. Wenn Charlene Zweite geworden ist, hat Pedro das Spiel nicht gewonnen. Wenn Alberto Zweiter geworden ist, dann ist es nicht Max geworden. Pedro hat das Spiel gewonnen. Also ist ..."

A. Pedro Zweiter geworden.
B. Alberto Zweiter geworden.
C. Charlene Zweite geworden.
D. Max Zweiter geworden.
E. Keine Antwort ist richtig.

50) Welche Schlussfolgerung ist logisch richtig, wenn die folgende Behauptung zugrunde gelegt wird? „Manche schlechten Schüler bekommen Strafarbeiten oder schlechte Noten. Klaus ist ein guter Schüler."

A. Klaus bekommt keine Strafarbeit.
B. Klaus bekommt keine schlechten Noten.
C. Manche Schüler bekommen Strafarbeiten oder schlechte Noten.
D. Manche Schüler bekommen Strafarbeiten und schlechte Noten.
E. Keine Antwort ist richtig.

Sprachsysteme entschlüsseln

Bearbeitungszeit 5 Minuten

Nun lernen Sie eine fremde Sprache kennen.

Finden Sie zuerst mithilfe der Beispielsätze heraus, wie das Sprachsystem funktioniert, um anschließend kurze Aufgabensätze richtig übersetzen zu können.

Bearbeitungstipps

Die vorliegenden Sprachsysteme sind vollkommen logisch aufgebaut. Auf unregelmäßige Verben werden Sie genauso wenig stoßen wie auf variierende Beugungsformen oder andere Sonderfälle.

Mit den angegebenen Beispielsätzen haben Sie alle Informationen zur Hand, die Sie brauchen, um die Aufgaben zu lösen. Gehen Sie strukturiert und planvoll vor.

Die Fua-Sprache

Beispielsätze

Ich ging	= fulatelu
Er fällt	= folavol
Wir werden gehen	= fulutela
Ihr geht	= falutel
Sie fielen	= foluvolu

Bitte markieren Sie den Buchstaben derjenigen Antwort, die den vorgestellten Satz richtig in die Fua-Sprache übersetzt.

51) Ich gehe
A. falatel
B. fulatel
C. fulatela
D. falutelu
E. Keine Antwort ist richtig.

52) Du gehst
A. falatel
B. folatel
C. falatela
D. folatelu
E. Keine Antwort ist richtig.

53) Wir fielen
A. fuluvol
B. faluvol
C. fuluvolu
D. folavolu
E. Keine Antwort ist richtig.

54) Du fällst
A. falavol
B. fuluvol
C. folavol
D. falovol
E. Keine Antwort ist richtig.

55) Sie wird fallen
A. folavol
B. falavolu
C. folavola
D. falavola
E. Keine Antwort ist richtig.

Flussdiagramm

Bearbeitungszeit 5 Minuten

Flussdiagramme sind ein Mittel, um Vorgänge mit verschiedenen Verlaufsalternativen anschaulich abzubilden: So lassen sich verzweigte Abläufe planen, steuern und erklären.

Hierzu ein Beispiel

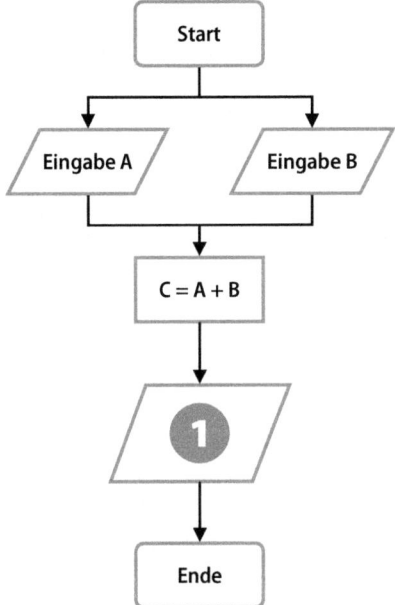

Aufgabe

1) Wofür steht die Zahl 1 im Flussdiagramm?

A. Ausgabe C
B. Ausgabe A
C. Ausgabe B
D. Eingabe A
E. Keine Antwort ist richtig.

Antwort

(A.) Ausgabe C

Im abgebildeten Prozess werden zwei Variablen A und B eingegeben und zum Ergebnis C addiert. Sinnvollerweise wird dieses Ergebnis anschließend ausgegeben, also z. B. auf einem Monitor angezeigt.

Wie funktionieren Flussdiagramme?

Ein Flussdiagramm besteht aus verschiedenen Symbolen, die beschriftet und durch waagerechte oder senkrechte Verlaufspfeile miteinander verbunden sind. Die Symbole lassen sich grob in fünf Gruppen einordnen:

¬ **Rechtecke mit abgerundeten Ecken** stehen für Prozessbeginn und -ende.

¬ **Rauten** stellen Bedingungen dar.

¬ **Rechtecke** symbolisieren eigene, in sich geschlossene Unterprozesse.

¬ **Ovale** kennzeichnen Entscheidungen oder Konsequenzen.

¬ **Parallelogramme** stehen für prozessinterne Ein- und Ausgaben (Inputs/Outputs).

Heizungsregelung

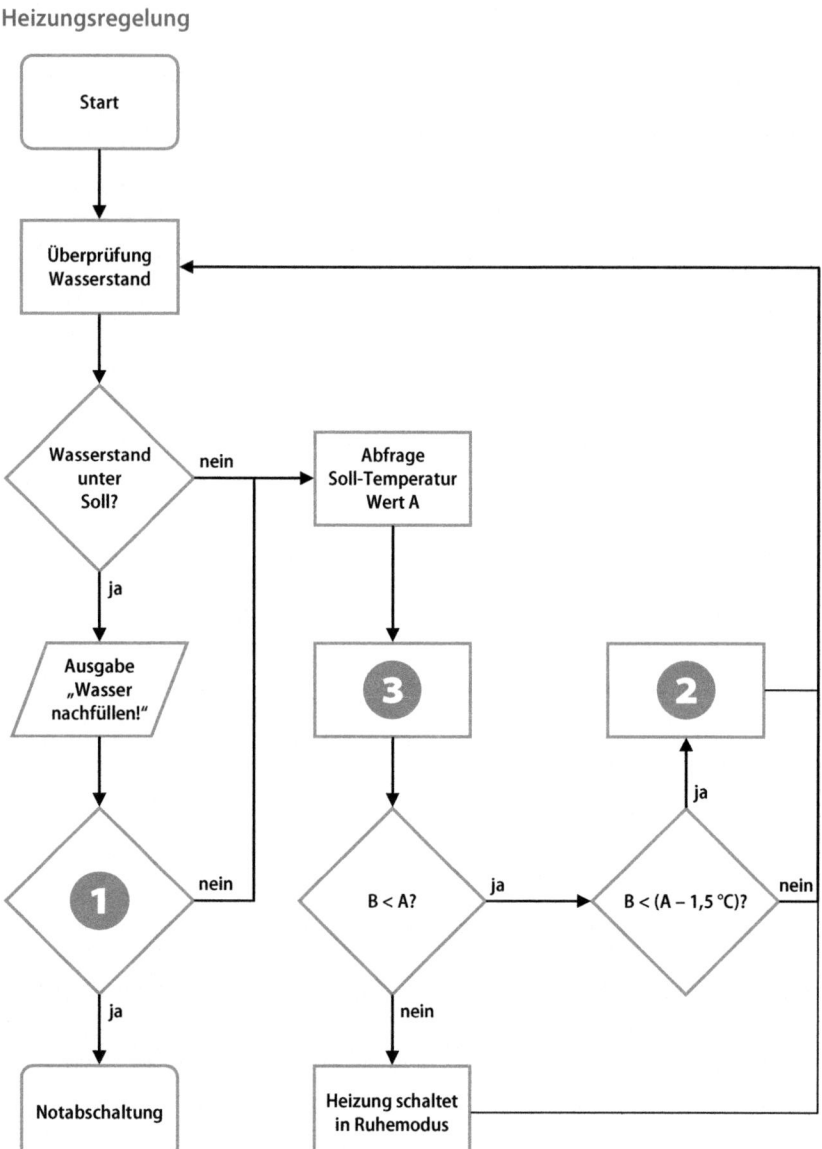

Bitte bearbeiten Sie nun die Aufgaben: Markieren Sie jeweils den Lösungsbuchstaben des richtigen Antwortvorschlags. Sie haben dafür **5 Minuten** Zeit.

56) Durch welche der Antworten wird die Zahl 1 im Flussdiagramm sinnvoll ersetzt?
A. Abfrage Ist-Temperatur / Wert B?
B. Wasser nachgefüllt?
C. B > A?
D. Wasserstand kritisch?
E. Wasserstand prüfen

57) Durch welche der Antworten wird die Zahl 2 im Flussdiagramm sinnvoll ersetzt?
A. Heizung geht an
B. B < (A – 5 °C)?
C. Ausgabe „Heizung geht an"
D. Überprüfung Wasserstand
E. Wasser nachgefüllt?

58) Durch welche der Antworten wird die Zahl 3 im Flussdiagramm sinnvoll ersetzt?
A. Ist-Temperatur abfragen?
B. Abfrage Ist-Temperatur / Wert B
C. B = A?
D. Wasser wird nachgefüllt
E. Heizung springt an

59) Was geschieht, wenn die gemessene Temperatur 1 °C unterhalb des festgelegten Soll-Werts liegt?
A. Die Heizung springt an.
B. Die Heizung schaltet in den Ruhemodus.
C. Die Heizung schaltet sich ab.
D. Ausgabe „Wasser nachfüllen!"
E. Die Heizung springt noch nicht an, das System schaltet aber auch nicht in den Ruhemodus.

60) Was geschieht bei einer Raumtemperatur von 17 °C und einer Soll-Temperatur von 19 °C, wenn der Wasserstand kritisch ist?
A. Die Heizung springt an.
B. Die Heizung schaltet in den Ruhemodus.
C. Der Benutzer wird aufgefordert, Wasser nachzufüllen.
D. Die Heizung schaltet sich sicherheitshalber selbst ab.
E. Der Benutzer wird zur Abschaltung aufgefordert.

Datenanalyse *Bearbeitungszeit 5 Minuten*

Sie sehen vor sich das Klimadiagramm der Stadt Rom.

Für jeden Monat sind die durchschnittliche Tages-, Nacht- und Wassertemperatur, die Sonnenscheindauer pro Tag sowie die monatlichen Niederschlagstage angegeben.

Klimadaten

Für Rom; verschiedene Klimadaten im Monatsdurchschnitt

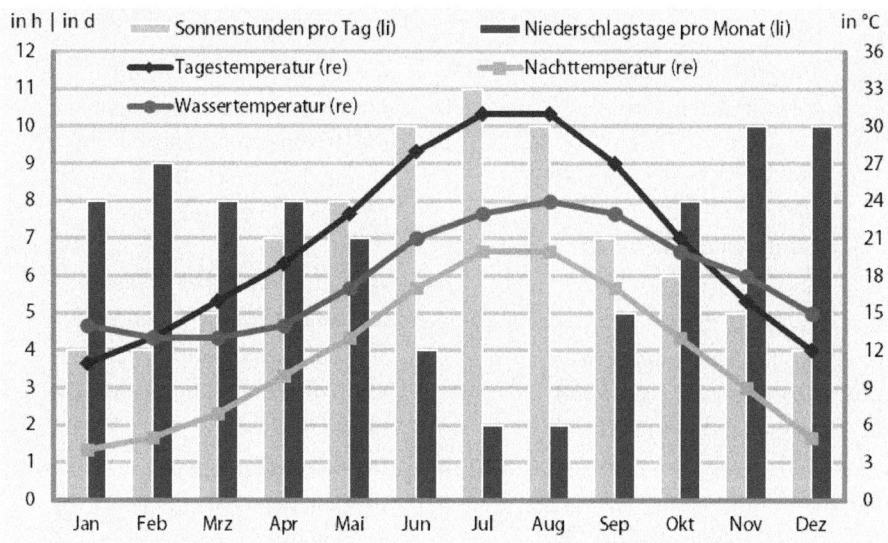

Bitte beantworten Sie nun die folgenden Fragen schriftlich.

61) Wann regnet es in Rom am häufigsten? Wie oft regnet es dann?

62) Welchen Zusammenhang gibt es zwischen der Sonnenscheindauer und der Niederschlagshäufigkeit?

63) Welcher Zusammenhang besteht zwischen der Sonnenscheindauer und der Wassertemperatur?

Logisches Denkvermögen

64) Welche Temperaturkurven kreuzen sich, und wie lässt sich der Verlauf dieser Kurven erklären?

65) Welche Messkurven verlaufen größtenteils parallel?

Symbolrechnen

Bearbeitungszeit 5 Minuten

In jeder Aufgabe stehen gleiche Symbole für gleiche Zahlen. Jedes Symbol repräsentiert eine Zahl von 0 bis 9, zwei zusammengezogene Symbole entsprechen einer zweistelligen Zahl. Welche Zahl wird durch das gesuchte Symbol ausgedrückt?

Hierzu ein Beispiel

Aufgabe

1) Für welche Zahl steht das Symbol Ω?

$$\Omega \times \Omega = \Omega$$

A. 4
B. 3
C. 2
D. 1
E. Keine Antwort ist richtig.

Antwort

D. 1

Gesucht wird eine Zahl, die mit sich selbst multipliziert sich selbst zum Ergebnis hat – von den Auswahlmöglichkeiten kommt nur die 1 infrage: $1 \times 1 = 1$.

Bitte bearbeiten Sie nun die Aufgaben: Markieren Sie jeweils den Lösungsbuchstaben des richtigen Antwortvorschlags.

66) Für welche Zahl steht das Symbol Ψ?

$$\Psi + \Psi + \Psi + \Psi = \Pi$$

A. 2
B. 3
C. 4
D. 5
E. Keine Antwort ist richtig.

67) Für welche Zahl steht das Symbol Ψ?

$$\Pi\Pi + \Pi = \Pi\Psi$$

A. 1
B. 7
C. 5
D. 4
E. Keine Antwort ist richtig.

68) Für welche Zahl steht das Symbol Π?

Π5 × Π + Π = 5Π

A. 3
B. 1
C. 6
D. 2
E. Keine Antwort ist richtig.

69) Für welche Zahl steht das Symbol Δ?

Π9 − Π = 2Δ

A. 9
B. 7
C. 6
D. 3
E. Keine Antwort ist richtig.

70) Für welche Zahl steht das Symbol δ?

(Ψ + δ) × (Ψ − δ) = Ψ × Ψ − 64

A. 9
B. 7
C. 8
D. 6
E. Keine Antwort ist richtig.

Kombinationsvermögen

Bearbeitungszeit 5 Minuten

Um die Aufgaben zu lösen, müssen Sie die benötigten Informationen aus den vorangestellten Aussagen herausfiltern und richtig miteinander verknüpfen.

Vier Pferde

Im Stall stehen vier Pferde: Billy, Max, Paul und John. Jedes Pferd bevorzugt ein anderes Nahrungsmittel – nämlich Hafer, Gras, Karotten oder Äpfel.

Satz a) Max steht dem Karottenesser im Stall direkt gegenüber.

Satz b) Paul und Billy essen keine Äpfel.

Satz c) John und Billy essen dem Grasfresser manchmal das Gras weg, wenn sie Hunger haben.

Satz d) Max frisst Gras nur, wenn er nichts anderes zu fressen bekommt, und für Hafer pflegt er, wie auch John, keine Vorliebe.

Bitte markieren Sie jeweils den richtigen Lösungsbuchstaben.

71) Welches Pferd bevorzugt Gras?
A. Paul
B. Max
C. John
D. Billy
E. Die Aussagen widersprechen sich; es gibt keine Lösung.

72) Welches Pferd bevorzugt Äpfel?
A. Paul
B. Max
C. John
D. Billy
E. Die Aussagen widersprechen sich; es gibt keine Lösung.

73) Welches Pferd bevorzugt Hafer?
A. Paul
B. Max
C. John
D. Billy
E. Die Aussagen widersprechen sich; es gibt keine Lösung.

Problemlösendes Denken   *Bearbeitungszeit 10 Minuten*

Sie sind ein gefeierter Popstar und gerade auf Promotiontour, um Ihr neues Album vorzustellen.

Soeben sind Sie am Flughafen (Start/Ziel) gelandet. Nun stehen Interviews bei verschiedenen Radiosendern (A bis F) an. Einige Sender haben mit Ihnen ein Telefoninterview ausgemacht (Telefon-Symbol) – Ihr Smartphone ist jedoch leider heute Morgen zu Bruch gegangen. Sie können aber die Telefonanlagen dieser Sender nutzen, um vereinbarte Telefonate mit anderen Sendern zu erledigen. Bei den übrigen Studios müssen Sie persönlich erscheinen.

Jedes Interview dauert 5 Minuten, die Fahrtzeiten zwischen den Radiostationen sind im vorliegenden Plan vermerkt. Wie schnell können Sie alle Interviews erledigen und frühestens wieder am Flughafen sein?

74) Wie viele Minuten brauchen Sie für die schnellste Route?

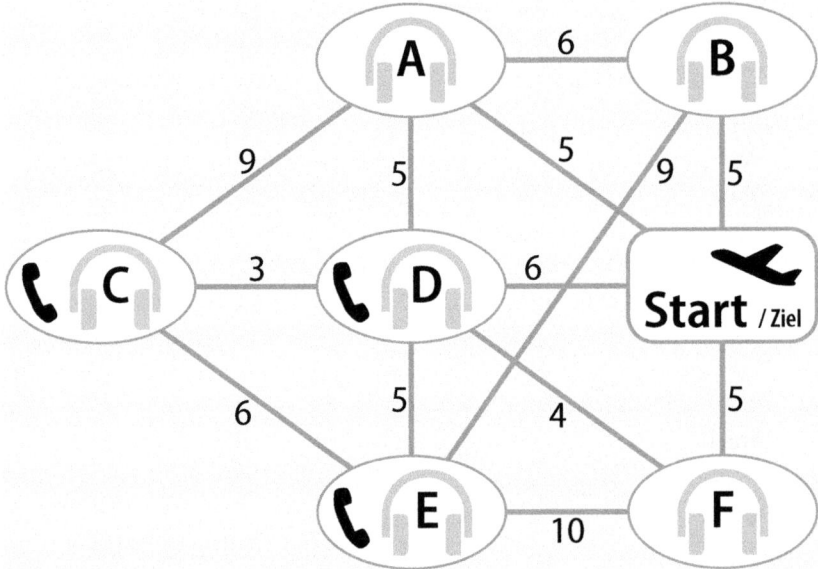

Lösungen: Logisches Denkvermögen

1) C	26) C	51) B
2) B	27) D	52) A
3) B	28) E	53) C
4) C	29) E	54) A
5) A	30) C	55) C
6) B	31) B	56) D
7) D	32) A	57) A
8) D	33) D	58) B
9) C	34) D	59) E
10) C	35) E	60) D
11) E	36) A	61)
12) B	37) C	62)
13) B	38) B	63) Siehe Erklärung
14) A	39) B	64)
15) A	40) B	65)
16) D	41) B	66) A
17) C	42) C	67) D
18) A	43) C	68) D
19) B	44) C	69) B
20) C	45) C	70) C
21) C	46) A	71) A
22) C	47) B	72) B
23) A	48) A	73) D
24) D	49) D	74) 55 Minuten
25) D	50) C	

Zahlenreihen (Aufgaben 1–10)

Zu 1) C. 18
−4 | +4 | −3 | +3 | −2

Zu 2) B. 23
+1 | +2 | +3 | +4 | +5 | +6

Zu 3) B. 24

−5 | −4 | −3 | −2 | −1

Zu 4) C. 24

+4 | +5 | +4 | +5 | +4

Zu 5) A. 35

Die Reihe besteht aus Paaren von Kehrzahlen: 86 und 68, 65 und 56, 53 und 35.

Zu 6) B. 5

÷1 | ÷2 | ÷3 | ÷4

Zahlenmatrizen (Aufgaben 11–20)

Zu 11) E. 5

In jeder Spalte wird von oben nach unten bei jedem Schritt durch 4 geteilt. In jeder Reihe wird von links nach rechts bei jedem Schritt durch 2 geteilt. Anstelle der 5 müsste links unten eine 4 stehen.

64	÷2	32	÷2	16
÷4		÷4		÷4
16	÷2	8	÷2	4
÷4		÷4		÷4
4	÷2	2	÷2	1

Zu 7) D. 256

Die jeweils nächste Zahl ergibt sich aus der Multiplikation ihrer beiden Vorläuferinnen.

Zu 8) D. 34

+2 | +4 | +8 | +2 | +4 | +8

Zu 9) C. 32

x | y | x + 4 | y × 2 | x + 4 + 4 | y × 2 × 2 | x + 4 + 4 + 4 | y × 2 × 2 × 2

Zu 10) C. 17

Es handelt sich um Primzahlen in aufsteigender Folge. Primzahlen sind nur durch sich selbst und 1 teilbar.

Zu 12) B. 8

Das Fragezeichen wird durch die Zahl 8 sinnvoll ersetzt. Die Reihen werden waagerecht nach folgendem Prinzip gebildet:

Die jeweils linke Zahl jeder Reihe wird mit 9 multipliziert, anschließend durch 3 geteilt und zum erhaltenen Wert wird schließlich 6 addiert.

×9 | ÷3 | +6

Zu 13) B. 46

Das Fragezeichen wird durch die Zahl 46 sinnvoll ersetzt. Die Reihen werden nach folgendem Prinzip gebildet:

Es wird abwechselnd subtrahiert und addiert, wobei die zu addierende bzw. subtrahierende Zahl stets um 1 geringer ist als die zuvor addierte bzw. subtrahierte Zahl. Begonnen wird links oben mit der Subtraktion von 9, die Schritte laufen über die Zeilengrenzen hinweg.

−9 | +8
−7 | +6 | −5
+4 | −3 | +2

Zu 14) A. 28

Das Fragezeichen wird durch die Zahl 28 sinnvoll ersetzt. Die Reihen werden senkrecht nach folgendem Prinzip gebildet:

Addieren Sie 7 zur jeweils oben stehenden Zahl. Multiplizieren Sie anschließend mit 2 und teilen Sie den erhaltenen Wert schließlich durch 4.

+7 | ×2 | ÷4

(Rechnung in senkrechter Richtung)

Zu 15) A. 19

Das Fragezeichen wird durch die Zahl 19 sinnvoll ersetzt. Die Reihen werden waagerecht nach folgendem Prinzip gebildet:

Abwechselnd wird 3 addiert und mit 4 multipliziert. In jeder Zeile wechselt der Rechenschritt, mit dem begonnen wird.

+3 | ×4 | +3
×4 | +3 | ×4

+3 | ×4 | +3
×4 | +3 | ×4

Zu 16) D. 13

Das Fragezeichen wird durch die Zahl 13 sinnvoll ersetzt. Die Pyramide besteht aus der Aufzählung der Primzahlen, die unten links beginnt und sich in aufsteigender Folge s-förmig durch das Raster schlängelt: 2, 3, 5, 7, 11, 13, 17, 19, 23, 29.

Zu 17) C. 5

Das Fragezeichen wird durch die Zahl 5 sinnvoll ersetzt. Die Multiplikation der Zahlen einer Reihe oder Spalte führt immer zum Ergebnis 200.

Zu 18) A. 2

Das Fragezeichen wird durch die Zahl 2 sinnvoll ersetzt. Die Multiplikation der Zahlen einer Reihe oder Spalte führt immer zum Ergebnis 100.

Zu 19) B. 88

Anstelle der 88 müsste die 78 stehen. Richtige Rechnung: 54 + 24 = 78

38	+	54	=	92
+		+		
42	+	24	=	66
=		=		=
80		88		62

Zu 20) C. 50

Das Fragezeichen wird durch die Zahl 50 sinnvoll ersetzt. Die Multiplikation der Zahlen einer Reihe oder Spalte führt immer zum Ergebnis 2.400.

Ein Wort fällt aus der Reihe (Aufgaben 21–30)

Zu 21) C. kaum

Mit „kaum" betont man die Distanz, mit allen anderen Begriffen die Nähe zu etwas.

Zu 22) C. Zuschlag

„Zuschlag" verhält sich gegenteilig zu allen anderen Begriffen, die Synonyme für „Nachlass" sind.

Zu 23) A. Rot

Alle anderen Begriffe bezeichnen Mischfarben.

Zu 24) D. eisern

Bei allen anderen Begriffen handelt es sich um Verben, „eisern" ist dagegen ein Adjektiv.

Zu 25) D. zukünftig

Alle Begriffe außer „zukünftig" beziehen sich auf einen Zeitpunkt, der nur einen kleinen Moment in der Zukunft liegt.

Zu 26) C. lustig

Alle Begriffe außer „lustig" sind Synonyme für „merkwürdig".

Zu 27) D. Unterhose

Nur die Unterhose ist eine Unterwäsche. Alle anderen Bekleidungsstücke nicht.

Zu 28) E. Büro

Alle Begriffe außer „Büro" stehen für Teile eines Gebäudes – „Büro" bezeichnet die Funktion eines Raumes.

Zu 29) E. kantig

„Kantig" beschreibt keine Flächenform.

Zu 30) C. Pony

Ponys sind auch im Erwachsenenalter kleine Pferde mit einer geringen Schulterhöhe, alle anderen Begriffe bezeichnen Tierkinder.

Sprachanalogien (Aufgaben 31–40)

Zu 31) B. Gehalt

Gegenübergestellt werden Begriffe der Anstrengung und mögliche positive Resultate: Fleiß kann zum Erfolg führen – Arbeit sichert das Einkommen.

Zu 32) A. Astronomie

Das Mikroskop ist ein wichtiges optisches Hilfsmittel in der Biologie, die Astronomie ist typischerweise auf Teleskope angewiesen.

Zu 33) D. Tank

Der Silo ist ein Getreidespeicher, Öl wird in Tanks gelagert.

Zu 34) D. Milch

Zur Herstellung von Zement wird als Flüssigkeit Wasser genutzt, für Kuchen verwendet man Milch.

Zu 35) E. Wörter

Dem Komponist dienen Noten zur Notation eines Werkes, dem Schriftsteller Worte.

Zu 36) A. Suren

Die Verfassung ist in einzelne Artikel gegliedert, der Koran in Suren.

Zu 37) C. Pflanze

Sauerstoff ist eine Lebensgrundlage des Menschen, Stickstoff ein wichtiger Pflanzen-Nährstoff.

Zu 38) B. Fläche

Ein Kegel ist ein Körper im Raum, das zweidimensionale geometrische Gebilde Rechteck befindet sich in der Fläche.

Zu 39) B. Ampere

Meter ist die Einheit zur Messung von Entfernungen, die Maßeinheit zur Bestimmung der Stromstärke ist Ampere.

Zu 40) B. Längengrad

Der Äquator ist der 0. Breitengrad, der Nullmeridian der 0. Längengrad.

Schlussfolgerungen (Aufgaben 41–50)

Zu 41) B. Marc ist unbegabt und malt gerne.

Hier handelt es sich um die logische Form des Modus ponens, der bestimmt: Wenn die Bedingung X erfüllt ist („wenn Marc unbegabt ist"), dann gilt auch Y („dann malt er gerne"). Da Marc laut den angegebenen Prämissen unbegabt ist, malt er demzufolge auch gerne – Antwort B stimmt. Die Antworten A und D fallen weg, da „Marc ist begabt" nicht zutrifft, denn er ist laut Prämissen unbegabt. Zudem trifft Antwort C nicht zu, da sich wie gezeigt schlussfolgern lässt, dass Marc gerne malt.

Zu 42) C. Es gibt Würfel, die rund und grün sind und ein Loch haben.

Antwort A ist falsch. Laut den Prämissen gilt nur, dass alle grünen Würfel ein Loch haben – was mit den anderen Würfeln ist, weiß man nicht. Vorschlag B entfällt, da sich aus der Aussage „Alle grünen Würfel haben ein Loch" nicht umgekehrt schließen lässt, dass alle Würfel, die ein Loch haben, grün sind. Antwort D stimmt nicht: Wenn alle Würfel rund sind, kann es keinen unrunden Würfel geben. Antwort C ist korrekt: Es gibt Würfel, die rund und grün sind und ein Loch haben.

Zu 43) C. Doris

Doris muss abwaschen. Die Aussage „Kurt hätte das längste Stäbchen, wenn Michaela nicht wäre" gibt die Information, dass Michaela und Kurt die längsten Stäbchen haben, d. h. die anderen haben kürzere. Da Sinan und Marta gleichauf sind, aber Doris' Stäbchen kürzer als Sinans ist, muss sie die Verliererin sein. Die Reihenfolge nach Stäbchenlänge: Michaela, Kurt, Sinan und Marta, Doris.

Zu 44) C. besucht Hans um 19:00 Uhr nicht Barbara.

Antwort C ist korrekt, da Hans, wenn er Paul besucht, nicht Barbara besuchen kann. Antwort A scheidet aus, da er Barbara nicht besucht. Ebenso fällt Antwort B weg, da er nur den einen oder anderen besuchen kann, nicht aber beide („entweder … oder"). Antwort D ist nicht korrekt, da über Barbaras Verhalten nichts in den Prämissen steht.

Zu 45) C. poliert Pierre sein Auto.

Da Pierres Frau den Garten gießt, gilt, dass Pierre nicht im Garten arbeitet. Da Pierre entweder im Garten arbeitet oder sein Auto poliert und er nicht im Garten arbeitet, muss er sein Auto polieren. Antwort C ist korrekt. Die Antworten A, B und D sind falsch, da er weder im Garten noch am Schreibtisch arbeitet.

Zu 46) A. Dieter

Dieter hat den Wettlauf als Langsamster verloren. Die Aussage „Klaus hätte gewonnen, wenn Mike nicht wäre" gibt die Information, dass Mike Erster und Klaus Zweiter geworden ist, demnach belegen die Mitbewerber die folgenden Plätze. Da Peter und Maria gleich schnell sind und Dieter etwas langsamer ist als Peter, muss Dieter der Verlierer sein. Die

Reihenfolge des Zieleinlaufs: Mike, Klaus, Peter und Maria, Dieter.

Zu 47) B. Kongo

Der Niger ist länger als der Ganges und die Wolga, aber laut Prämissen nicht am längsten. Als längster der angegebenen Flüsse kommt nur der Kongo infrage. Die richtige Reihenfolge lautet: Kongo (4.374 km), Niger (4.184 km), Wolga (3.530 km), Ganges (2.511 km), Rhein (1.324 km).

Zu 48) A. jagen Enten Fische.

Der erste Satz formuliert die Beziehung: Wenn X gilt („Enten essen Schnecken"), dann gilt auch Y („Enten essen Körner"). Da X laut dem letzten Satz erfüllt ist, essen Enten Körner. Im zweiten Satz wird die Bedingung aufgestellt: Wenn Z gilt („Enten trinken Wasser"), dann gilt Y nicht („Enten essen keine Körner"). Da Y jedoch gilt, kann Z nicht erfüllt sein – Enten trinken gerade kein Wasser. Das bedeutet jedoch nicht, dass sie allgemein kein Wasser trinken, wie Antwort D behauptet. Wenn Enten jedoch kein Wasser trinken, jagen sie Satz 3 zufolge Fische: Antwort A stimmt.

Zu 49) D. ist Max Zweiter geworden.

Da Pedro das Spiel gewonnen hat, lässt sich folgern, dass entweder Charlene oder Max auf Platz 2 gelandet ist. Aus der Prämisse „Wenn Charlene Zweite geworden ist, hat Pedro das Spiel nicht gewonnen" und der Feststellung „Pedro hat gewonnen" lässt sich folgern, dass Charlene nicht Zweite geworden ist – sonst hätte Pedro ja nicht gewonnen. Da Charlene nicht Zweite ist und entweder Charlene oder Max auf Platz 2 gelandet ist, kann es nur Max sein. Antwort D ist korrekt.

Zu 50) C. Manche Schüler bekommen Strafarbeiten oder schlechte Noten.

Die Antworten A und B sind falsch. Klaus ist zwar ein guter Schüler und bekommt daher eher keine Strafarbeit oder schlechte Noten, doch lässt sich das nicht ausschließen, da der Sachverhalt nicht explizit auf schlechte Schüler begrenzt ist. Antwort D ist falsch, da schlechte Schüler entweder Strafarbeiten oder schlechte Noten bekommen, aber nicht beides (Strafarbeiten und schlechte Noten). Antwort C ist korrekt – da auch schlechte Schüler Schüler sind, bekommen manche Schüler Strafarbeiten oder schlechte Noten.

Logisches Denkvermögen

Sprachsysteme entschlüsseln (Aufgaben 51–55)

Die vorliegende Aufgabe konfrontiert Sie mit unterschiedlichen Elementen der Fua-Sprache. Sie finden Verben unterschiedlicher Bedeutung („gehen" und „fallen"), Personalpronomen in der ersten, zweiten und dritten Person Singular und Plural (ich, du/in den Beispielen nicht angegeben, er, wir, ihr, sie) sowie die Zeitformen Gegenwart (Präsens), Vergangenheit (Präteritum) und Zukunft (Futur). Sie müssen also Folgendes aufschlüsseln: Welches Element des Fua-Wortes drückt als Wortstamm die eigentliche Wortbedeutung aus („gehen" oder „fallen"), welches Element gibt das Personalpronomen in Einzahl oder Mehrzahl wieder und welches Element ist für die Zeitbestimmung zuständig?

Sinnvoll ist es, zunächst die Wortbedeutungen zu erforschen: Im Abgleich der Beispielsätze 1, 3 und 4, in denen das Verb „gehen" vorkommt, fällt auf, dass nur die Buchstabenfolge „tel" in allen Sätzen unverändert vorkommt. Im Vergleich der Beispielsätze 2 und 5, in denen es ums „Fallen" geht, sucht man den Ausdruck „tel" vergebens, stattdessen steht hier „vol". Nach dieser Feststellung können Sie die Wörter bereits provisorisch aufschlüsseln:

Ich ging	= fula-tel-u
Er fällt	= fola-vol
Wir werden gehen	= fulu-tel-a
Ihr geht	= falu-tel
Sie fielen	= folu-vol-u

Auffällig ist: in den Beispielen 1 und 5 wird dem Wortstamm ein „-u" angehängt, in Beispiel 3 ein „-a", in den Beispielen 2 und 4 fehlt eine solche Endung. Im Vergleich der beiden Ausdrücke, die auf „-u" enden, gibt es nur eine Gemeinsamkeit – beide stehen in der Vergangenheit. Auch die Ausdrücke 2 und 4, die ohne Endung auskommen, stimmen zeitlich überein, denn beide bezeichnen etwas Gegenwärtiges. Die einzige Zukunftsform findet sich bei Ausdruck 3 mit der Endung „-a". Die Endung steht also für die jeweilige Zeitform.

Die Rätsel der Wortbedeutungen und Zeitformen haben Sie nun gelöst; bleibt noch die Darstellung der Personalpronomen. Dafür kommen nur noch die ersten Silben („fula", „fola", „fulu", „falu", „folu") infrage. Dabei fällt ein Unterschied zwischen den Einzahl- (Beispiele 1 und 2) und Mehrzahlformen (Beispiele 3, 4 und 5) auf – die Singularformen enden immer auf „-a", die Pluralformen auf „-u". Die Anfangsbuchstaben enthalten nun die Informationen darüber, ob der Ausdruck in der ersten, zweiten oder dritten Person steht: Bei „ich" und „wir" (erste Person) steht „ful", bei „er" und „sie" (zweite Person) steht „fol". Dementsprechend zeigt „fal" die 2. Person an, sowohl in der Mehrzahl als auch in der (nicht im Beispiel angegebenen) Einzahl.

Schritt für Schritt können Sie auf diese Weise das Bauprinzip der Fua-Sprache entschlüsseln:

Person		Wortstamm		Zeit	
1. Singular: ich	ful-a	gehen:	-tel-	Gegenwart:	keine Endung
2. Singular: du	fal-a-	fallen:	-vol-	Vergangenheit:	-u
3. Singular: er	fol-a-			Zukunft:	-a
1. Plural: wir	ful-u-				
2. Plural: ihr	fal-u-				
3. Plural: sie	fol-u-				

Zu 51) B. fulatel

„Gehe" ist eine Gegenwartsform. Da Gegenwartsformen in der Fua-Sprache keine Endung an den Wortstamm angehängt wird, kommen nur die Möglichkeiten A und B infrage. Die Anfangssilbe „fal" wird jedoch ausschließlich für die zweite Person verwendet; also kann nur Antwort B stimmen, denn in dieser Aufgabe geht es um die erste Person Singular („ich").

Zu 52) A. falatel

„Gehst" ist eine Gegenwartsform. Da Gegenwartsformen in der Fua-Sprache keine Endung an den Wortstamm angehängt wird, kommen nur die Möglichkeiten A und B infrage. Die Anfangssilbe „fol" wird jedoch ausschließlich für die dritte Person verwendet; also kann nur Antwort A stimmen, denn in dieser Aufgabe geht es um die zweite Person Singular („du").

Zu 53) C. fuluvolu

„Fielen" ist eine Vergangenheitsform. Da bei Vergangenheitsformen in der Fua-Sprache die Endung „-u" an den Wortstamm angehängt wird, kommen nur noch die Möglichkeiten C und D infrage. Die Anfangssilbe „fol" wird jedoch ausschließlich für die dritte Person verwendet; also kann nur Antwort C korrekt sein, denn in dieser Aufgabe geht es um die erste Person Plural („wir").

Zu 54) A. falavol

Dass „fällst" als Gegenwartsform keine an den Wortstamm angehängte Endung besitzt, wird in allen Antworten berücksichtigt. Da jedoch Ausdrücke in der zweiten Person – ob Singular oder Plural – die Anfangssilbe „fal" erfordern, kommen nur noch die Möglichkeiten A und D infrage. Ein an die Anfangssilbe angehängtes „-o" („fal-o-vol") gibt es in der Fua-Sprache aber nicht: In der Einzahl wird ein „-a" angehängt, in der Mehrzahl ein „-u". Somit kann nur Antwort A stimmen.

Zu 55) C. falavola

„Wird fallen" ist eine Zukunftsform. Da in der Fua-Sprache bei Zukunftsformen die Endung „-a" an den Wortstamm angehängt wird, kommen nur noch die Möglichkeiten C und D infrage. Die Anfangssilbe „fal" findet sich jedoch ausschließlich bei Ausdrücken in der zweiten Person; also kann nur Antwort C korrekt sein, denn in dieser Aufgabe geht es um die dritte Person Singular („sie").

Flussdiagramme (Aufgaben 56–60)

Zu 56) D. Wasserstand kritisch?

Da eine Raute Bedingungen symbolisiert, scheidet E von vornherein aus. Die einzig logische Bedingung ist D: Es wird geprüft, ob der Wasserstand so niedrig ist, dass die Heizung sicherheitshalber abgeschaltet werden muss.

Zu 57) A. Heizung geht an

Nur A und D sind möglich, da alle übrigen Vorschläge keine Prozesse (durch Rechteck symbolisiert) darstellen. Der Wasserstand wurde jedoch bereits zu Beginn überprüft; die Lösung ist A: Liegt die gemessene Temperatur B unter dem Schwellenwert (hier: 1,5 °C unter dem eingestellten Soll-Wert A), springt die Heizung an.

Zu 58) B. Abfrage Ist-Temperatur / Wert B

Rechtecke stehen für Prozesse, somit kommt nur B, D oder E infrage. Die Heizung springt jedoch erst dann an, wenn die gemessene Ist-Temperatur einen Schwellenwert unterschreitet. Dazu muss die Ist-Temperatur erst einmal gemessen werden. Die Ermittlung des Wasserstands und ggf. das Nachfüllen von Wasser spielen in diesem Prozessschritt keine Rolle.

Zu 59) E. Die Heizung springt noch nicht an, das System schaltet aber auch nicht in den Ruhemodus.

Liegt die gemessene Temperatur unter dem Schwellenwert, springt die Heizung an. Im angegebenen Beispiel liegt dieser Schwellenwert jedoch bei 1,5 °C unterhalb des abgefragten Soll-Werts. Die Heizung springt daher im vorliegenden Fall noch nicht an.

Da die Ist-Temperatur aber unter der Soll-Temperatur liegt, schaltet die Heizung auch nicht in den Ruhemodus, d. h. sie misst beständig weiter.

Zu 60) D. Die Heizung schaltet sich sicherheitshalber selbst ab.

Folgt man dem Diagramm, steht die Wasserstandsabfrage an erster Stelle. Erst wenn sichergestellt ist, dass der Wasserstand eine kritische Marke nicht unterschreitet, wird überhaupt die Temperatur gemessen und die Heizung springt ggf. an.

Lösungshinweis

Das Schema zeigt die Schaltung einer Heizungsregelung. Zu Beginn wird der Wasserstand überprüft; unterschreitet er eine kritische Marke, wird das System sofort abgeschaltet. Ist genug Wasser im Kreislauf, wird die Soll-Temperatur A abgefragt und mit der Ist-Temperatur B verglichen. Liegt die Ist-Temperatur unterhalb eines Schwellenwerts von 1,5 °C unter dem Soll, springt die Heizung an. Liegt sie 0–1,5 °C unter dem Soll, bleibt sie inaktiv, misst aber weiter. Liegt sie über dem Sollwert, schaltet sie in den Ruhemodus und überprüft alle Werte erst nach einer gewissen Zeit wieder.

Datenanalyse (Statistik) (Aufgaben 61–65)

Zu 61) Wann regnet es in Rom am häufigsten? Wie oft regnet es dann?

Im November und Dezember kann man durchschnittlich mit jeweils 10 Regentagen im Monat rechnen – so oft regnet es in Rom sonst nicht.

Zu 62) Welchen Zusammenhang gibt es zwischen der Sonnenscheindauer und der Niederschlagshäufigkeit?

Sonnenscheindauer und Niederschlagshäufigkeit scheinen umgekehrt proportional zu sein: Je mehr Regentage es pro Monat gibt, desto kürzer scheint die Sonne durchschnittlich am Tag – und je weniger Regentage es gibt, desto größer ist die Zahl der Sonnenstunden. Der Zusammenhang ist jedoch nicht unmittelbar. Denn während von Januar bis April die Zahl der Sonnenstunden bereits zunimmt, bleibt die Anzahl der Niederschlagstage zunächst relativ stabil auf hohem Niveau.

Zu 63) Welcher Zusammenhang besteht zwischen der Sonnenscheindauer und der Wassertemperatur?

Wenn die Sonnenscheindauer steigt, erwärmt sich auch das Wasser, allerdings mit etwas Verzögerung: Während beispielsweise die durchschnittliche Sonnenscheindauer pro Tag schon ab Februar wieder steigt, erwärmt sich das Wasser erst ab April; es erreicht im August sein Jahreshoch, wenn die Zahl der täglichen Sonnenstunden bereits wieder abnimmt.

Zu 64) Welche Temperaturkurven kreuzen sich, und wie lässt sich der Verlauf dieser Kurven erklären?

Im abgebildeten Diagramm kreuzen sich die Kurve der Wassertemperatur und die Kurve der Tagestemperatur zweimal – im Februar und im Oktober. Zu Jahresbeginn erwärmt sich die Luft schneller als das Wasser und ist bald wärmer als das nasse Element. Im Herbst jedoch kühlt sich die Luft tagsüber auch wieder schneller ab. Die Temperaturschwankungen des Wassers sind also wesentlich träger als die der Luft.

Zu 65) Welche Messkurven verlaufen größtenteils parallel?

Die Verlaufskurven der Tages- und Nachttemperatur gleichen sich stark, nur während der Abkühlungsphase im Herbst sinkt die Tagestemperatur etwas rascher. Sehr ähnlich, aber zeitlich etwas nach vorne verschoben, entwickelt sich die Sonnenscheindauer.

Symbolrechnen (Aufgaben 66–70)

Zu 66) A. 2

Das Quadrat steht für die Zahl 2. Alle anderen Lösungsvorschläge würden zu zweistelligen Ergebnissen führen.
2 + 2 + 2 + 2 = 8

Zu 67) D. 4

Das Symbol Π kann nur für 1, 2, 3 oder 4 stehen, da bei allen größeren Werten das Ergebnis über die jeweilige „Zehnergrenze" springen würde.

Für Π = 1, Π = 3 oder Π = 4 führt die Rechnung jedoch zu einem Ergebnis von Ψ, das nicht als Antwortmöglichkeit angegeben ist:

11 + 1 = 12

33 + 3 = 36

44 + 4 = 48

Das Symbol Ψ steht demnach für die Zahl 4:

22 + 2 = 24

Zu 68) D. 2

Betrachtet man nur die Einerstelle der ersten Zahl (5), erkennt man, dass das Symbol Π für eine gerade Zahl stehen muss. Denn multipliziert man eine Zahl mit der Einerstelle 5 mit einem beliebigen zweiten Wert und addiert diesen anschließend noch einmal, führt dies immer zu einem gradzahligen Ergebnis:

5 × 1 + 1 = 6

15 × 2 + 2 = 32

25 × 3 + 3 = 78

Darüber hinaus läge das Ergebnis nicht mehr zwischen 50 und 59, wenn Π für eine Zahl größer als 2 stünde. Korrekt ist demnach Antwort D, das Symbol Π repräsentiert die Zahl 2.

Zu 69) B. 2

Wird eine beliebige einstellige Zahl von einer zweistelligen Zahl mit der Endziffer 9 abgezogen, bleibt deren Zehnerstelle gleich. Also trägt das Ergebnis (2Δ) dieselbe Zehnerstelle wie die Zahl, von der subtrahiert wurde. Das Symbol Π steht demnach für den Wert 2; die Rechnung lautet:

29 − 2 = 27

Das Symbol Δ steht für die Zahl 7.

Zu 70) C. 8

Die Aufgabenstellung liegt in Form der dritten Binomischen Formel vor, für die gilt:

$(a + b) \times (a - b) = a^2 - b^2$

$(\Psi + \delta) \times (\Psi - \delta) = \Psi \times \Psi - 64$

64 ist demnach die Quadratzahl von δ. Die Wurzel von 64 ist 8. Antwort C ist korrekt.

Kombinationsvermögen (Aufgaben 71–73)

Zu 71) A. Paul

Aus **Satz c)** „John und Billy essen dem Grasfresser manchmal das Gras weg …" folgt, dass weder John noch Billy der Grasfresser ist. Aus **Satz d)** „Max frisst Gras nur, wenn er nichts anders zu fressen bekommt …" folgt, dass Max nicht der Grasfresser ist.

Somit bleibt als Grasfresser nur noch Paul übrig.

	Billy	John	Max	Paul
Hafer				nein
Gras	nein (Satz c)	nein (Satz c)	nein (Satz d)	ja
Karotten				nein
Äpfel				nein

Zu 72) B. Max

Aus **Satz a)** „Max steht dem Karottenesser (…) gegenüber" folgt, dass Max nicht der Karottenesser ist. Aus **Satz d)** „Max frisst Gras nur, wenn er nichts anders zu fressen bekommt, und für Hafer pflegt er (…) keine Vorliebe" folgt, dass Max weder Gras noch Hafer bevorzugt.

Als favorisiertes Nahrungsmittel bleiben für Max somit nur noch Äpfel übrig. Dies steht im Einklang mit **Satz b)** „Paul und Billy essen keine Äpfel".

	Billy	John	Max	Paul
Hafer			nein (Satz d)	
Gras			nein (Satz d)	
Karotten			nein (Satz a)	
Äpfel	nein (Satz b)	nein	ja	nein (Satz b)

Zu 73) D. Billy

Für die Aufgaben 1 und 2 wurden die **Sätze a), b) und c)** bereits vollständig ausgewertet. Den Pferden Paul und Max konnten somit die Leibspeisen Gras und Äpfel zugeordnet werden. Kombiniert man die gewonnenen Erkenntnisse, bleiben in der Tabelle nur noch vier freie Felder übrig.

Die letzte unberücksichtigte Information findet sich in **Satz d)**, wonach John für Hafer keine Vorliebe pflegt. Somit kommen für Johns Lieblingsessen nur noch Karotten infrage; Billy bevorzugt demnach Hafer.

	Billy	John	Max	Paul
Hafer	ja	nein (Satz d)	nein	nein
Gras	nein	nein	nein	ja
Karotten	nein	ja	nein	nein
Äpfel	nein	nein	ja	nein

Problemlösendes Denken (Aufgabe 74)

Zu 74) Auf dem schnellsten Weg brauchen Sie 55 Minuten.

Berechnen Sie zuerst die reine Gesprächszeit: Wenn jedes Interview fünf Minuten dauert, brauchen Sie für alle sechs Gespräche 30 Minuten.

Nun kümmern Sie sich um die Routenplanung. Welche Stationen müssen Sie dabei berücksichtigen? An den Sendern A, B und F führt kein Weg vorbei, aber von den Sendern C, D und E brauchen Sie nur einen anzufahren – schließlich können Sie die Telefonanlage eines Senders zur Abwicklung aller Telefonate nutzen. Ein Vergleich zeigt, dass Station D am günstigsten angebunden ist. Jetzt ist Ihr Auftrag schon wesentlich überschaubarer: Suchen Sie die schnellste Verbindung zwischen dem Flughafen und den Stationen A, B, D und F.

Mit etwas Herumprobieren erhält man folgende Streckenführung: Sie fahren vom Flughafen zum Sender B (5 Minuten), dann zum Sender A (6 Minuten) und anschließend zum Sender D (5 Minuten). Dort erledigen Sie Ihre Telefoninterviews mit den Sendern C und E. Zum Schluss fahren Sie zu Station F (4 Minuten) und zurück zum Flughafen (5 Minuten). Natürlich können Sie die Stationen auch in umgekehrter Reihenfolge abfahren – an der Fahrtzeit von insgesamt 25 Minuten ändert sich dadurch nichts.

Zum Schluss addieren sie die Gesprächszeit und die Fahrtzeit: 30 Minuten + 25 Minuten = 55 Minuten.

	Start	B	A	D	F	Ziel	
Fahrtzeit	5	6	5	4	5		25
Redezeit	–	5	5	3 × 5	5	–	30

Visuelles Denkvermögen

Figurenreihen   *Bearbeitungszeit 10 Minuten*

Jede Figurenreihe ist so aufgebaut, dass sich ein logischer Zusammenhang zwischen den einzelnen Abbildungen ergibt. Welche der zur Auswahl gestellten Figuren setzt die Reihe fort?

Hierzu ein Beispiel

Aufgabe

1)

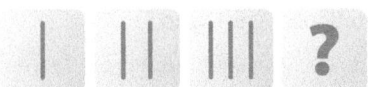

Welche Figur setzt die Reihe logisch fort?

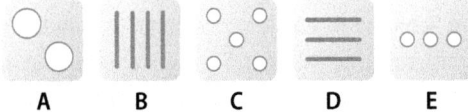

Antwort

Die Abbildungen zeigen eine steigende Anzahl senkrechter Striche – Figur B setzt diese Reihe logisch fort.

Bitte bearbeiten Sie nun die Aufgaben: Markieren Sie jeweils den Lösungsbuchstaben des richtigen Antwortvorschlags. Sie haben dafür **10 Minuten** Zeit.

1)

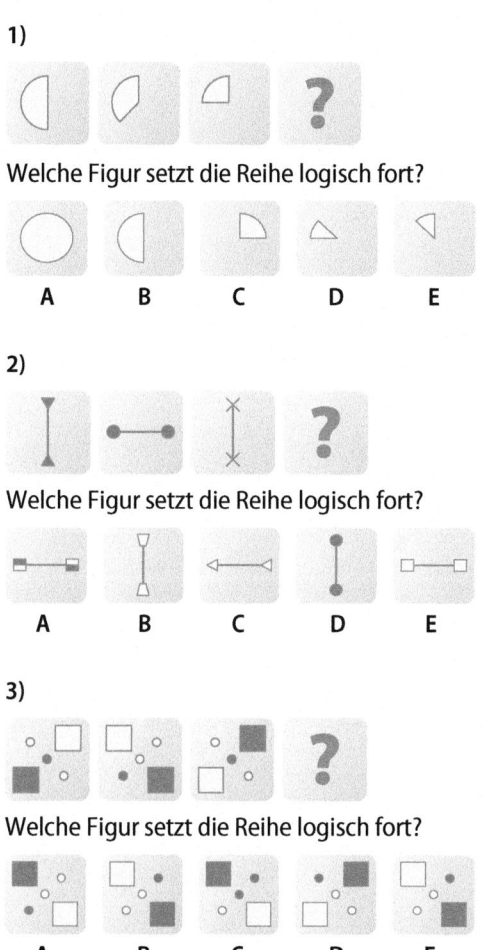

4)

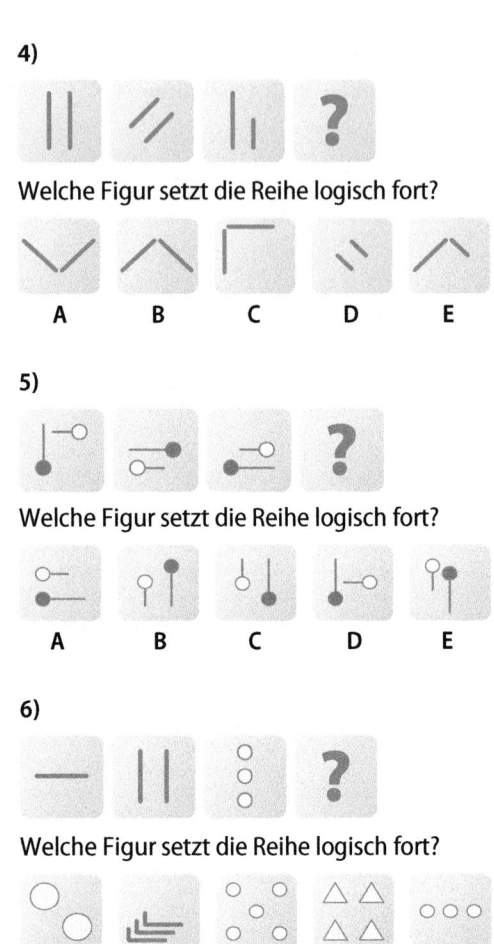

Welche Figur setzt die Reihe logisch fort?

5)

Welche Figur setzt die Reihe logisch fort?

6)

Welche Figur setzt die Reihe logisch fort?

Figurenreihen

7)

Welche Figur setzt die Reihe logisch fort?

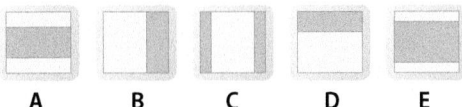

8)

Welche Figur setzt die Reihe logisch fort?

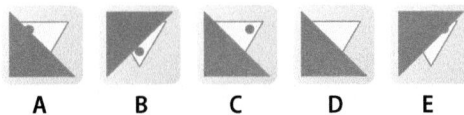

9)

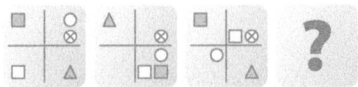

Welche Figur setzt die Reihe logisch fort?

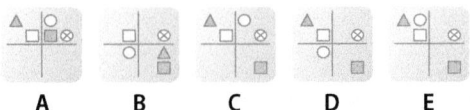

10)

Welche Figur setzt die Reihe logisch fort?

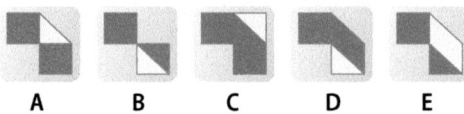

Figurenmatrizen

Bearbeitungszeit 10 Minuten

Finden Sie heraus, nach welcher Regel die Figurenmatrix aufgebaut ist, und ergänzen Sie die fehlende Figur.

Hierzu ein Beispiel

Aufgabe

1)

Welche Figur ersetzt das Fragezeichen logisch?

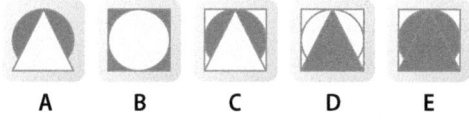

Antwort

Die beiden linken Figuren einer Reihe überlagern sich rechts, wobei sie ihre Farben tauschen.

Visuelles Denkvermögen

> **Bearbeitungstipp**
>
> Um die Bildungsregel einer Matrix herauszufinden, erforschen Sie am besten zuerst eine einzelne Reihe oder Spalte: Welche Zusammenhänge gibt es, wie unterscheiden sich die Figuren – und darin enthaltene Objekte – in ihrer Form, Farbe, Größe und Ausrichtung?
>
> Wenn Sie in einer Reihe oder Spalte ein Schema erkannt haben, dann probieren Sie, ob es für die gesamte Matrix gilt.

Bitte bearbeiten Sie nun die Aufgaben: Markieren Sie den Lösungsbuchstaben der fehlenden Figur. Sie haben dafür **10 Minuten** Zeit.

11)

Welche Figur ersetzt das Fragezeichen logisch?

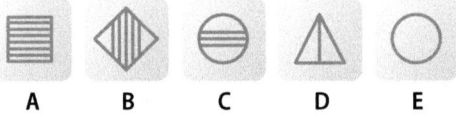

A   B   C   D   E

12)

Welche Figur ersetzt das Fragezeichen logisch?

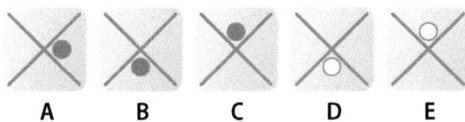

13)

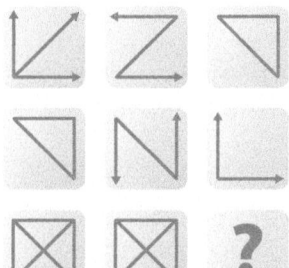

Welche Figur ersetzt das Fragezeichen logisch?

14)

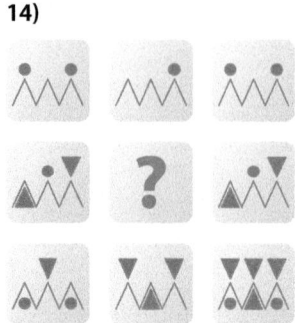

Welche Figur ersetzt das Fragezeichen logisch?

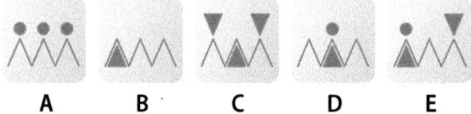

15)

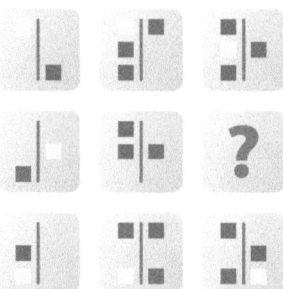

Welche Figur ersetzt das Fragezeichen logisch?

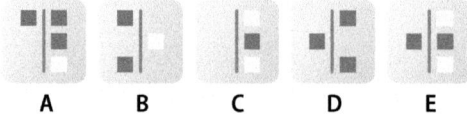

16)

Welche Figur ersetzt das Fragezeichen logisch?

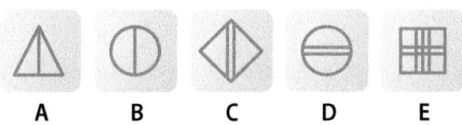

17)

Welche Figur ersetzt das Fragezeichen logisch?

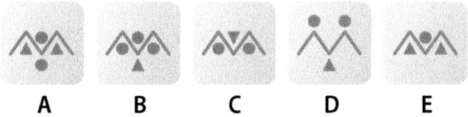

18)

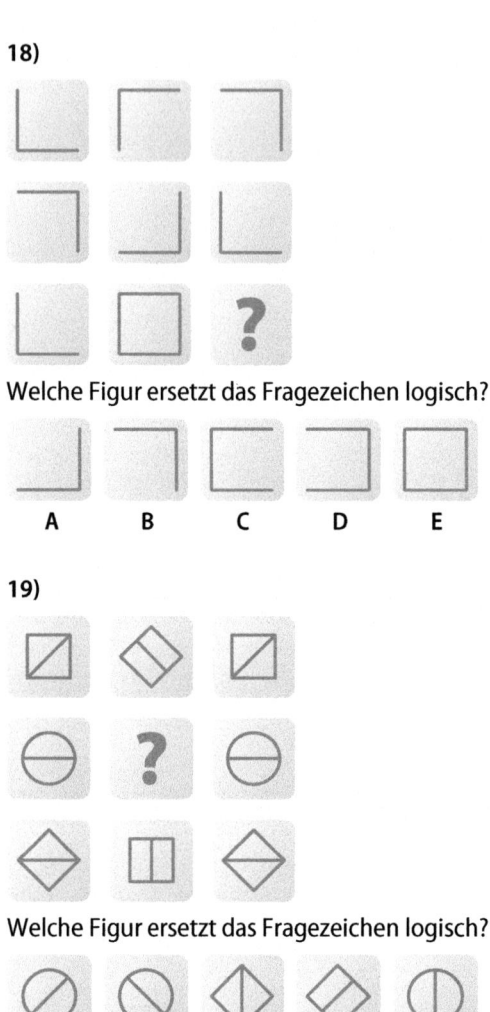

Welche Figur ersetzt das Fragezeichen logisch?

19)

Welche Figur ersetzt das Fragezeichen logisch?

20)

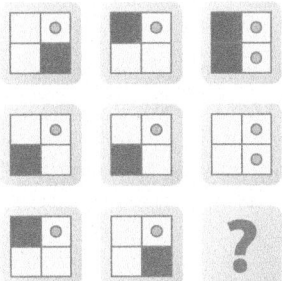

Welche Figur ersetzt das Fragezeichen logisch?

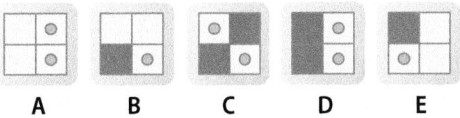

A   B   C   D   E

Figuren drehen *Bearbeitungszeit 5 Minuten*

Jede Aufgabenfigur besteht aus mehreren Elementen, die unabhängig voneinander gedreht werden können. Bitte führen Sie die vorgegebenen Operationen durch und markieren Sie den Antwortbuchstaben der korrekten Lösung.

21) Drehen Sie das Quadrat 45 Grad im Uhrzeigersinn und den Stern 90 Grad gegen den Uhrzeigersinn.

Welche Figur erhalten Sie?

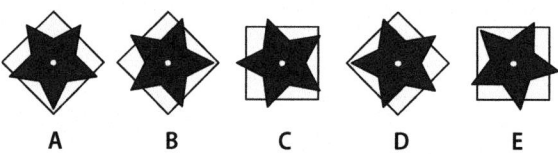

A   B   C   D   E

22) Drehen Sie die Raute 90 Grad gegen den Uhrzeigersinn, den dunklen Pfeil 45 Grad im Uhrzeigersinn und den hellen Pfeil 135 Grad gegen den Uhrzeigersinn.

Welche Figur erhalten Sie?

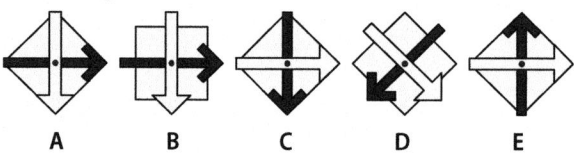

A   B   C   D   E

23) Drehen Sie das Dreieck 90 Grad im Uhrzeigersinn, das Kreuz 45 Grad gegen den Uhrzeigersinn und den Pfeil 135 Grad im Uhrzeigersinn.

Welche Figur erhalten Sie?

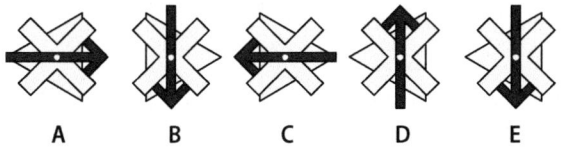

A   B   C   D   E

24) Drehen Sie den dunklen Stern 60 Grad gegen den Uhrzeigersinn und den hellen Stern 210 Grad im Uhrzeigersinn.

Welche Figur erhalten Sie?

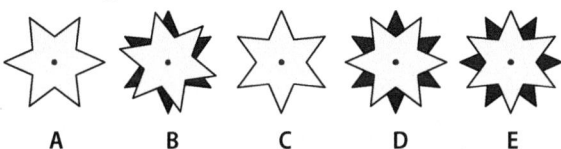

A   B   C   D   E

25) Drehen Sie das helle Dreieck 60 Grad im Uhrzeigersinn, das dunkle Dreieck 30 Grad gegen den Uhrzeigersinn und den Pfeil 45 Grad im Uhrzeigersinn.

Welche Figur erhalten Sie?

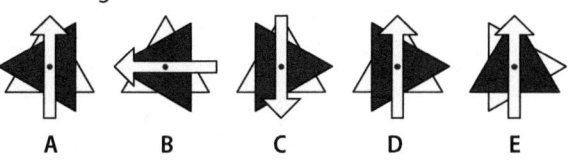

A   B   C   D   E

Figuren zuordnen

Bearbeitungszeit 5 Minuten

Zu jeder Aufgabe erhalten Sie eine Figur, die beliebig im oder gegen den Uhrzeigersinn gedreht werden kann. Bitte entscheiden Sie, welche Lösungsfigur der vorgegebenen Aufgabenfigur entspricht, und markieren Sie den korrekten Lösungsbuchstaben.

26) Sie erhalten folgende Aufgabenfigur:

Welche Lösungsfigur ist identisch mit der Aufgabenfigur?

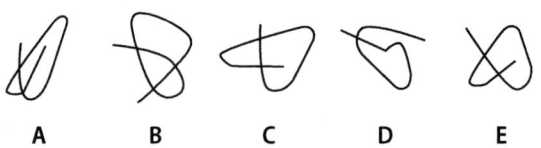

A   B   C   D   E

27) Sie erhalten folgende Aufgabenfigur:

Welche Lösungsfigur ist identisch mit der Aufgabenfigur?

A   B   C   D   E

28) Sie erhalten folgende Aufgabenfigur:

Welche Lösungsfigur ist identisch mit der Aufgabenfigur?

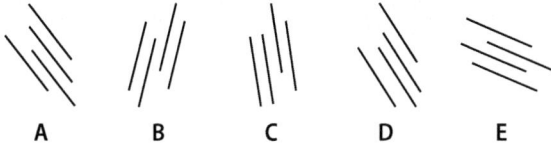

29) Sie erhalten folgende Aufgabenfigur:

Welche Lösungsfigur ist identisch mit der Aufgabenfigur?

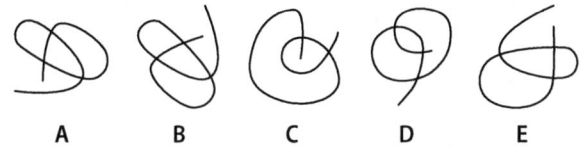

30) Sie erhalten folgende Aufgabenfigur:

Welche Lösungsfigur ist identisch mit der Aufgabenfigur?

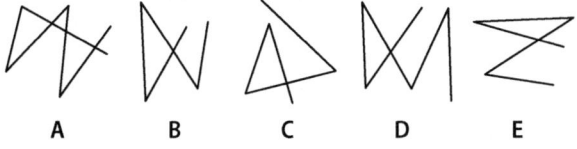

Außenflächen zählen   *Bearbeitungszeit 2½ Minuten*

Sie sehen einen Körper mit mehreren Flächen. Ihre Aufgabe besteht darin, die Anzahl der Flächen zu bestimmen.

Hierzu ein Beispiel

Aufgabe

1) Aus wie vielen Flächen setzt sich dieser Körper zusammen?

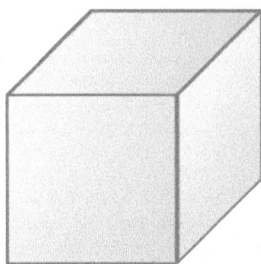

A. 6
B. 7
C. 8
D. 9
E. Keine Antwort ist richtig.

Antwort

(A.) 6

Der Körper besteht aus 6 Flächen.

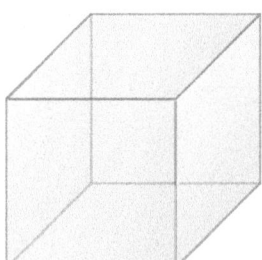

Bitte bearbeiten Sie nun die Aufgaben: Markieren Sie jeweils den Lösungsbuchstaben des richtigen Antwortvorschlags. Sie haben dafür 2½ **Minuten** Zeit.

31) Aus wie vielen Flächen setzt sich dieser Körper zusammen?

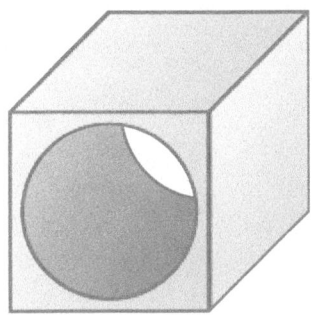

A. 5
B. 6
C. 7
D. 8
E. Keine Antwort ist richtig.

33) Aus wie vielen Flächen setzt sich dieser Körper zusammen?

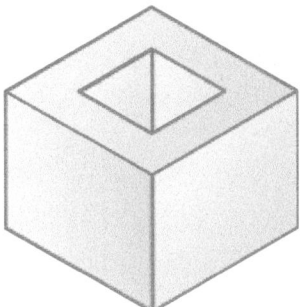

A. 9
B. 10
C. 12
D. 13
E. Keine Antwort ist richtig.

32) Aus wie vielen Flächen setzt sich dieser Körper zusammen?

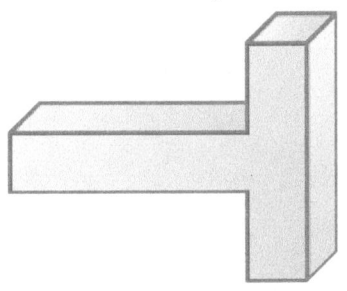

A. 9
B. 10
C. 11
D. 12
E. Keine Antwort ist richtig.

34) Aus wie vielen Flächen setzt sich dieser Körper zusammen?

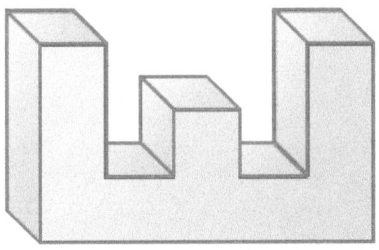

A. 8
B. 10
C. 12
D. 14
E. Keine Antwort ist richtig.

35) Aus wie vielen Flächen setzt sich dieser Körper zusammen?

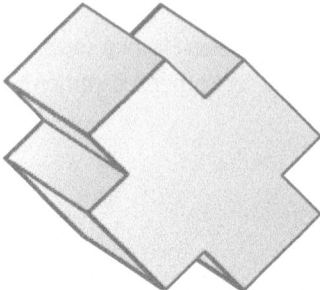

A. 10
B. 12
C. 14
D. 16
E. Keine Antwort ist richtig.

Perspektive wechseln *Bearbeitungszeit 2½ Minuten*

Nun müssen Sie die Perspektive wechseln: Wie sieht das vorgestellte Gebilde aus, wenn man es in Pfeilrichtung betrachtet?

Hierzu ein Beispiel

Aufgabe

1) Gegeben ist folgendes Gebilde:

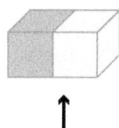

Welche der Abbildungen A bis E entspricht der Sicht in Pfeilrichtung?

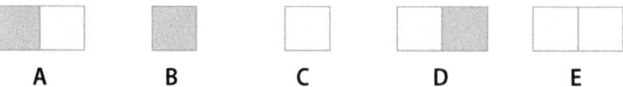

Antwort

Bitte bearbeiten Sie nun die Aufgaben: Markieren Sie jeweils den Lösungsbuchstaben des richtigen Antwortvorschlags.

36) Gegeben ist folgendes Gebilde:

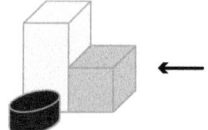

Welche der Abbildungen A bis E entspricht der Sicht in Pfeilrichtung?

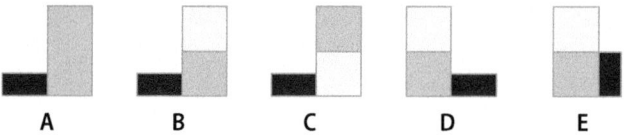

37) Gegeben ist folgendes Gebilde:

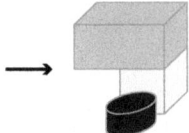

Welche der Abbildungen A bis E entspricht der Sicht in Pfeilrichtung?

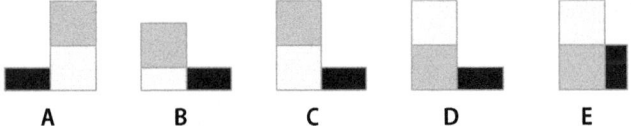

38) Gegeben ist folgendes Gebilde:

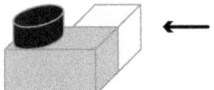

Welche der Abbildungen A bis E entspricht der Sicht in Pfeilrichtung?

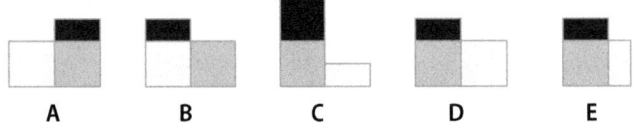

39) Gegeben ist folgendes Gebilde:

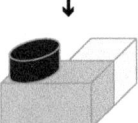

Welche der Abbildungen A bis E entspricht der Sicht in Pfeilrichtung?

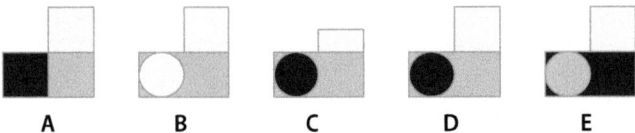

40) Gegeben ist folgendes Gebilde:

Welche der Abbildungen A bis E entspricht der Sicht in Pfeilrichtung?

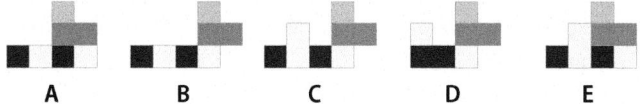

A   B   C   D   E

Gespiegelte Figuren

Bearbeitungszeit 2 Minuten

Diese Aufgaben prüfen Ihre visuelle Auffassungsgabe.

Jede Reihe enthält eine Figur in fünf Variationen – viermal unterschiedlich weit gedreht, einmal jedoch gespiegelt.

Beantworten Sie bitte die folgenden Aufgaben, indem Sie jeweils den Antwortbuchstaben der gespiegelten Figur markieren.

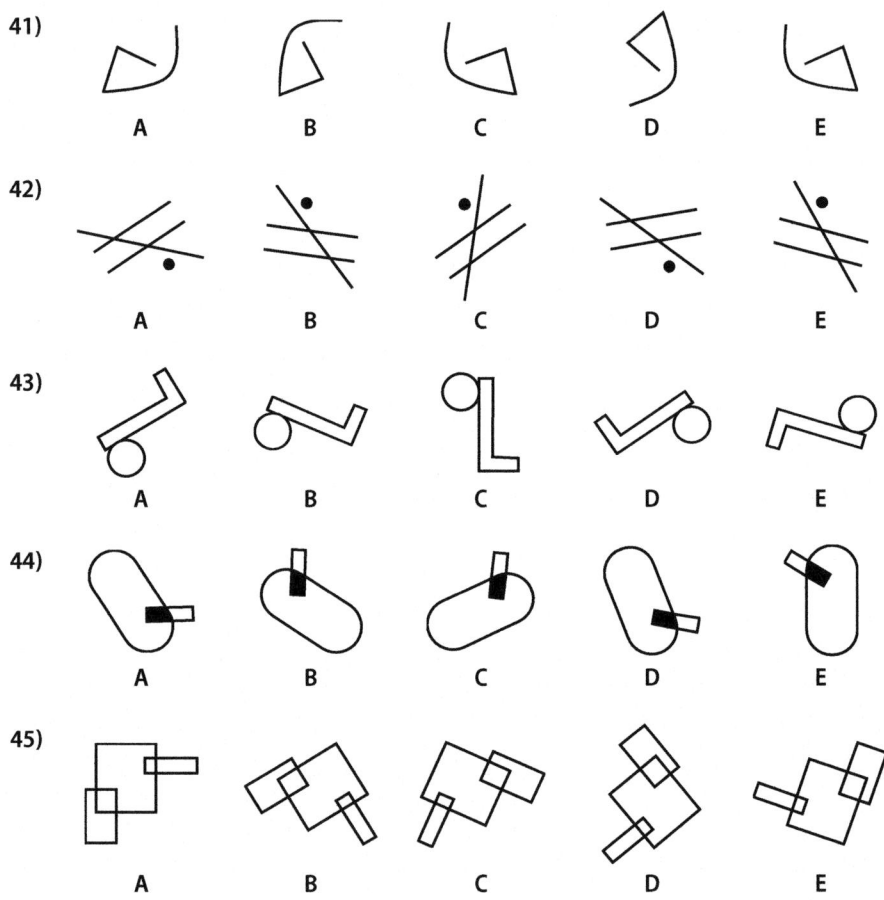

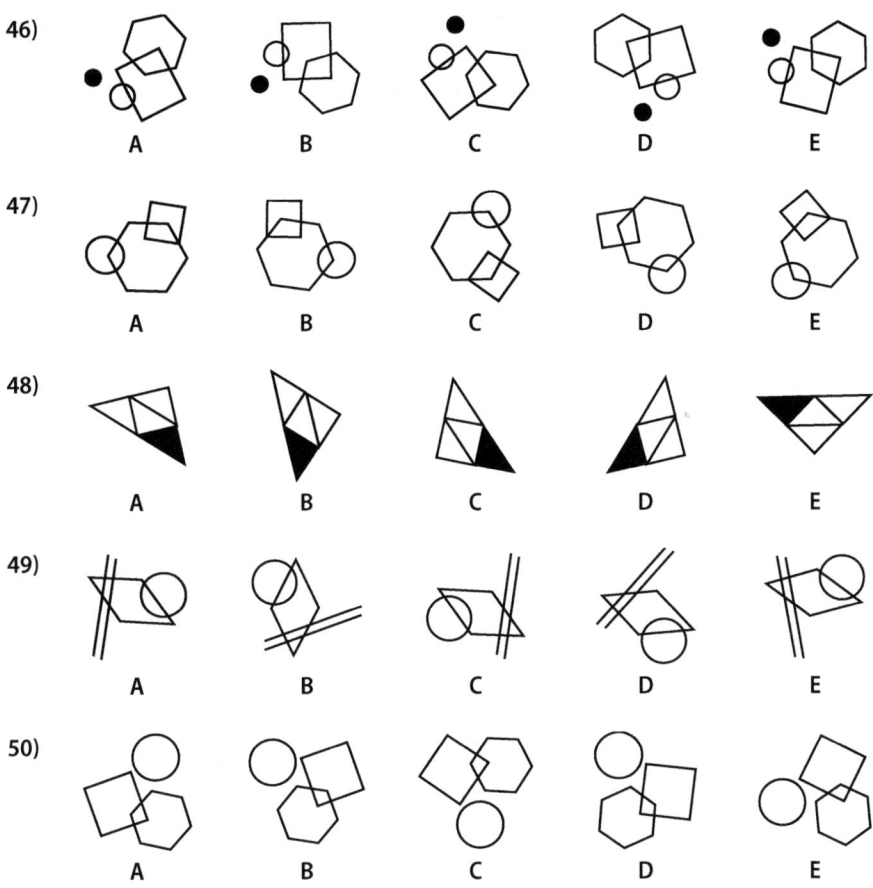

Spielwürfel drehen *Bearbeitungszeit 5 Minuten*

Die gegenüberliegenden Seiten eines Spielwürfels ergeben in der Summe immer die Augenzahl Sieben: Zeigt beispielsweise die Vorderseite eine „6", muss auf der Rückseite die „1" stehen. Daher können Sie von drei sichtbaren Würfelflächen auf die Lage aller anderen Flächen schließen.

Bitte führen Sie bei jeder Aufgabe die vorgegebenen Operationen durch und markieren Sie den Antwortbuchstaben der korrekten Lösung.

Hierzu ein Beispiel

Aufgabe

1) Der abgebildete Spielwürfel wird 90 Grad im Uhrzeigersinn gedreht.

Welche Vorderansicht zeigt der Würfel nun?

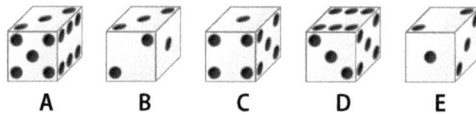

A B C D E

Antwort

Ⓐ

Gegenprobe: Drehen Sie Lösungswürfel A 90 Grad gegen den Uhrzeigersinn.

Bitte bearbeiten Sie nun die Aufgaben: Markieren Sie jeweils den Lösungsbuchstaben des richtigen Antwortvorschlags. Sie haben dafür **5 Minuten** Zeit.

51) Der abgebildete Spielwürfel wird nach links gekippt und 90 Grad gegen den Uhrzeigersinn gedreht.

Welche Vorderansicht zeigt der Würfel nun?

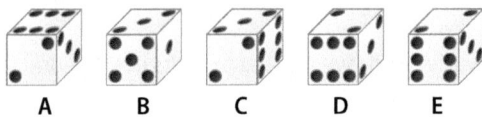

A   B   C   D   E

52) Der abgebildete Spielwürfel wird nach links gekippt und 90 Grad gegen den Uhrzeigersinn gedreht.

Welche Vorderansicht zeigt der Würfel nun?

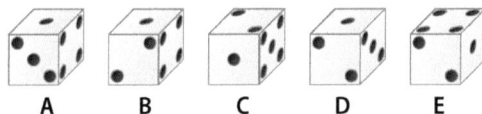

A   B   C   D   E

53) Der abgebildete Spielwürfel wird nach hinten gekippt und 90 Grad im Uhrzeigersinn gedreht.

Welche Vorderansicht zeigt der Würfel nun?

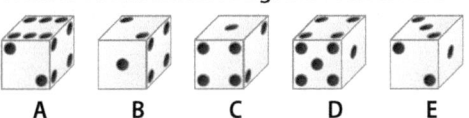

A   B   C   D   E

54) Der abgebildete Spielwürfel wird zweimal nach hinten gekippt, danach nach links gekippt und 90 Grad im Uhrzeigersinn gedreht.

Welche Voderansicht zeigt der Würfel nun?

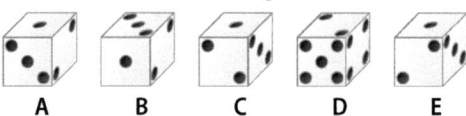

A   B   C   D   E

55) Der abgebildete Spielwürfel wird zweimal nach rechts gekippt und 90 Grad im Uhrzeigersinn gedreht.

Welche Vorderansicht zeigt der Würfel nun?

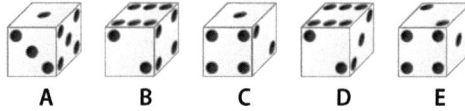

A   B   C   D   E

Musterwürfel zuordnen   *Bearbeitungszeit 5 Minuten*

Zu jeder Aufgabe erhalten Sie einen Würfel, dessen Seiten unterschiedlich gemustert sind. Entscheiden Sie, welcher der abgebildeten Musterwürfel dem Aufgabenwürfel entspricht – dieser kann beliebig nach links oder rechts, nach vorne oder hinten, im oder gegen den Uhrzeigersinn gedreht bzw. gekippt werden.

Hierzu ein Beispiel

Aufgabe

1) Ihnen wird ein Aufgabenwürfel vorgegeben.

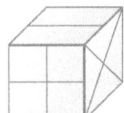

Welcher der Musterwürfel A bis E ist identisch mit dem Aufgabenwürfel?

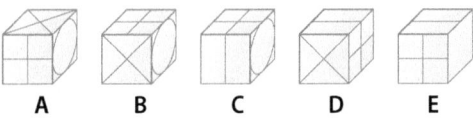

A   B   C   D   E

Antwort

Kippen Sie den Aufgabenwürfel nach links.

Bitte bearbeiten Sie nun die Aufgaben: Markieren Sie jeweils den Lösungsbuchstaben des richtigen Antwortvorschlags. Sie haben dafür **5 Minuten** Zeit.

56) Ihnen wird ein Aufgabenwürfel vorgegeben.

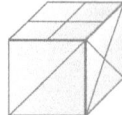

Welcher der Musterwürfel A bis E ist identisch mit dem Aufgabenwürfel?

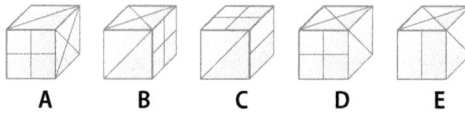

57) Ihnen wird ein Aufgabenwürfel vorgegeben.

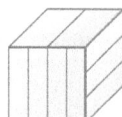

Welcher der Musterwürfel A bis E ist identisch mit dem Aufgabenwürfel?

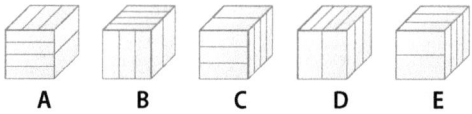

58) Ihnen wird ein Aufgabenwürfel vorgegeben.

Welcher der Musterwürfel A bis E ist identisch mit dem Aufgabenwürfel?

59) Ihnen wird ein Aufgabenwürfel vorgegeben.

Welcher der Musterwürfel A bis E ist identisch mit dem Aufgabenwürfel?

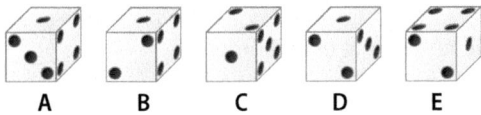

60) Ihnen wird ein Aufgabenwürfel vorgegeben.

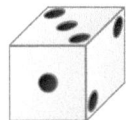

Welcher der Musterwürfel A bis E ist identisch mit dem Aufgabenwürfel?

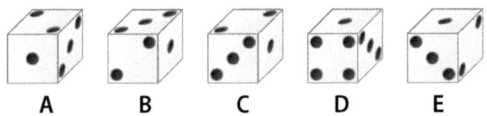

Faltvorlagen   *Bearbeitungszeit 5 Minuten*

Sie sehen jeweils eine Faltvorlage. Finden Sie heraus, welcher der fünf Körper A bis E daraus hergestellt werden kann.

Hierzu ein Beispiel

Aufgabe

1) Diese Faltvorlage ist die Außenseite eines Körpers.

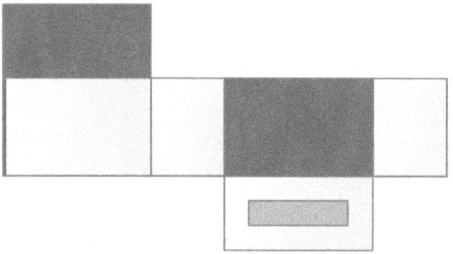

Welcher der Körper A bis E kann aus der Faltvorlage gebildet werden?

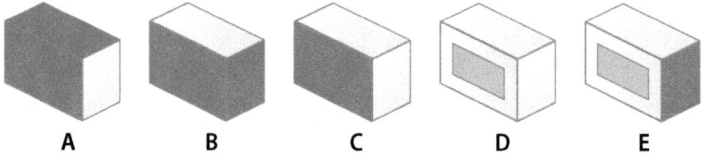

Antwort

Bitte bearbeiten Sie nun die Aufgaben: Markieren Sie jeweils den Lösungsbuchstaben des richtigen Antwortvorschlags. Sie haben dafür **5 Minuten** Zeit.

61) Diese Faltvorlage ist die Außenseite eines Körpers.

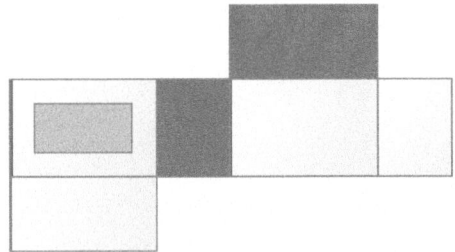

Welcher der Körper A bis E kann aus der Faltvorlage gebildet werden?

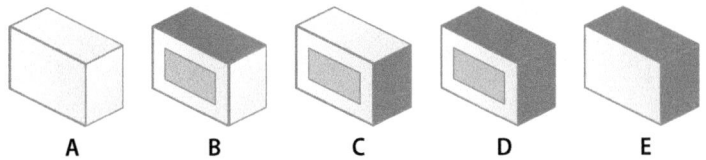

62) Diese Faltvorlage ist die Außenseite eines Körpers.

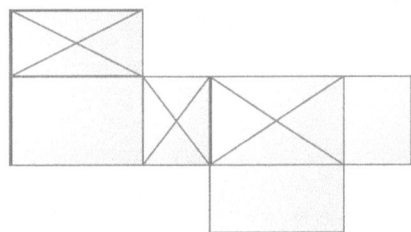

Welcher der Körper A bis E kann aus der Faltvorlage gebildet werden?

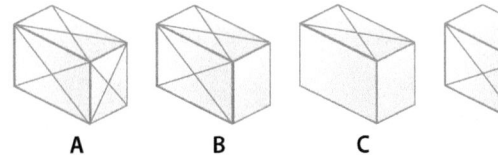

63) Diese Faltvorlage ist die Außenseite eines Körpers.

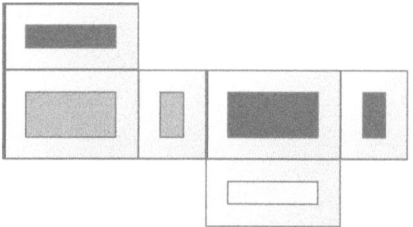

Welcher der Körper A bis E kann aus der Faltvorlage gebildet werden?

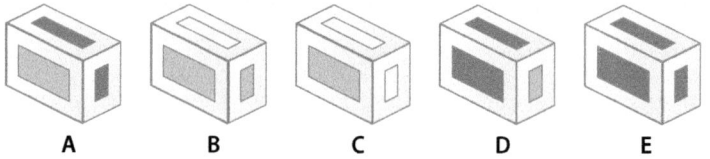

A   B   C   D   E

64) Diese Faltvorlage ist die Außenseite eines Körpers.

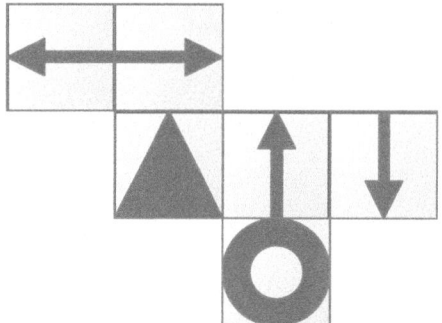

Welcher der Körper A bis E kann aus der Faltvorlage gebildet werden?

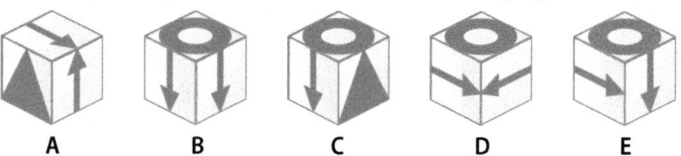

A   B   C   D   E

65) Diese Faltvorlage ist die Außenseite eines Körpers.

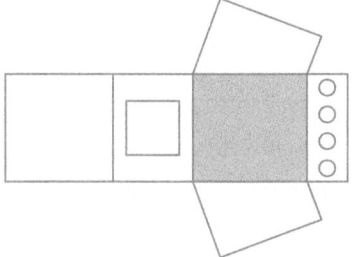

Welcher der Körper A bis E kann aus der Faltvorlage gebildet werden?

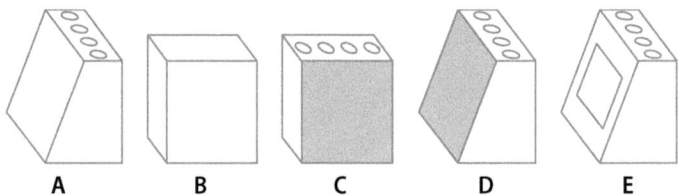

A B C D E

Faltvorlagen mit Markierung   *Bearbeitungszeit 5 Minuten*

An einem Körper sind einige Flächen und Kanten mit Buchstaben gekennzeichnet. Dazu erhalten Sie eine Faltvorlage, aus der man die abgebildete Figur herstellen kann – hier sind einige Flächen und Linien mit Zahlen versehen.

Ermitteln Sie bitte zu jeder mit einem Buchstaben markierten Fläche oder Kante des Körpers die dazugehörige Stelle auf der Faltvorlage.

Hierzu ein Beispiel

Aufgabe

1) Am Körper sind 5 Stellen mit den Buchstaben a bis e markiert.

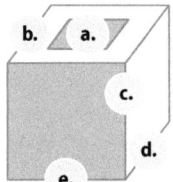

a. 1 · 2 · 3 · 4 · 5 · 6 · 7 · 8 · 9 · 10
b. 1 · 2 · 3 · 4 · 5 · 6 · 7 · 8 · 9 · 10
c. 1 · 2 · 3 · 4 · 5 · 6 · 7 · 8 · 9 · 10
d. 1 · 2 · 3 · 4 · 5 · 6 · 7 · 8 · 9 · 10
e. 1 · 2 · 3 · 4 · 5 · 6 · 7 · 8 · 9 · 10

Kreisen Sie in der Lösungsmatrix jeweils die Zahl ein, die sich an der entsprechenden Stelle der Faltvorlage befindet.

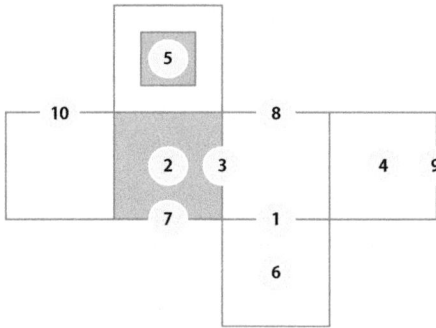

Antwort

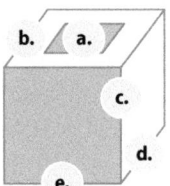

a. 1 · 2 · 3 · 4 · (5) · 6 · 7 · 8 · 9 · 10
b. 1 · 2 · 3 · 4 · 5 · 6 · 7 · 8 · 9 · (10)
c. 1 · 2 · (3) · 4 · 5 · 6 · 7 · 8 · 9 · 10
d. (1) · 2 · 3 · 4 · 5 · 6 · 7 · 8 · 9 · 10
e. 1 · 2 · 3 · 4 · 5 · 6 · (7) · 8 · 9 · 10

Bitte bearbeiten Sie nun die Aufgaben: Finden Sie zu jeder mit einem Buchstaben markierten Fläche oder Kante des Körpers die dazugehörige Stelle auf der Faltvorlage und kreisen Sie die richtigen Zahlen in der Lösungsmatrix ein. Sie haben dafür **5 Minuten** Zeit.

66) Am Körper sind 5 Stellen mit den Buchstaben a bis e markiert.

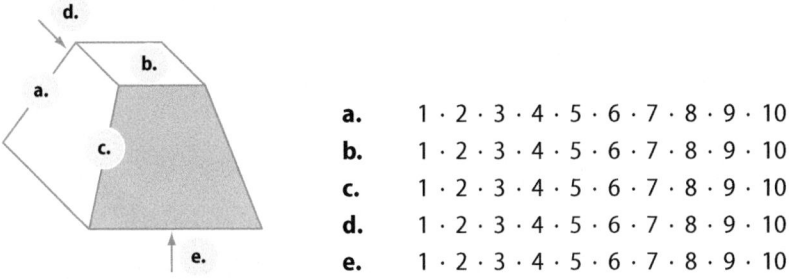

a.	1 · 2 · 3 · 4 · 5 · 6 · 7 · 8 · 9 · 10
b.	1 · 2 · 3 · 4 · 5 · 6 · 7 · 8 · 9 · 10
c.	1 · 2 · 3 · 4 · 5 · 6 · 7 · 8 · 9 · 10
d.	1 · 2 · 3 · 4 · 5 · 6 · 7 · 8 · 9 · 10
e.	1 · 2 · 3 · 4 · 5 · 6 · 7 · 8 · 9 · 10

Kreisen Sie in der Lösungsmatrix jeweils die Zahl ein, die sich an der entsprechenden Stelle der Faltvorlage befindet.

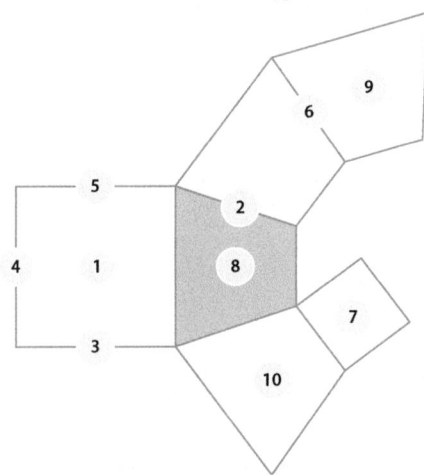

Visuelles Denkvermögen

67) Am Körper sind 5 Stellen mit den Buchstaben a bis e markiert.

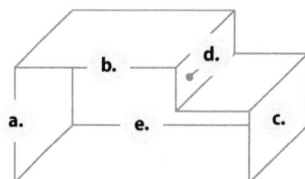

a. 1 · 2 · 3 · 4 · 5 · 6 · 7 · 8 · 9 · 10
b. 1 · 2 · 3 · 4 · 5 · 6 · 7 · 8 · 9 · 10
c. 1 · 2 · 3 · 4 · 5 · 6 · 7 · 8 · 9 · 10
d. 1 · 2 · 3 · 4 · 5 · 6 · 7 · 8 · 9 · 10
e. 1 · 2 · 3 · 4 · 5 · 6 · 7 · 8 · 9 · 10

Kreisen Sie in der Lösungsmatrix jeweils die Zahl ein, die sich an der entsprechenden Stelle der Faltvorlage befindet.

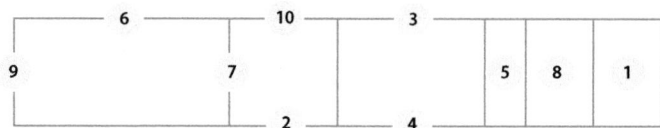

68) Am Körper sind 5 Stellen mit den Buchstaben a bis e markiert.

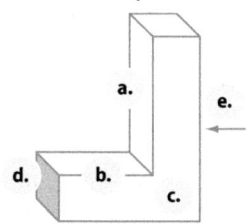

a. 1 · 2 · 3 · 4 · 5 · 6 · 7 · 8 · 9 · 10
b. 1 · 2 · 3 · 4 · 5 · 6 · 7 · 8 · 9 · 10
c. 1 · 2 · 3 · 4 · 5 · 6 · 7 · 8 · 9 · 10
d. 1 · 2 · 3 · 4 · 5 · 6 · 7 · 8 · 9 · 10
e. 1 · 2 · 3 · 4 · 5 · 6 · 7 · 8 · 9 · 10

Kreisen Sie in der Lösungsmatrix jeweils die Zahl ein, die sich an der entsprechenden Stelle der Faltvorlage befindet.

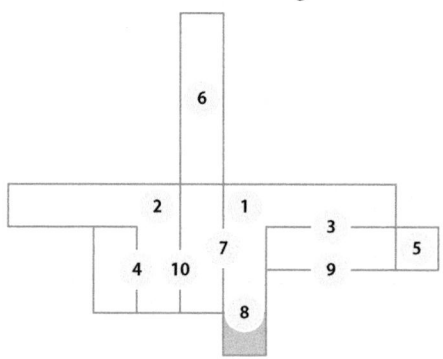

69) Am Körper sind 5 Stellen mit den Buchstaben a bis e markiert.

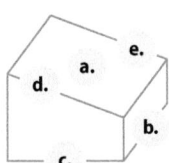

a. 1 · 2 · 3 · 4 · 5 · 6 · 7 · 8 · 9 · 10
b. 1 · 2 · 3 · 4 · 5 · 6 · 7 · 8 · 9 · 10
c. 1 · 2 · 3 · 4 · 5 · 6 · 7 · 8 · 9 · 10
d. 1 · 2 · 3 · 4 · 5 · 6 · 7 · 8 · 9 · 10
e. 1 · 2 · 3 · 4 · 5 · 6 · 7 · 8 · 9 · 10

Welche Kreisen Sie in der Lösungsmatrix jeweils die Zahl ein, die sich an der entsprechenden Stelle der Faltvorlage befindet.

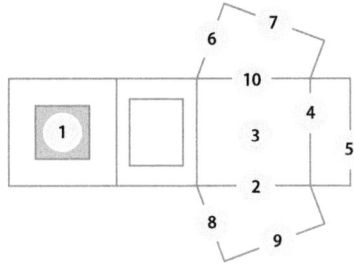

70) Am Körper sind 5 Stellen mit den Buchstaben a bis e markiert.

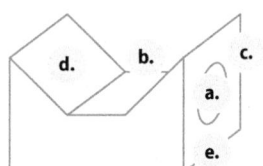

a. 1 · 2 · 3 · 4 · 5 · 6 · 7 · 8 · 9 · 10
b. 1 · 2 · 3 · 4 · 5 · 6 · 7 · 8 · 9 · 10
c. 1 · 2 · 3 · 4 · 5 · 6 · 7 · 8 · 9 · 10
d. 1 · 2 · 3 · 4 · 5 · 6 · 7 · 8 · 9 · 10
e. 1 · 2 · 3 · 4 · 5 · 6 · 7 · 8 · 9 · 10

Kreisen Sie in der Lösungsmatrix jeweils die Zahl ein, die sich an der entsprechenden Stelle der Faltvorlage befindet.

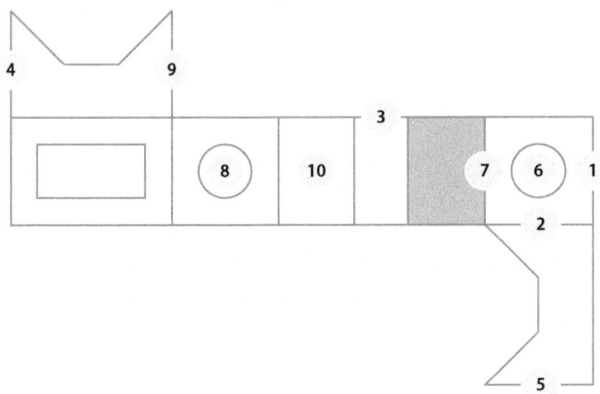

Lösungen: Visuelles Denkvermögen

1) E	25) D	49) D
2) E	26) C	50) A
3) A	27) B	51) C
4) D	28) E	52) B
5) B	29) A	53) A
6) D	30) B	54) C
7) E	31) C	55) B
8) D	32) B	56) D
9) E	33) B	57) B
10) B	34) D	58) A
11) A	35) C	59) B
12) C	36) B	60) C
13) B	37) C	61) D
14) B	38) D	62) B
15) D	39) D	63) E
16) D	40) C	64) A
17) A	41) A	65) D
18) B	42) C	66) a6, b7, c2, d9, e1
19) E	43) D	67) a2, b4, c1, d5, e6
20) A	44) B	68) a3, b4, c2, d8, e6
21) D	45) C	69) a3, b5, c9, d2, e10
22) A	46) B	70) a6, b3, c4, d10, e1
23) E	47) B	
24) C	48) C	

Figurenreihen (Aufgaben 1–10)

Zu 1) E.
Mit jedem Schritt schrumpft der Halbkreis um 45 Grad im Uhrzeigersinn.

Zu 2) E.
Die Objekte erstrecken sich abwechselnd senkrecht und waagerecht, die kleinen Endkörper sind gespiegelt

(die Spiegelachse verläuft quer zur Linie).

Zu 3) A.

Die Gruppe der Elemente dreht sich um 90° gegen den Uhrzeigersinn, wobei der schwarze Kreis zwischen der äußeren und der inneren Position hin und her wandert.

Zu 4) D.

In jeder Figur stehen die Linien parallel zueinander.

Zu 5) B.

Der dunkle Kreis befindet sich abwechselnd unter und über dem hellen Kreis.

Zu 6) D.

Jede folgende Figur enthält ein Element mehr als ihr Vorgänger.

Zu 7) E.

In jeder Figur ist insgesamt ein Drittel der Quadratfläche weiß.

Zu 8) D.

Das dunkle Dreieck im Vordergrund dreht sich schrittweise im Uhrzeigersinn. Es überdeckt teilweise ein helles Dreieck, in dem ein schwarzer Punkt im Uhrzeigersinn von Ecke zu Ecke wandert.

Zu 9) E.

Von Schritt zu Schritt wechseln die dunklen Figuren (Viereck und Dreieck) ins jeweils diagonal gegenüberliegende Feld. Der Kreis mit dem Kreuz behält seine Position bei. Der weiße Kreis wandert im, das weiße Viereck gegen den Uhrzeigersinn durch die einzelnen Felder.

Zu 10) B.

Mit jeder Figur kommt ein neues weißes Dreieck hinzu; vorhandene Dreiecke färben sich dunkel.

Figurenmatrizen (Aufgaben 11–20)

Zu 11) A.

In jeder Spalte und in jeder Reihe wechseln sich waagerechte und senkrechte Linien von Feld zu Feld ab. Zusätzlich verringert sich die Anzahl der Linien von links nach rechts immer um 1.

Zu 12) C.

Betrachten Sie jede Reihe für sich: Der Kreis wandert im Uhrzeigersinn um das Kreuz und wechselt bei jedem Schritt zwischen schwarzer und weißer Füllung. Die fehlende Figur zeigt folglich einen schwarzen Kreis im oberen Kreuzfeld.

Visuelles Denkvermögen

Zu 13) B.

Gehen Sie von oben nach unten vor: Die beiden oberen Figuren einer Spalte ergeben aufeinandergelegt das jeweils untere Objekt, wobei die Pfeilspitzen entfernt werden müssen.

Zu 14) B.

Betrachten Sie jede Reihe für sich: Die beiden linken Figuren werden rechts überlagert. Da in der betreffenden Reihe die Figuren links und rechts gleich sind, muss das fehlende Objekt ausschließlich Elemente der linken Figur enthalten – dafür kommt nur B infrage.

Zu 15) D.

Betrachten Sie jede Spalte für sich von oben nach unten: Die weißen und schwarzen Quadrate laufen im Uhrzeigersinn um den mittleren Balken, wobei sie auf jeder Seite drei Positionen einnehmen können. Die weißen Quadrate legen von Feld zu Feld zwei Positionen zurück, die schwarzen gehen in Einerschritten voran. Wenn sich auf einer Position Quadrate beider Farben befinden, ist nur das schwarze sichtbar.

Zu 16) D.

In jeder Spalte und in jeder Reihe wechseln sich waagerechte und senkrechte Linien von Feld zu Feld ab. Eine andere Regel gibt es hierbei nicht.

Zu 17) A.

Das Zackenmuster ist überall gleich. Die Regel zur Positionierung der kleinen Objekte erkennen Sie, wenn Sie jede Spalte für sich betrachten: Im unteren Feld einer Spalte werden die Objekte des obersten Felds originalgetreu und die Elemente des mittleren Felds vertikal gespiegelt übernommen – Elemente oberhalb des Zackenmusters wandern nach unten und umgekehrt.

Zu 18) B.

Gehen Sie in jeder Spalte von oben nach unten vor. Das jeweils oberste Objekt wird mit dem Objekt darunter „addiert", d. h. beide Objekte werden aufeinandergelegt, wobei jedoch das in der 2. Reihe stehende Objekt zuvor an seiner Schrägachse von links oben nach rechts unten imaginär zu spiegeln ist. Durch diese Spiegelung wird das Objekt über dem Fragezeichen identisch mit dem obersten Objekt der Spalte. Daher entspricht – wie auch in der linken Spalte – das Objekt des untersten Felds dem Objekt des obersten Felds.

Zu 19) E.

Gehen Sie in jeder Reihe von links nach rechts vor: Die Grundform dreht sich von Feld zu Feld um 45°, während der innenliegende Strich zusätzlich um 45° in die gleiche Richtung rotiert (im Vergleich zum vorherigen Feld bewegt er sich also um 90°).

Figuren drehen (Aufgaben 21–25)

Zu 21) D.

Gegenprobe: Drehen Sie den Stern 90 Grad im Uhrzeigersinn und das Quadrat 45 Grad gegen den Uhrzeigersinn.

Zu 22) A.

Gegenprobe: Drehen Sie den hellen Pfeil 135 Grad im Uhrzeigersinn, den dunklen Pfeil 45 Grad gegen den Uhrzeigersinn und die Raute 90 Grad im Uhrzeigersinn.

Zu 23) E.

Gegenprobe: Drehen Sie den Pfeil 135 Grad gegen den Uhrzeigersinn, das Kreuz 45 Grad im Uhrzeigersinn

Zu 20) A.

Gehen Sie in den Reihen von links nach rechts vor: Zuerst wird das Objekt an der Diagonalen gespiegelt, anschließend wird die obere Hälfte auf die untere kopiert.

und das Dreieck 90 Grad gegen den Uhrzeigersinn.

Zu 24) C.

Gegenprobe: Drehen Sie den hellen Stern 210 Grad gegen den Uhrzeigersinn und den dunklen Stern 60 Grad im Uhrzeigersinn.

Zu 25) D.

Gegenprobe: Drehen Sie den Pfeil 45 Grad gegen den Uhrzeigersinn, das dunkle Dreieck 30 Grad im Uhrzeigersinn und das helle Dreieck 60 Grad gegen den Uhrzeigersinn.

Figuren zuordnen (Aufgaben 26–30)

Zu 26) C.

Drehen Sie die Aufgabenfigur um ca. 108 Grad gegen den Uhrzeigersinn.

Zu 27) B.

Drehen Sie die Aufgabenfigur um ca. 136 Grad gegen den Uhrzeigersinn.

Zu 28) E.

Drehen Sie die Aufgabenfigur um ca. 104 Grad gegen den Uhrzeigersinn.

Zu 29) A.

Drehen Sie die Aufgabenfigur um ca. 90 Grad gegen den Uhrzeigersinn.

Zu 30) B.

Drehen Sie die Aufgabenfigur um ca. 155 Grad im Uhrzeigersinn.

Außenflächen zählen (Aufgaben 31–35)

Zu 31) C. 7

Der Körper besteht aus 7 Flächen – den 6 Außenflächen und einer Innenfläche.

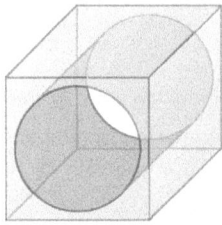

Zu 32) B. 10

Der Körper besteht aus 10 Flächen.

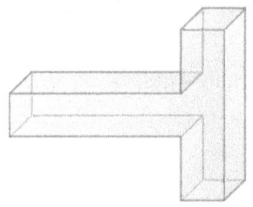

Zu 33) B. 10

Der Körper besteht aus 10 Flächen.

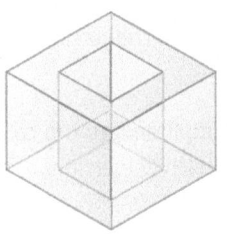

Zu 34) D. 14

Der Körper besteht aus 14 Flächen.

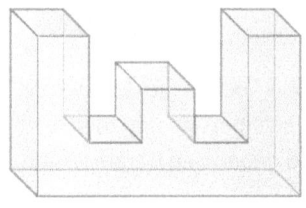

Zu 35) C. 14

Der Körper besteht aus 14 Flächen.

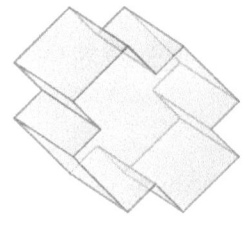

Perspektive wechseln (Aufgaben 36–40)

Zu 36) B.
Zu 37) C.
Zu 38) D.
Zu 39) D.
Zu 40) C.

Gespiegelte Figuren (Aufgaben 41–50)

Zu 41) A.

Zu 42) C.

Zu 43) D.

Zu 44) B.

Zu 45) C.

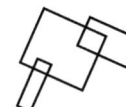

Zu 46) B.

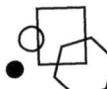

Zu 47) B.

Zu 48) C.

Zu 49) D.

Zu 50) A.

Spielwürfel drehen (Aufgaben 51–55)

Zu 51) C.
Gegenprobe: Drehen Sie Lösungswürfel C 90 Grad im Uhrzeigersinn und kippen Sie ihn nach rechts.

Zu 52) B.
Gegenprobe: Drehen Sie Lösungswürfel B 90 Grad im Uhrzeigersinn und kippen Sie ihn nach rechts.

Zu 53) A.

Gegenprobe: Drehen Sie Lösungswürfel A 90 Grad gegen den Uhrzeigersinn und kippen Sie ihn nach vorne.

Zu 54) C.

Gegenprobe: Drehen Sie Lösungswürfel C 90 Grad gegen den Uhrzeigersinn, kippen Sie ihn nach rechts und anschließend zweimal nach vorne.

Zu 55) B.

Gegenprobe: Drehen Sie Lösungswürfel B 90 Grad gegen den Uhrzeigersinn und kippen Sie ihn zweimal nach links.

Musterwürfel zuordnen (Aufgaben 56–60)

Zu 56) D.

Drehen Sie den Aufgabenwürfel um 90 Grad gegen den Uhrzeigersinn und kippen Sie ihn nach vorne.

Zu 57) B.

Drehen Sie den Aufgabenwürfel um 90 Grad im Uhrzeigersinn kippen Sie ihn nach rechts.

Zu 58) A.

Kippen Sie den Aufgabenwürfel nach hinten und drehen Sie ihn um 90 Grad im Uhrzeigersinn.

Zu 59) B.

Drehen Sie den Aufgabenwürfel um 90 Grad gegen den Uhrzeigersinn und kippen Sie ihn nach vorne.

Zu 60) C.

Kippen Sie den Aufgabenwürfel nach links und drehen Sie ihn um 90 Grad gegen den Uhrzeigersinn.

Faltvorlagen (Aufgaben 61–65)

Zu 61) D.

Doppelviereck im Fokus behalten, Quader zusammenfalten und 45 Grad im Uhrzeigersinn drehen.

Zu 62) B.

Aus der gegebenen Vorlage kann nur Körper B gebildet werden: Falten Sie dazu den Quader zusammen, stellen Sie ihn auf die unmarkierte, schmale Standfläche und drehen Sie ihn mit der breiten, markierten Seite nach links.

Zu 63) E.

Aus der gegebenen Vorlage kann nur Körper E gebildet werden: Falten Sie dazu den Quader zusammen, stellen Sie ihn auf die weiße Standfläche und drehen Sie ihn mit der breiten schwarzen Seite nach links.

Zu 64) A.

Dreieck im Fokus behalten, Würfel zusammenfalten und 45 Grad im Uhrzeigersinn drehen.

Zu 65) D.

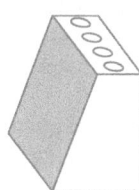

Lösungshinweis

Falls Sie nicht durch das Zusammenfalten des Körpers im Geiste auf die richtige Lösung kommen: Vergleichen Sie die Anordnung der Flächen der Faltvorlage mit den Seiten der vorgeschlagenen Körper. Liegt z. B. eine graue Fläche neben einer weißen, eine Fläche mit einem Kreis neben einer Fläche mit einem Quadrat oder eine quadratische Fläche neben einer schmalen rechteckigen? Bei manchen Aufgaben ist auch die Anzahl der Flächen interessant – hat der Körper genauso viele Seiten wie die Faltvorlage Flächen?

Faltvorlagen mit Markierung (Aufgaben 66–70)

Zu 66) a6, b7, c2, d9, e1

Zu 67) a2, b4, c1, d5, e6

Zu 68) a3, b4, c2, d8, e6

Zu 69) a3, b5, c9, d2, e10

Zu 70) a6, b3, c4, d10, e1

Konzentration und Merkfähigkeit

Buchstabenfolgen finden Bearbeitungszeit 5 Minuten

Sie erhalten mehrere Buchstabenreihen, in denen manchmal drei direkt benachbarte Buchstaben eine alphabetisch aufsteigende Folge bilden.

Bitte unterstreichen Sie alle Buchstabenkombinationen, auf die dies zutrifft, und notieren Sie die Anzahl der gefundenen Kombinationen im rechten Feld. Dabei gilt: Ein Buchstabe darf nur einer Kombination zugerechnet werden. Pro Zeile kommen also höchstens sechs Kombinationen vor.

Hierzu ein Beispiel

Aufgabe

1) B C D G E D A B C V D B L M N B Q R S P
2) B S A R A B C F J T K L M P D F S U V W

Antwort

1) **B C D** G E D **A B C** V D B **L M N** B **Q R S** P   4
2) B S A R **A B C** F J T **K L M** P D F S **U V W**   3

Bitte beginnen Sie nun mit der Bearbeitung: Zählen Sie alle Kombinationen aus drei alphabetisch aufeinanderfolgenden Buchstaben.

1) D F E G H I M V D S H P J U Z H O I J K
2) A B C F H R H Z G G H I N V M S A D E F
3) C F R S G U V W J O U U V W T E Z H Z K
4) O P Q F R H T Z J G H I B V C X Y Z A B
5) D E F A E G Q G B Z R J H K L M O I P K
6) F A E Q R S C V G R Z T W X Y A W X Y S
7) W Q E D F R W H Z T J K L P I G P Q R W
8) Q R S A G T R K U T O P Q S W X V F G H

Buchstabenfolgen finden

9)	F	R	E	H	G	Z	R	U	P	U	P	Q	R	D	R	G	T	Z	U	P
10)	N	K	L	O	U	I	T	F	T	U	V	F	R	D	R	V	G	T	U	V
11)	S	D	W	R	T	D	S	W	C	D	E	G	H	R	W	S	T	U	K	L
12)	R	H	R	U	L	J	U	I	P	Q	R	T	U	I	J	K	O	P	Q	E
13)	Q	W	E	R	Z	U	I	O	L	M	N	E	R	T	G	D	E	F	Q	W
14)	R	T	G	J	I	O	L	K	L	M	L	O	P	I	G	A	L	I	J	K
15)	F	A	B	I	L	O	T	I	S	A	L	E	F	G	A	S	I	T	O	L
16)	E	R	T	I	C	A	N	I	J	K	R	A	S	E	D	A	A	L	D	I
17)	H	E	L	I	W	I	U	O	W	X	Y	A	R	A	D	A	R	A	T	O
18)	S	E	I	G	N	U	N	G	S	T	E	S	T	F	U	R	A	X	Y	Z
19)	E	I	N	S	T	E	L	L	U	N	G	S	T	E	S	T	D	E	F	A
20)	P	R	U	E	F	U	N	G	S	F	R	A	G	E	N	O	P	A	Z	B
21)	B	C	D	F	E	R	I	E	N	M	A	C	H	T	S	P	A	S	S	I
22)	D	A	B	E	I	S	E	I	N	I	S	T	U	N	D	B	L	E	I	B
23)	G	U	T	E	N	T	A	G	H	I	S	T	H	I	E	R	E	I	J	K
24)	D	A	S	I	S	T	A	B	C	G	A	N	Z	S	C	H	O	E	N	I
25)	G	A	S	T	Z	U	S	E	I	N	I	S	T	U	R	A	T	E	N	A
26)	K	I	L	O	G	R	S	A	T	U	R	N	E	L	E	F	G	Z	I	P
27)	L	A	C	H	E	N	M	A	C	H	T	G	U	T	U	V	T	Q	A	T
28)	J	A	D	A	S	M	A	C	H	T	W	I	R	K	L	I	C	H	I	J
29)	D	E	F	A	D	E	F	H	W	K	L	M	G	T	S	T	U	A	B	C
30)	G	U	T	E	U	E	B	U	N	G	Z	U	D	E	F	T	E	S	T	E
31)	B	A	L	L	S	P	I	E	L	E	N	M	A	C	H	S	T	U	S	A
32)	D	A	M	I	T	K	E	I	N	E	R	A	U	S	D	E	F	G	A	Q
33)	F	F	D	E	H	G	F	G	H	D	E	J	K	L	D	K	Z	T	L	O
34)	A	R	H	K	O	D	T	H	I	J	D	W	Q	J	O	Z	D	E	F	W

Ausbildungspark

Konzentration und Merkfähigkeit

35) R T U W F H J O R M N O D J O R T S Q W
36) A D E F D G U O P Q F H W U L F G H Q W
37) G R W E R T U B P Q R A B R S T Q A B C
38) B A N A B A K S A N A K I Z A B C R S T
39) B E N I S E V I Y O R M U S U N O P S T
40) S T R A S S E N S I N D E F R Z T U V S

O/Q-Test

Bearbeitungszeit 1½ Minuten

Dieser Abschnitt prüft Ihre Schnelligkeit und Genauigkeit.

Die folgenden Buchstabenzeilen bestehen aus den Buchstaben „O" und „Q". Ihr Auftrag lautet, in jeder Zeile alle „Q"s zu zählen und die ermittelte Anzahl in der rechten Spalte einzutragen.

Hierzu ein Beispiel

Aufgabe

1) O Q O O O Q O O O Q O O O Q O O O Q O O
2) O O Q O O O Q O O O Q O O O Q O O O Q O
3) O O O Q O O O Q O O O Q O O O Q O O O Q

Antwort

1) O **Q** O O O **Q** O O O **Q** O O O **Q** O O O **Q** O O   5
2) O O **Q** O O O **Q** O O O **Q** O O O **Q** O O O **Q** O   5
3) O O O **Q** O O O **Q** O O O **Q** O O O **Q** O O O **Q**   5

Bitte beginnen Sie nun mit der Bearbeitung: Notieren Sie die Zahl der pro Zeile gefundenen „Q"s in der rechten Spalte.

41) O O O Q O O O Q O O O O Q O O O O O O
42) O O Q O O O O O O O O O O O Q O O O O
43) O Q O O O O O O O Q O O O O O O O O O
44) O O O Q O O O O O Q O O O O O O O O O
45) O O O O O O O Q O O O Q O O O O O O O
46) O O O O O Q Q O O O O O O O O O O O O
47) Q O O O O O O O O O O O O O Q O O O O
48) O O O O O O O Q O O O Q O O O O O O O
49) O O O O O O O O O O O Q O O Q O O O O

Konzentration und Merkfähigkeit

50) O O O O O O Q O O Q O O O O Q O O O O Q
51) O O O O O O O O O O O O O O Q O Q O O O
52) O O O O O O O O O O O O O O O O O Q O O
53) O Q O O O O O O O O O O O O Q O Q O O O
54) O Q Q O O O O O O O O O O O O O O O O O
55) O O O O Q O Q Q O O O O O O O O O O O O
56) O O O Q O O Q O O O O Q O O O O O O O O
57) O O O O O O O Q O O O O O O O O O O O O
58) O O Q Q O O O O O O O O O O O Q O O Q O
59) O O O Q O Q O O O O O O Q O O O O Q O O
60) O O Q O Q O O O O O O O O O O O Q O O O
61) O O Q O O Q O O O O O O O O O O O O O O
62) O O O O O Q O O O Q O O O O O O O O O O
63) O O O Q O Q O O Q O O O O O O O O O O O
64) O O O Q O O O Q O O O O O O Q O O O O O
65) Q O Q O O O O O O O O Q O O O O O Q O O
66) O Q O Q Q O O O O O O Q O O O O O O O O
67) O O O Q O O Q O O O O O O O O O O O O O
68) O O O O O O O O O O O O O O O O O O O O
69) O O O O O O O Q Q O O O O O Q O O O O O
70) O O O O Q O O Q O O O O O O Q O O O O O
71) O O Q O O O Q O O O O O O O Q O O O O O
72) O O O O O Q O O Q O O Q O O O Q O O O O
73) O O O Q O Q O O O O O O O O O O O O O O
74) O O O O O O O O O O O O O O O O O Q Q O
75) O O O O O O O O O O O O O O Q Q O O O O

Original und Abschrift

Bearbeitungszeit 3 Minuten

Nun müssen Sie Zeichenfolgen miteinander vergleichen.

Die Originalfolge steht jeweils links, die Abschrift rechts. Überprüfen Sie die Abschriften bitte – Stelle für Stelle – auf Tippfehler und notieren Sie die Anzahl der Fehler pro Zeile im rechten Feld.

76)	6458482	6258284	_____
77)	1859782	1869762	_____
78)	3587197	3287187	_____
79)	5784986	5789486	_____
80)	2258791	2258797	_____
81)	5478615	5478916	_____
82)	7945874	7943874	_____
83)	6487459	6481456	_____
84)	3124587	8124531	_____
85)	5487951	5487851	_____
86)	6547894	6541894	_____
87)	3249782	3248788	_____
88)	3597874	3597824	_____
89)	3549872	3649612	_____
90)	0054862	0005486	_____
91)	0010124	0010012	_____
92)	1115482	1154822	_____
93)	2211223	2221113	_____

94)	3344556	3344456	_____
95)	HGRFLED	HGRFLEB	_____
96)	RAGSEFA	RAGBEEA	_____
97)	JAHWERS	JAHVERS	_____
98)	HATWRSD	HATWBSD	_____
99)	ÖAJRSFAJ	OAJRSEAJ	_____
100)	JAHWNMN	JAHVMNN	_____
101)	MNMNNMM	MNNNMMM	_____
102)	kjhdHJGG	kjhbHJgG	_____
103)	lkjdsURT	lkjDsuRT	_____
104)	ncHgsTG	ncHgStg	_____
105)	jbdEF>E=	jdbEE>E=	_____
106)	QoOqbpBD	QOOqdpbD	_____
107)	JA54zR7CD	JJA54zR7C	_____
108)	JY23BDQO	JYY23BDO	_____
109)	GA+32BBD>	GA+82BDD>	_____
110)	&%G?ARV	&%$%§RV	_____
111)	FIE§§!5 668	FIE§$!5 868	_____
112)	ÜüÖöOoUu	ÜüöÖoOUu	_____
113)	ÖöÜüQqOo	ÖöÜüObOo	_____
114)	bddbdbdb	bdbbdddb	_____
115)	#+*~%%&#	#+*§%%&#	_____

Schlüssel finden

Bearbeitungszeit 5 Minuten

Die abgebildeten Schlüssel haben unterschiedlich viele Zacken. Bitte markieren Sie alle Schlüssel mit genau einem oder zwei Zacken. Wie lang die Zacken sind – und ob sie eher spitz oder breit zulaufen – spielt keine Rolle.

Hierzu ein Beispiel

Aufgabe

1)

Antwort

1)

Bitte beginnen Sie nun mit der Bearbeitung: Markieren Sie die gesuchten Schlüssel.

Konzentration und Merkfähigkeit

122)
123)
124)
125)
126)
127)
128)
129)
130)
131)
132)
133)

134) – 145)

Steckbriefe einprägen

Einprägezeit 1 Minute

Nun lautet Ihr Auftrag, sich Informationen aus Steckbriefen zu merken.

I. Steckbrief Larissa Steiner

Bitte prägen Sie sich diesen Steckbrief innerhalb von **1 Minute** ein. Hierbei dürfen Sie sich keine Notizen machen.

Familienname:	Steiner
Vorname:	Larissa
Alter:	30
Geburtsdatum:	19.06.1987
Geburtsort:	Heidelberg
Wohnort:	Mannheim
Größe:	175 cm
Haarfarbe:	hellbraun
Augenfarbe:	graublau
Gewicht:	79 kg
Beruf:	Event-Managerin
Herkunftsland:	Deutschland
Religion:	katholisch
Familienstand:	verheiratet

! *Hinweis*

Nachdem Sie sich den Steckbrief eingeprägt haben, sollten Sie sich 5 Minuten mit etwas anderem beschäftigen, ehe Sie mit der Bearbeitung beginnen. Bitte decken Sie dafür diese Seite ab.

Steckbriefe einprägen

Bearbeitungszeit 2½ Minuten

Soeben lag Ihnen ein Steckbrief vor, den Sie sich einprägen sollten.

Bitte bearbeiten Sie nun die Aufgaben: Markieren Sie jeweils den Lösungsbuchstaben des richtigen Antwortvorschlags.

146) Wo wurde die Person geboren?
- A. Speyer
- B. Mannheim
- C. Stuttgart
- D. Heidelberg
- E. Washington

147) Welche Haarfarbe hat die Person?
- A. dunkelbraun
- B. hellbraun
- C. schwarz
- D. blond
- E. rot

148) Welchen Beruf hat die Person?
- A. Kauffrau für Büromanagement
- B. Event-Managerin
- C. Bankangestellte
- D. Lehrerin
- E. Standesbeamtin

149) Welches ist das Herkunftsland der Person?
- A. Italien
- B. USA
- C. Deutschland
- D. Schweiz
- E. Niederlande

150) Wie lautet das Geburtsdatum der Person?
- A. 19.05.1980
- B. 09.06.1978
- C. 19.06.1978
- D. 19.06.1987
- E. 21.06.1987

Steckbriefe einprägen

Einprägezeit 1 Minute

II. Steckbrief Jens Bückemeier

Bitte prägen Sie sich diesen Steckbrief innerhalb von **1 Minute** ein. Hierbei dürfen Sie sich keine Notizen machen.

Familienname:	Bückemeier
Vorname:	Jens
Alter:	28
Geburtsdatum:	28.04.1982
Geburtsort:	München
Wohnort:	Hamburg
Größe:	187 cm
Haarfarbe:	dunkelblond
Augenfarbe:	grau
Gewicht:	94 kg
Beruf:	Karriereberater
Herkunftsland:	Deutschland
Religion:	konfessionslos
Familienstand:	verheiratet

! **Hinweis**

Nachdem Sie sich den Steckbrief eingeprägt haben, sollten Sie sich 5 Minuten mit etwas anderem beschäftigen, ehe Sie mit der Bearbeitung beginnen. Bitte decken Sie dafür diese Seite ab.

Steckbriefe einprägen

Bearbeitungszeit 2½ Minuten

Soeben lag Ihnen ein Steckbrief vor, den Sie sich einprägen sollten.

Bitte bearbeiten Sie nun die Aufgaben: Markieren Sie jeweils den Lösungsbuchstaben des richtigen Antwortvorschlags.

151) Wo ist die gesuchte Person geboren?
A. Nürnberg
B. Passau
C. München
D. Heidelberg
E. Washington

152) Wie alt ist die gesuchte Person?
A. 25
B. 26
C. 27
D. 28
E. 29

153) Wie heißt die gesuchte Person mit Vornamen?
A. Jörg
B. Carsten
C. Ingo
D. Dirk
E. Jens

154) Welchen Beruf übt die gesuchte Person aus?
A. Karriereberater
B. Anwalt
C. Sozialpädagoge
D. Chirurg
E. Börsenmakler

155) Welchen Familienstand hat die gesuchte Person?
A. ledig
B. verwitwet
C. feste Beziehung
D. verheiratet
E. geschieden

Textinhalte wiedergeben *Einprägezeit 5 Minuten*

Ihnen liegt ein Zeitungsausschnitt mit einer (fiktiven) Nachrichtenmeldung vor.

Bitte lesen Sie sich die Meldung aufmerksam durch. Anschließend müssen Sie mehrere Fragen dazu schriftlich beantworten.

Zum Einprägen haben Sie **5 Minuten** Zeit. Hierbei dürfen Sie sich keine Notizen machen.

Gelungenes Jubiläum

Am vergangenen Sonntag, dem 24. Mai 2009, feierte der Kleingartenverein „Die Mauersegler" auf dem vereinseigenen Festplatz am Spatzenweg sein 25-jähriges Bestehen. Zur Eröffnung um 16 Uhr hielt der erste Vorsitzende Klaus Werner eine Festrede und begrüßte die rund 350 Gäste. Danach präsentierten die sieben Gründungsmitglieder gemeinsam eine Diashow und zeigten Bilder aus den Anfangstagen des Vereins. Über die Anwesenheit von Bürgermeisterin Maria Hallmann und Bauamtschef Rüdiger Gerlach freuten sich die inzwischen 124 Vereinsmitglieder besonders. Alle bekräftigten, die gute Zusammenarbeit auch in Zukunft fortsetzen zu wollen.

Da Schatzmeister Eberhard Spengler für die größte Feier der Vereinsgeschichte rechtzeitig eine stattliche Summe reserviert hatte und alle Mitglieder einen Beitrag zum kalten Büffet leisteten, war für das leibliche Wohl reichlich gesorgt. Am Abend schließlich stellte der zweite Vorsitzende sein Talent als DJ unter Beweis und legte bis zum Ende der Feier um drei Uhr morgens Musik auf, zu der sich alle Altersklassen auf der Tanzfläche trafen. Das Fazit des Vereins: Rundum gelungen – die nächsten 25 Jahre können kommen!

Dieser Text ist frei erfunden.

! *Hinweis*

Bei dieser Aufgabe ist keine Unterbrechung notwendig, bitte beginnen Sie direkt mit der Bearbeitung!

Bearbeitungstipps

¬ Versuchen Sie besser nicht, den vorliegenden Text komplett auswendig zu lernen: Gehen Sie vom Wichtigen zum Unwichtigen und prägen Sie sich erst dann weitere Details ein, wenn Ihnen das Handlungsgerüst klar ist (wer hat wann was warum und wie gemacht?).

¬ Konzentrieren Sie sich besonders auf Schlüsselbegriffe sowie Orts- oder Zeitangaben.

Konzentration und Merkfähigkeit

Textinhalte wiedergeben

Bearbeitungszeit 10 Minuten

Bitte beantworten Sie nun die Fragen zum vorgelegten Zeitungsbericht.

156) Um welchen Verein geht es in dem Text?

157) Wer ist der erste Vorsitzende des Vereins?

158) Wo fand die Feier statt?

159) Wie viele Gäste kamen zu der Feier?

160) Welche Funktion hat Rüdiger Gerlach?

161) Wie viele Mitglieder hatte der Verein bei seiner Gründung?

162) Welchen Programmpunkt gestalteten die Gründungsmitglieder bei der Feier?

163) Wie viele Mitglieder hat der Verein heute?

164) Wie heißt der Schatzmeister des Vereins?

165) Wann endete die Feier?

Wortgruppen einprägen

Einprägezeit 3 Minuten

Bitte merken Sie sich, welche Wörter zu welchen Wortgruppen gehören.
Zum Einprägen haben Sie **3 Minuten** Zeit. Hierbei dürfen Sie sich keine Notizen machen.

Wortgruppentabelle

Sportarten:				
Diskuswurf	Zehnkampf	Golf	Volleyball	Yoga
Vornamen:				
Lisa	Torsten	Ines	Julia	Christian
Hauptstädte:				
Berlin	Oslo	Rom	Athen	Paris
Obstarten:				
Zitrone	Quitte	Kirsche	Nektarine	Erdbeere
Insekten:				
Fliege	Wespe	Heuschrecke	Schmetterling	Marienkäfer

! *Hinweis*

Nachdem Sie sich die Tabelle eingeprägt haben, sollten Sie sich 5 Minuten mit etwas anderem beschäftigen, ehe Sie mit der Bearbeitung beginnen.

Wortgruppen einprägen

Bearbeitungszeit 10 Minuten

Soeben lag Ihnen eine Tabelle mit Wörtern vor, die bestimmten Wortgruppen zugeordnet waren.

Bitte bearbeiten Sie nun die Aufgaben: Markieren Sie jeweils den Lösungsbuchstaben des richtigen Antwortvorschlags.

166) In welche Begriffsgruppe gehört das Wort mit dem Anfangsbuchstaben „M"?
A. Sportarten
B. Vornamen
C. Hauptstädte
D. Obstarten
E. Insekten

167) In welche Begriffsgruppe gehört das Wort mit dem Anfangsbuchstaben „L"?
A. Sportarten
B. Vornamen
C. Hauptstädte
D. Obstarten
E. Insekten

168) In welche Begriffsgruppe gehört das Wort mit dem Anfangsbuchstaben „E"?
A. Sportarten
B. Vornamen
C. Hauptstädte
D. Obstarten
E. Insekten

169) In welche Begriffsgruppe gehört das Wort mit dem Anfangsbuchstaben „P"?
A. Sportarten
B. Vornamen
C. Hauptstädte
D. Obstarten
E. Insekten

170) Die Sportart, die im Alphabet am weitesten hinten steht, beginnt mit …?
A. T
B. W
C. X
D. Y
E. Z

171) Der Vorname, der im Alphabet am weitesten vorne steht, beginnt mit …?
A. A
B. B
C. C
D. D
E. F

172) Die Hauptstadt, die im Alphabet am weitesten hinten steht, beginnt mit …?
A. O
B. P
C. Q
D. R
E. S

173) Die Obstart, die im Alphabet am weitesten vorne steht, beginnt mit …?
A. K
B. E
C. F
D. I
E. L

174) Die Obstart, die im Alphabet am weitesten hinten steht, beginnt mit …?
A. Y
B. Z
C. V
D. U
E. T

175) Das Insekt, das im Alphabet am weitesten hinten steht, beginnt mit …?
A. Z
B. Y
C. S
D. Q
E. W

176) Die Sportart, die im Alphabet am weitesten vorne steht, beginnt mit …?
A. A
B. B
C. D
D. E
E. F

177) Das Insekt, das im Alphabet am weitesten vorne steht, beginnt mit …?
A. A
B. F
C. M
D. O
E. Q

178) In welche Begriffsgruppe gehört das Wort mit dem Anfangsbuchstaben „C"?
A. Sportarten
B. Vornamen
C. Hauptstädte
D. Obstarten
E. Insekten

179) In welche Begriffsgruppe gehört das Wort mit dem Anfangsbuchstaben „R"?
A. Sportarten
B. Vornamen
C. Hauptstädte
D. Obstarten
E. Insekten

180) In welche Begriffsgruppe gehört das Wort mit dem Anfangsbuchstaben „A"?
A. Sportarten
B. Vornamen
C. Hauptstädte
D. Obstarten
E. Insekten

181) In welche Begriffsgruppe gehört das Wort mit dem Anfangsbuchstaben „F"?
A. Sportarten
B. Vornamen
C. Hauptstädte
D. Obstarten
E. Insekten

182) In welche Begriffsgruppe gehört das Wort mit dem Anfangsbuchstaben „K"?
A. Sportarten
B. Vornamen
C. Hauptstädte
D. Obstarten
E. Insekten

183) In welche Begriffsgruppe gehört das Wort mit dem Anfangsbuchstaben „Y"?
A. Sportarten
B. Vornamen
C. Hauptstädte
D. Obstarten
E. Insekten

184) In welche Begriffsgruppe gehört das Wort mit dem Anfangsbuchstaben „N"?
A. Sportarten
B. Vornamen
C. Hauptstädte
D. Obstarten
E. Insekten

185) In welche Begriffsgruppe gehört das Wort mit dem Anfangsbuchstaben „D"?
A. Sportarten
B. Vornamen
C. Hauptstädte
D. Obstarten
E. Insekte

Zahlen merken

Einprägezeit 2 Minuten

Prägen Sie sich die folgenden Zahlen gut ein, damit Sie sie anschließend in einer umfangreichen Zahlenliste wiederfinden können.

Zum Einprägen haben Sie **2 Minuten** Zeit. Hierbei dürfen Sie sich keine Notizen machen.

4476	4747	9696	0718	6790
5870	4730	1739	9078	3300
7011	0673	8193	8303	4433
8625	6782	7701	0202	1515

! *Hinweis*

Bei dieser Aufgabe ist keine Unterbrechung notwendig, bitte beginnen Sie direkt mit der Bearbeitung!

Zahlen merken

Bearbeitungszeit 4 Minuten

Kreuzen Sie nun bitte alle Zahlen an, die Sie aus der soeben vorgelegten Tabelle kennen.

186)

☐	2584	☐	9078	☐	8794	☐	8625	☐	5874
☐	5731	☐	8742	☐	1515	☐	8998	☐	1148
☐	7011	☐	8447	☐	3636	☐	2358	☐	5870
☐	4056	☐	0718	☐	3658	☐	3300	☐	7850
☐	8887	☐	7474	☐	9696	☐	9517	☐	8387
☐	7856	☐	9192	☐	6790	☐	5589	☐	0202
☐	4730	☐	8945	☐	4578	☐	7701	☐	5623
☐	8303	☐	2518	☐	4589	☐	3698	☐	4747
☐	6181	☐	1739	☐	7890	☐	2345	☐	4433
☐	3456	☐	4560	☐	4567	☐	0673	☐	1597
☐	7779	☐	6971	☐	8451	☐	6782	☐	5899
☐	4445	☐	8193	☐	9393	☐	4476	☐	9111

Zahlensuche nach Rechenregel *Bearbeitungszeit 4 Minuten*

Zu jedem Aufgabenblock erhalten Sie eine mathematische Regel.
Unterstreichen Sie jeweils alle Zahlen, auf die die vorgegebene Regel zutrifft.

Hierzu ein Beispiel

Aufgabe

Unterstreichen Sie alle Zahlen, die ohne Rest durch 2 teilbar sind.

1) 4   8   9   25   67   86   3   81   43   32
2) 76 90 27 69   76   45   55 61   44   18

Antwort

1) <u>4</u> <u>8</u> 9   25   67   <u>86</u> 3   81   43   <u>32</u>
2) <u>76</u> <u>90</u> 27 69   <u>76</u> 45   55 61   <u>44</u> <u>18</u>

Beginnen Sie nun bitte mit den Aufgaben: Unterstreichen Sie die gesuchten Zahlen. Sie haben dafür **4 Minuten** Zeit.

Block A

Unterstreichen Sie alle Zahlen, die um 6 kleiner sind als ihr linker Nachbar.

187)	71	63	61	55	48	45	77	86	80	91
188)	70	64	59	88	65	59	68	62	68	74
189)	33	27	23	17	23	15	9	41	35	44
190)	32	26	17	12	6	–6	3	17	9	3
191)	55	29	35	29	51	45	46	39	33	18
192)	56	72	66	48	36	89	87	81	62	56
193)	11	5	–6	1	–5	50	44	93	87	94
194)	19	87	81	–13	–2	–18	–24	0	–6	–9
195)	28	22	14	54	48	42	48	26	19	13
196)	1	33	27	21	11	38	15	9	7	1

Block B

Unterstreichen Sie alle Zahlen, die ohne Rest durch 13 teilbar sind.

197)	70	26	56	87	64	72	104	67	57	66
198)	52	63	61	53	50	39	77	84	38	91
199)	55	247	139	48	52	43	146	91	–26	18
200)	142	42	13	31	85	65	67	39	169	154
201)	120	130	68	91	81	92	13	93	85	26
202)	26	22	14	78	27	42	34	143	50	42
203)	170	169	28	99	11	181	15	157	195	53
204)	33	125	7	221	23	15	23	41	33	44
205)	95	187	156	143	117	18	114	6	–62	–19
206)	208	225	234	12	35	78	3	17	9	259

Lösungen: Konzentration und Merkfähigkeit

1) 2	31) 1	61) 2
2) 3	32) 1	62) 2
3) 2	33) 2	63) 3
4) 3	34) 2	64) 3
5) 2	35) 1	65) 4
6) 3	36) 3	66) 4
7) 2	37) 3	67) 2
8) 3	38) 2	68) 0
9) 1	39) 1	69) 3
10) 2	40) 2	70) 3
11) 2	41) 3	71) 3
12) 3	42) 2	72) 4
13) 2	43) 2	73) 2
14) 2	44) 2	74) 2
15) 1	45) 2	75) 2
16) 1	46) 2	76) 3
17) 1	47) 2	77) 2
18) 1	48) 2	78) 2
19) 1	49) 2	79) 2
20) 1	50) 4	80) 1
21) 1	51) 2	81) 2
22) 1	52) 1	82) 1
23) 2	53) 3	83) 2
24) 1	54) 2	84) 3
25) 1	55) 3	85) 1
26) 1	56) 3	86) 1
27) 1	57) 1	87) 2
28) 1	58) 4	88) 1
29) 5	59) 4	89) 3
30) 1	60) 3	90) 5

91) 3	123) 14	155) D
92) 4	124) 6	156)
93) 3	125) 8	157)
94) 1	126) 8	158)
95) 1	127) 7	159)
96) 2	128) 9	160) siehe
97) 1	129) 8	161) Erklärung
98) 1	130) 7	162)
99) 2	131) 7	163)
100) 3	132) 5	164)
101) 2	133) 6	165)
102) 2	134) 8	166) E
103) 2	135) 6	167) B
104) 3	136) 7	168) D
105) 3	137) 8	169) C
106) 3	138) 7	170) E
107) 8	139) 8	171) C
108) 5	140) 6	172) D
109) 2	141) 8	173) B
110) 3	142) 7	174) B
111) 2	143) 9	175) E
112) 4	144) 10	176) C
113) 2	145) 5	177) B
114) 2	146) D	178) B
115) 1	147) B	179) C
116) 7	148) B	180) C
117) 5	149) C	181) E
118) 10	150) D	182) D
119) 9	151) C	183) A
120) 9	152) D	184) D
121) 11	153) E	185) A
122) 9	154) A	186) siehe Erklärung

187) 55 | 80
188) 64 | 59 | 62
189) 27 | 17 | 9 | 35
190) 26 | 6 | 3
191) 29 | 45 | 33
192) 66 | 81 | 56
193) 5 | –5 | 44 | 87

194) 81 | –24 | –6
195) 22 | 48 | 42 | 13
196) 27 | 21 | 9 | 1
197) 26 | 104
198) 52 | 39 | 91
199) 247 | 52 | 91 | –26
200) 13 | 65 | 39 | 169

201) 130 | 91 | 13 | 26
202) 26 | 78 | 143
203) 169 | 195
204) 221
205) 156 | 143 | 117
206) 208 | 234 | 78

Buchstabenfolgen finden (Aufgaben 1–40)

Zu 1)	D	F	**G**	**H**	**I**	M	V	D	S	H	P	J	U	Z	H	O	**I**	**J**	**K**	2
Zu 2)	**A**	**B**	**C**	F	H	R	H	Z	G	**G**	**H**	**I**	N	V	M	S	A	**D**	**E**	**F**	3
Zu 3)	C	F	R	S	G	**U**	**V**	**W**	J	O	U	**U**	**V**	**W**	T	E	Z	H	Z	K	2
Zu 4)	**O**	**P**	**Q**	F	R	H	T	Z	J	**G**	**H**	**I**	B	V	C	**X**	**Y**	**Z**	A	B	3
Zu 5)	**D**	**E**	**F**	A	E	G	Q	G	B	Z	R	J	H	**K**	**L**	**M**	O	I	P	K	2
Zu 6)	F	A	E	**Q**	**R**	**S**	C	V	G	R	Z	T	**W**	**X**	**Y**	A	**W**	**X**	**Y**	S	3
Zu 7)	W	Q	E	D	F	R	W	H	Z	T	**J**	**K**	**L**	P	I	G	**P**	**Q**	**R**	W	2
Zu 8)	**Q**	**R**	**S**	A	G	T	R	K	U	T	**O**	**P**	**Q**	S	W	X	V	**F**	**G**	**H**	3
Zu 9)	F	R	E	H	G	Z	R	U	P	U	**P**	**Q**	**R**	D	R	G	T	Z	U	P	1
Zu 10)	N	K	L	O	U	I	T	F	**T**	**U**	**V**	F	R	D	R	V	G	**T**	**U**	**V**	2
Zu 11)	S	D	W	R	T	D	S	W	**C**	**D**	**E**	G	H	R	W	**S**	**T**	U	K	L	2
Zu 12)	R	H	R	U	L	J	U	I	**P**	**Q**	**R**	T	U	**I**	**J**	**K**	**O**	**P**	**Q**	E	3
Zu 13)	Q	W	E	R	Z	U	I	O	**L**	**M**	**N**	E	R	T	G	**D**	**E**	**F**	Q	W	2
Zu 14)	R	T	G	J	I	O	L	**K**	**L**	**M**	L	O	P	I	G	A	L	**I**	**J**	**K**	2
Zu 15)	F	A	B	I	L	O	T	I	S	A	L	**E**	**F**	**G**	A	S	I	T	O	L	1
Zu 16)	E	R	T	I	C	A	N	**I**	**J**	**K**	R	A	S	E	D	A	A	L	D	I	1
Zu 17)	H	E	L	I	W	I	U	O	**W**	**X**	**Y**	A	R	A	D	A	R	A	T	O	1
Zu 18)	S	E	I	G	N	U	N	G	S	T	E	S	T	F	U	R	A	**X**	**Y**	**Z**	1

Konzentration und Merkfähigkeit

Zu 19)	E	I	N	S	T	E	L	L	U	N	G	S	T	E	S	T	**D**	**E**	**F**	A	1
Zu 20)	P	R	U	E	F	U	N	G	S	F	R	A	G	E	**N**	**O**	**P**	A	Z	B	1
Zu 21)	**B**	**C**	**D**	F	E	R	I	E	N	M	A	C	H	T	S	P	A	S	S	I	1
Zu 22)	D	A	B	E	I	S	E	I	N	I	**S**	**T**	**U**	N	D	B	L	E	I	B	1
Zu 23)	G	U	T	E	N	T	A	**G**	**H**	**I**	S	T	H	I	E	R	E	**I**	**J**	**K**	2
Zu 24)	D	A	S	I	S	T	**A**	**B**	**C**	G	A	N	Z	S	C	H	O	E	N	I	1
Zu 25)	G	A	S	T	Z	U	S	E	I	N	I	**S**	**T**	**U**	R	A	T	E	N	A	1
Zu 26)	K	I	L	O	G	R	S	A	T	U	R	N	E	L	**E**	**F**	**G**	Z	I	P	1
Zu 27)	L	A	C	H	E	N	M	A	C	H	T	G	U	**T**	**U**	**V**	T	Q	A	T	1
Zu 28)	J	A	D	A	S	M	A	C	H	T	W	I	R	K	L	I	C	**H**	**I**	**J**	1
Zu 29)	**D**	**E**	**F**	A	**D**	**E**	**F**	H	W	**K**	**L**	**M**	G	T	**S**	**T**	**U**	**A**	**B**	**C**	5
Zu 30)	G	U	T	E	U	E	B	U	N	G	Z	U	**D**	**E**	**F**	T	E	S	T	E	1
Zu 31)	B	A	L	L	S	P	I	E	L	E	N	M	A	C	H	**S**	**T**	**U**	S	A	1
Zu 32)	D	A	M	I	T	K	E	I	N	E	R	A	U	S	D	**E**	**F**	**G**	A	Q	1
Zu 33)	F	F	D	E	H	G	**F**	**G**	**H**	D	E	**J**	**K**	**L**	D	K	Z	T	L	O	2
Zu 34)	A	R	H	K	O	D	T	**H**	**I**	**J**	D	W	Q	J	O	Z	**D**	**E**	**F**	W	2
Zu 35)	R	T	U	W	F	H	J	O	R	**M**	**N**	**O**	D	J	O	R	T	S	Q	W	1
Zu 36)	A	**D**	**E**	**F**	D	G	U	**O**	**P**	**Q**	F	H	W	U	L	**F**	**G**	**H**	Q	W	3
Zu 37)	G	R	W	E	R	T	U	B	**P**	**Q**	**R**	A	B	**R**	**S**	**T**	Q	**A**	**B**	**C**	3
Zu 38)	B	A	N	A	B	A	K	S	A	N	A	K	I	Z	**A**	**B**	**C**	**R**	**S**	**T**	2
Zu 39)	B	E	N	I	S	E	V	I	Y	O	R	M	U	S	U	**N**	**O**	**P**	S	T	1
Zu 40)	S	T	R	A	S	S	E	N	S	I	N	**D**	**E**	**F**	R	Z	**T**	**U**	**V**	S	2

O/Q-Test (Aufgaben 41–75)

Zu 41)	O	O	O	Q	O	O	O	Q	O	O	O	Q	O	O	O	O	O	O	O	3
Zu 42)	O	O	Q	O	O	O	O	O	O	O	O	O	O	O	O	Q	O	O	O	2
Zu 43)	O	Q	O	O	O	O	O	O	O	Q	O	O	O	O	O	O	O	O	O	2
Zu 44)	O	O	O	Q	O	O	O	O	Q	O	O	O	O	O	O	O	O	O	O	2
Zu 45)	O	O	O	O	O	O	O	Q	O	O	O	Q	O	O	O	O	O	O	O	2
Zu 46)	O	O	O	O	O	Q	Q	O	O	O	O	O	O	O	O	O	O	O	O	2
Zu 47)	Q	O	O	O	O	O	O	O	O	O	O	O	O	O	Q	O	O	O	O	2
Zu 48)	O	O	O	O	O	O	O	O	Q	O	O	O	Q	O	O	O	O	O	O	2
Zu 49)	O	O	O	O	O	O	O	O	O	O	O	O	Q	O	O	Q	O	O	O	2
Zu 50)	O	O	O	O	O	O	Q	O	O	Q	O	O	O	O	Q	O	O	O	Q	4
Zu 51)	O	O	O	O	O	O	O	O	O	O	O	O	O	O	O	Q	O	Q	O	O	2
Zu 52)	O	O	O	O	O	O	O	O	O	O	O	O	O	O	O	O	O	Q	O	O	1
Zu 53)	O	Q	O	O	O	O	O	O	O	O	O	O	O	O	O	Q	O	Q	O	O	3
Zu 54)	O	Q	Q	O	O	O	O	O	O	O	O	O	O	O	O	O	O	O	O	O	2
Zu 55)	O	O	O	O	Q	O	Q	Q	O	O	O	O	O	O	O	O	O	O	O	3
Zu 56)	O	O	O	Q	O	O	Q	O	O	O	Q	O	O	O	O	O	O	O	O	3
Zu 57)	O	O	O	O	O	O	O	Q	O	O	O	O	O	O	O	O	O	O	O	1
Zu 58)	O	O	Q	Q	O	O	O	O	O	O	O	O	O	O	Q	O	O	Q	O	4
Zu 59)	O	O	O	Q	O	Q	O	O	O	O	O	Q	O	O	O	O	Q	O	O	4
Zu 60)	O	O	Q	O	Q	O	O	O	O	O	O	O	O	O	Q	O	O	O	3
Zu 61)	O	O	Q	O	O	Q	O	O	O	O	O	O	O	O	O	O	O	O	O	2
Zu 62)	O	O	O	O	O	Q	O	O	O	Q	O	O	O	O	O	O	O	O	O	2
Zu 63)	O	O	O	Q	O	Q	O	O	Q	O	O	O	O	O	O	O	O	O	O	3
Zu 64)	O	O	O	Q	O	O	O	Q	O	O	O	O	O	O	Q	O	O	O	3
Zu 65)	Q	O	Q	O	O	O	O	O	O	O	Q	O	O	O	O	O	Q	O	O	4

Konzentration und Merkfähigkeit

Zu 66)	O	**Q**	O	**Q**	**Q**	O	O	O	O	O	O	**Q**	O	O	O	O	O	O	O	4
Zu 67)	O	O	O	**Q**	O	O	**Q**	O	O	O	O	O	O	O	O	O	O	O	O	2
Zu 68)	O	O	O	O	O	O	O	O	O	O	O	O	O	O	O	O	O	O	O	0
Zu 69)	O	O	O	O	O	O	O	**Q**	**Q**	O	O	O	O	**Q**	O	O	O	O	O	3
Zu 70)	O	O	O	O	**Q**	O	O	**Q**	O	O	O	O	O	O	O	**Q**	O	O	O	3
Zu 71)	O	O	**Q**	O	O	O	**Q**	O	O	O	O	O	O	O	O	**Q**	O	O	O	3
Zu 72)	O	O	O	O	O	**Q**	O	O	**Q**	O	O	**Q**	O	O	O	**Q**	O	O	O	4
Zu 73)	O	O	O	**Q**	O	**Q**	O	O	O	O	O	O	O	O	O	O	O	O	O	2
Zu 74)	O	O	O	O	O	O	O	O	O	O	O	O	O	O	O	O	**Q**	**Q**	O	2
Zu 75)	O	O	O	O	O	O	O	O	O	O	O	O	O	**Q**	**Q**	O	O	O	O	2

Original und Abschrift (Aufgaben 76–115)

Zu 76)	6458482	6<u>2</u>58<u>284</u>	3
Zu 77)	1859782	18<u>69</u>7<u>6</u>2	2
Zu 78)	3587197	3<u>2</u>871<u>8</u>7	2
Zu 79)	5784986	578<u>9</u>486	2
Zu 80)	2258791	225879<u>7</u>	1
Zu 81)	5478615	5478<u>91</u>6	2
Zu 82)	7945874	794<u>3</u>874	1
Zu 83)	6487459	648<u>1</u>45<u>6</u>	2
Zu 84)	3124587	<u>8</u>124<u>31</u>	3
Zu 85)	5487951	5487<u>8</u>51	1
Zu 86)	6547894	654<u>1</u>894	1
Zu 87)	3249782	324<u>8</u>78<u>8</u>	2
Zu 88)	3597874	35978<u>2</u>4	1

Lösungen: Konzentration und Merkfähigkeit

Zu 89)	3549872	36**49**6**1**2	3
Zu 90)	0054862	00**05486**	5
Zu 91)	0010124	0010**012**	3
Zu 92)	1115482	11**5482**2	4
Zu 93)	2211223	22**2**1**11**3	3
Zu 94)	3344556	3344**4**56	1
Zu 95)	HGRFLED	HGRFLE**B**	1
Zu 96)	RAGSEFA	RAG**B**E**E**A	2
Zu 97)	JAHWERS	JAH**V**ERS	1
Zu 98)	HATWRSD	HATW**B**SD	1
Zu 99)	ÖAJRSFAJ	**O**AJRS**E**AJ	2
Zu 100)	JAHWNMN	JAH**VMN**N	3
Zu 101)	MNMNNMM	MN**N**N**M**MM	2
Zu 102)	kjhdHJGG	kjh**b**HJ**g**G	2
Zu 103)	IkjdsURT	Ikj**D**s**u**RT	2
Zu 104)	ncHgsTG	ncHg**Stg**	3
Zu 105)	jbdEF>E=	j**db**EE>E=	3
Zu 106)	QoOqbpBD	Q**O**Oq**dpb**D	3
Zu 107)	JA54zR7CD	J**JA54zR7C**	8
Zu 108)	JY23BDQO	JY**Y23BD**O	5
Zu 109)	GA+32BBD>	GA+**8**2B**DD**>	2
Zu 110)	&%G?ARV	&%**$**%**§**RV	3
Zu 111)	FIE§§!5 668	FIE§**$**!5 **8**68	2
Zu 112)	ÜüÖöOoUu	Üü**öÖoO**Uu	4

Konzentration und Merkfähigkeit

Zu 113) ÖöÜüQqOo   ÖöÜü**Ob**Oo   2

Zu 114) bddbdbdb   bd**b**bd**d**db   2

Zu 115) #+*~%%&#   #+***§**%%&#   1

Schlüssel finden (Aufgaben 116–145)

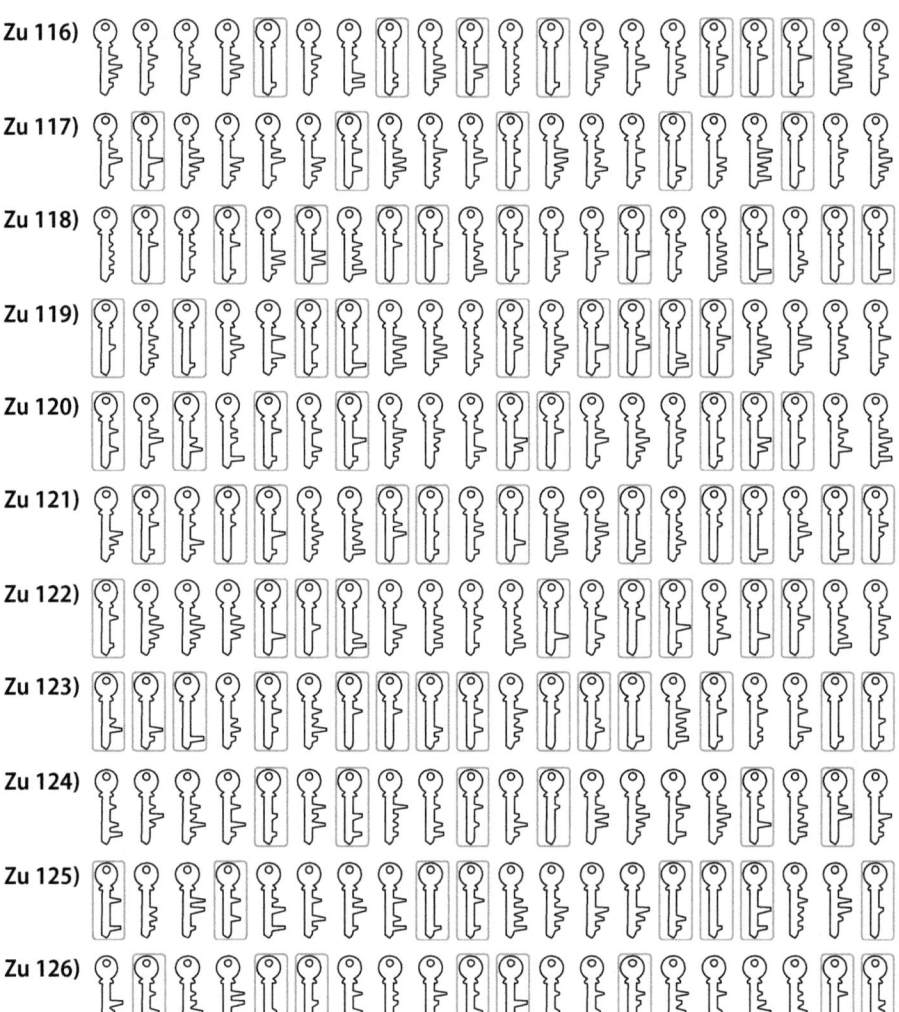

Lösungen: Konzentration und Merkfähigkeit

Zu 127)

Zu 128)

Zu 129)

Zu 130)

Zu 131)

Zu 132)

Zu 133)

Zu 134)

Zu 135)

Zu 136)

Zu 137)

Zu 138)

Zu 139)

Konzentration und Merkfähigkeit

Zu 140) [Schlüsselbilder]
Zu 141) [Schlüsselbilder]
Zu 142) [Schlüsselbilder]
Zu 143) [Schlüsselbilder]
Zu 144) [Schlüsselbilder]
Zu 145) [Schlüsselbilder]

Steckbriefe einprägen (Aufgaben 146–155)

Zu 146) D. Heidelberg

Zu 147) B. hellbraun

Zu 148) B. Event-Managerin

Zu 149) C. Deutschland

Zu 150) D. 19.06.1987

Zu 151) C. München

Zu 152) D. 28

Zu 153) E. Jens

Zu 154) A. Karriereberater

Zu 155) D. verheiratet

Textinhalte wiedergeben (Aufgaben 156–165, Musterantworten)

Zu 156) Es geht um den Kleingartenverein „Die Mauersegler".

Zu 157) Der erste Vorsitzende des Vereins heißt Klaus Werner.

Zu 158) Die Feier fand auf dem vereinseigenen Festplatz am Spatzenweg statt.

Zu 159) Zur Feier erschienen rund 350 Gäste.

Zu 160) Rüdiger Gerlach ist der Chef des Bauamts.

Zu 161) Bei seiner Gründung hatte der Verein sieben Mitglieder.

Zu 162) Die Gründungsmitglieder präsentierten eine Diashow.

Zu 163) Heute hat der Verein 124 Mitglieder.

Zu 164) Der Schatzmeister des Vereins heißt Eberhard Spengler.

Zu 165) Die Feier endete um drei Uhr morgens.

Wortgruppen einprägen (Aufgaben 166–185)

Zu 166) E. Insekten

Das gesuchte Wort lautet Marienkäfer und zählt zur Gruppe „Insekten".

Zu 167) B. Vornamen

Das gesuchte Wort lautet Lisa und zählt zur Gruppe „Vornamen".

Zu 168) D. Obstarten

Das gesuchte Wort lautet Erdbeere und zählt zur Gruppe „Obstarten".

Zu 169) C. Hauptstädte

Das gesuchte Wort lautet Paris und zählt zur Gruppe „Hauptstädte".

Zu 170) E. Z

Die Sportart, die im Alphabet am weitesten hinten steht, lautet Zehnkampf.

Zu 171) C. C

Der Vorname, der im Alphabet am weitesten vorne steht, lautet Christian.

Zu 172) D. R

Die Hauptstadt, die im Alphabet am weitesten hinten steht, lautet Rom.

Zu 173) B. E

Die Obstart, die im Alphabet am weitesten vorne steht, lautet Erdbeere.

Zu 174) B. Z

Die Obstart, die im Alphabet am weitesten hinten steht, lautet Zitrone.

Zu 175) E. W

Das Insekt, das im Alphabet am weitesten hinten steht, lautet Wespe.

Zu 176) C. D

Die Sportart, die im Alphabet am weitesten vorne steht, lautet Diskuswurf.

Zu 177) B. F

Das Insekt, das im Alphabet am weitesten vorne steht, lautet Fliege.

Zu 178) B. Vornamen

Das gesuchte Wort lautet Christian und zählt zur Gruppe „Vornamen".

Zu 179) C. Hauptstädte

Das gesuchte Wort lautet Rom und zählt zur Gruppe „Hauptstädte".

Zu 180) C. Hauptstädte

Das gesuchte Wort lautet Athen und zählt zur Gruppe „Hauptstädte".

Zu 181) E. Insekten

Das gesuchte Wort lautet Fliege und zählt zur Gruppe „Insekten".

Zu 182) D. Obstarten

Das gesuchte Wort lautet Kirsche und zählt zur Gruppe „Obstarten".

Zu 183) A. Sportarten

Das gesuchte Wort lautet Yoga und zählt zur Gruppe „Sportarten".

Zu 184) D. Obstarten

Das gesuchte Wort lautet Nektarine und zählt zur Gruppe „Obstarten".

Zu 185) A. Sportarten

Das gesuchte Wort lautet Diskuswurf und zählt zur Gruppe „Sportarten".

Zahlen merken (Aufgabe 186)

Zu 186)

☐	2584	☒	**9078**	☐	8794	☒	**8625**	☐	5874
☐	5731	☐	8742	☒	**1515**	☐	8998	☐	1148
☒	**7011**	☐	8447	☐	3636	☐	2358	☒	**5870**
☐	4056	☒	**0718**	☐	3658	☒	**3300**	☐	7850
☐	8887	☐	7474	☒	**9696**	☐	9517	☐	8387
☐	7856	☐	9192	☒	**6790**	☐	5589	☒	**0202**
☒	**4730**	☐	8945	☐	4578	☒	**7701**	☐	5623
☒	**8303**	☐	2518	☐	4589	☐	3698	☒	**4747**
☐	6181	☒	**1739**	☐	7890	☐	2345	☒	**4433**
☐	3456	☐	4560	☐	4567	☒	**0673**	☐	1597
☐	7779	☐	6971	☐	8451	☒	**6782**	☐	5899
☐	4445	☒	**8193**	☐	9393	☒	**4476**	☐	9111

Zahlensuche nach Rechenregel (Aufgaben 187–206)

Block A

Zu 187)	71	63	61	**55**	48	45	77	86	**80**	91
Zu 188)	70	**64**	59	88	65	**59**	68	**62**	68	74
Zu 189)	33	**27**	23	**17**	23	15	**9**	41	**35**	44
Zu 190)	32	**26**	17	12	**6**	−6	3	17	9	**3**
Zu 191)	55	29	35	**29**	51	**45**	46	39	**33**	18
Zu 192)	56	72	**66**	48	36	89	87	**81**	62	**56**
Zu 193)	11	**5**	−6	1	**−5**	50	**44**	93	**87**	94
Zu 194)	19	87	**81**	−13	−2	−18	**−24**	0	**−6**	−9
Zu 195)	28	**22**	14	54	**48**	**42**	48	26	19	**13**
Zu 196)	1	33	**27**	**21**	11	38	15	**9**	7	**1**

Block B

Zu 197)	70	**26**	56	87	64	72	**104**	67	57	66
Zu 198)	**52**	63	61	53	50	**39**	77	84	38	**91**
Zu 199)	55	**247**	139	48	**52**	43	146	**91**	**−26**	18
Zu 200)	142	42	**13**	31	85	**65**	67	**39**	**169**	154
Zu 201)	120	**130**	68	**91**	81	92	**13**	93	85	**26**
Zu 202)	**26**	22	14	**78**	27	42	34	**143**	50	42
Zu 203)	170	**169**	28	99	11	181	15	157	**195**	53
Zu 204)	33	125	7	**221**	23	15	23	41	33	44
Zu 205)	95	187	**156**	**143**	**117**	18	114	6	−62	−19
Zu 206)	**208**	225	**234**	12	35	**78**	3	17	9	259

Der Persönlichkeitstest

Mancherorts nutzen die Personaler spezielle psychologische Testverfahren, um der Persönlichkeit eines Bewerbers nachzuspüren. Anhand der Ergebnisse wollen die Prüfer ein unverwechselbares Bewerberprofil erstellen, das heißt eine Art individuellen charakterlichen Fingerabdruck.

Dass viele Experten derartige Verfahren für fragwürdig halten, steht auf einem anderen Blatt. Wie soll es möglich sein, vielschichtige menschliche Charakterzüge mithilfe standardisierter Fragenkataloge abzubilden? Um einen psychologischen Test kommen Sie aber manchmal einfach nicht herum. Intime Details zum Privatbereich muss dabei jedoch keiner verraten: Es dürfen nur Eigenschaften getestet werden, die für die fragliche Stelle wirklich von Belang sind.

Gesucht werden Bewerber, die ...

¬ leistungsbereit und verantwortungsbewusst sind.
¬ gern und gut im Team arbeiten.
¬ pragmatisch und flexibel sind.
¬ Kommunikations- mit Konfliktfähigkeit verbinden.
¬ gewissenhaft und zuverlässig sind.
¬ Probleme erkennen und zielgerichtet lösen.

Die Vorbereitung

Da der psychologische Typentest auf individuelle Eigenschaften abzielt, gibt es keine eindeutig guten oder schlechten Lösungen. Zwar liegt die „richtige" Antwort bisweilen ziemlich nahe, etwa wenn es ums Teamverhalten geht: Wer möchte schon gern Kollegen haben, die die Arbeit ständig auf andere abwälzen und bei Kritik gleich eingeschnappt sind? Doch oft muss man sich zwischen zwei positiv besetzten Merkmalen entscheiden, beispielsweise Gewissenhaftigkeit und Flexibilität.

Manche raten, völlig unvorbereitet in den Test zu gehen und sich ganz auf die eigene Spontaneität zu verlassen – eine riskante Empfehlung: Erst die bewusste Auseinandersetzung mit dem Testverfahren ermöglicht differenzierte Antworten, und gerade an die ausgefallenen Fragetechniken sollte man sich erst einmal gewöhnen. Zudem setzt ein überzeugender Auftritt voraus, souverän mit den eigenen Stärken und Schwächen umgehen zu können.

Worauf kommt es im Persönlichkeitstest an?

Machen Sie sich vorher klar, worin die **berufsrelevanten Schlüsselqualifikationen** bestehen: Warum sind gerade Sie für diesen Beruf geeignet?

Zeichnen Sie **kein maßlos positives** Bild von sich: Auf die Fähigkeit zur realistischen Selbstkritik legen die Personalverantwortlichen großen Wert.

Schärfen Sie Ihre Sinne für die **Untertöne einer Frage**: Nicht immer ist auf den ersten Blick klar, welche Eigenschaften gerade im Fokus stehen.

Betonen Sie Ihr Profil mit Bedacht: Wer stets den Mittelweg wählt, verrät zu wenig von sich, zu viele „extreme" Antworten wirken übertrieben und unreflektiert.

Manche Fragen wiederholen sich an verschiedenen Stellen in abgewandelter Formulierung: Auf diese Weise möchte man herausfinden, ob ein Kandidat ehrlich antwortet oder das Testverfahren mit strategischem Kalkül zu manipulieren versucht. Wenn Sie eine Frage nicht richtig einschätzen können, antworten Sie am besten gemäßigt.

Denken Sie daran, dass man Sie eventuell in einem späteren Einzelgespräch mit Ihren Angaben im Persönlichkeitstest konfrontiert. Außerdem können Kompetenzen wie Kommunikationsvermögen, Konfliktfähigkeit oder Teamfähigkeit noch einmal in einem späteren Assessment Center geprüft werden. Die Personaler achten dann genau darauf, ob sich Ihr Auftritt mit den Resultaten des Persönlichkeitstests deckt.

Die Testsimulation   *Bearbeitungszeit 40 Minuten*

Auf den nächsten Seiten können Sie sich mit einem typischen psychologischen Testverfahren vertraut machen. Dabei bewerten Sie anhand einer Punkteskala, wie sehr Sie sich mit verschiedenen Aussagen identifizieren können.

Die Skala reicht von:

☹ = stimme überhaupt nicht zu (hier Punktwert „1") bis

☺ = stimme voll und ganz zu (hier Punktwert „5")

Kreuzen Sie an, an welcher Stelle der Skala Sie sich am ehesten wiederfinden. Tragen Sie die entsprechende Punktzahl rechts unter „Ihr Wert" ein.

Hierzu ein Beispiel

Aufgabe

1) Ich gehe gern auf fremde Menschen zu.

☹ 1 2 3 4 5 ☺ Ihr Wert:

Wenn Sie völlig zustimmen:

Ihr Wert: 5

Achtung

Es gibt Aufgaben mit umgekehrter Punkteskala, bei denen „stimme überhaupt nicht zu" ☹ mit 5 Punkten und „stimme voll und ganz zu" ☺ mit einem Punkt bewertet wird.

Wir empfehlen, die Aufgaben der Reihe nach zu bearbeiten – Sie können jedoch auch anders vorgehen, wenn Sie möchten. Zählen Sie zum Schluss die Punkte jeder Aufgabengruppe zusammen und lesen Sie in der Auswertung nach, was das Ergebnis über Sie offenbaren soll. Nehmen Sie dies bitte nur bedingt ernst. Nicht vergessen: Solche Tests bieten keine hundertprozentige Treffsicherheit, ihre Aussagekraft ist beschränkt.

Kontaktfähigkeit

Fällt es Ihnen leicht, mit fremden Menschen ins Gespräch zu kommen? Oder halten Sie sich lieber zurück? Können Sie sich einbringen, sich verständlich machen? Auf gute Beziehungen zu Ihren Vorgesetzten und Kollegen sind Sie im Arbeitsalltag immer angewiesen. In manchen Situationen müssen Sie außerdem in der Lage sein, sicher und souverän auf Fremde zuzugehen.

1) Ich sitze im Zug mit einem Unbekannten. Da ich neugierig bin, fange ich ein Gespräch an, um mehr über ihn zu erfahren.

    ☹ 1   2   3   4   5   ☺   Ihr Wert:

2) Manchmal sagen Leute, dass ich arrogant und unnahbar wirke.

    ☹ 5   4   3   2   1   ☺   Ihr Wert:

3) Ich treffe mich lieber mit Freunden, anstatt nur Mails und Chat-Nachrichten zu schreiben.

    ☹ 1   2   3   4   5   ☺   Ihr Wert:

4) Mein bester Freund unterstellt mir, dass ich seine Freunde meide und nicht akzeptiere.

    ☹ 5   4   3   2   1   ☺   Ihr Wert:

5) Ich habe ein großes Netzwerk an Bekannten und bin daher immer über alles informiert.

    ☹ 1   2   3   4   5   ☺   Ihr Wert:

6) Wenn viele unbekannte Leute um mich sind, fühle ich mich schnell unwohl.

    ☹ 5   4   3   2   1   ☺   Ihr Wert:

7) Ich verbringe meine Abende gern gemütlich vor dem Fernseher oder dem PC.

☹ 5 4 3 2 1 ☺ Ihr Wert:

8) Auf Partys lerne ich innerhalb kurzer Zeit viele neue Leute kennen, da ich auf andere Menschen zugehe.

☹ 1 2 3 4 5 ☺ Ihr Wert:

9) In einer großen Runde halte ich mich eher zurück.

☹ 5 4 3 2 1 ☺ Ihr Wert:

10) Ich fühle mich nie einsam.

☹ 1 2 3 4 5 ☺ Ihr Wert:

Gesamtwert Kontaktfähigkeit:

Teamfähigkeit

Teamfähig zu sein heißt, produktiv mit anderen Menschen zusammenarbeiten zu können. Eine Gruppe ist mehr als nur die Summe ihrer Mitglieder – wenn alle an einem Strang ziehen. Die verschiedenen Temperamente und Fähigkeiten unter einen Hut zu bringen und sie sinnvoll einzubinden, ist die wichtigste Grundlage erfolgreichen Teamworks. Gelingt das nicht, hat man anstelle von Teamplayern am Ende nur einen versprengten Haufen von Einzelgängern.

11) Teamarbeit ist nur dann sinnvoll, wenn man mit guten Leuten zusammenarbeitet.

☹ 5 4 3 2 1 ☺ Ihr Wert:

12) Die Kooperation mit anderen Menschen motiviert mich.

☹ 1 2 3 4 5 ☺ Ihr Wert:

13) Ich arbeite gern alleine, so habe ich die beste Kontrolle über das Ergebnis.

☹ 5   4   3   2   1 ☺ Ihr Wert: _____

14) Teamarbeit setzt voraus, Kompromisse eingehen zu können.

☹ 1   2   3   4   5 ☺ Ihr Wert: _____

15) Viele meiner Freunde und Bekannten fragen mich nach Unterstützung. Ich helfe oft und gern.

☹ 1   2   3   4   5 ☺ Ihr Wert: _____

16) Meistens sind meine Vorschläge die besten, da ich gut organisiert bin.

☹ 5   4   3   2   1 ☺ Ihr Wert: _____

17) Ich ärgere mich nicht, wenn sich andere mit ihren Vorschlägen durchsetzen.

☹ 1   2   3   4   5 ☺ Ihr Wert: _____

18) In Gruppendiskussionen bringe ich mich besonders stark ein und stehe meist im Mittelpunkt.

☹ 5   4   3   2   1 ☺ Ihr Wert: _____

19) Die Zusammenarbeit mit anderen ist meist anstrengend.

☹ 5   4   3   2   1 ☺ Ihr Wert: _____

20) Ich habe keine Angst davor, dass andere mich nicht mögen.

☹ 1   2   3   4   5 ☺ Ihr Wert: _____

Gesamtwert Teamfähigkeit: _____

Konfliktfähigkeit

Meinungsverschiedenheiten sind im Berufsleben nichts Seltenes. Und auch nichts besonders Schlimmes: Denn nur wenn existierende Probleme offen auf den Tisch kommen, lassen sich tragfähige Lösungen finden. Es geht also nicht um Rechthaberei, sondern um ein gemeinsames Ziel, dem sich letztendlich alle unterordnen müssen. Das erfordert Sachlichkeit, Vernunft und Kompromissbereitschaft.

21) Wenn ein Team gut funktioniert, gibt es keine Konflikte.

☹ 5 4 3 2 1 ☺ Ihr Wert: ____

22) Wenn jemand mich kritisiert, dann kritisiere ich ihn auch.

☹ 5 4 3 2 1 ☺ Ihr Wert: ____

23) Ich gerate selten in Konfliktsituationen.

☹ 5 4 3 2 1 ☺ Ihr Wert: ____

24) Wenn Bekannte sich in Angelegenheiten einmischen, die sie nichts angehen, ziehe ich mich zurück und meide den Kontakt mit ihnen.

☹ 5 4 3 2 1 ☺ Ihr Wert: ____

25) Probleme löst man nie dadurch, dass man sie unter den Teppich kehrt.

☹ 1 2 3 4 5 ☺ Ihr Wert: ____

26) Wenn ich kritisiert werde, überlege ich zuerst, ob das stimmt.

☹ 1 2 3 4 5 ☺ Ihr Wert: ____

27) Mein Nachbar ist gereizt und schreit mich lautstark an. Ich gehe ruhig in meine Wohnung und denke mir meinen Teil.

☹ 5 4 3 2 1 ☺ Ihr Wert: ____

28) Wenn mir zu Hause etwas nicht passt, dann mache ich keinen Hehl daraus.

☹ 1 2 3 4 5 ☺ Ihr Wert:

29) „Der Klügere gibt nach" – diesen Spruch habe ich noch nie verstanden.

☹ 1 2 3 4 5 ☺ Ihr Wert:

30) Meinungsverschiedenheiten können produktiv sein.

☹ 1 2 3 4 5 ☺ Ihr Wert:

Gesamtwert Konfliktfähigkeit:

Durchsetzungsfähigkeit

Sturheit, Rücksichtslosigkeit, Ellenbogenmentalität – im Extremfall wird aus Durchsetzungsvermögen blanker Egoismus. Ohne die Fähigkeit, sich zu behaupten, käme man andererseits auch nicht weit; das Resultat wären ziellose Debatten, die niemanden weiterbringen. Für leitende Positionen braucht man erst recht Entscheidungsstärke und Führungsqualitäten.

31) Wenn ich mir ein Ziel in den Kopf gesetzt habe, versuche ich es mit allen Mitteln zu erreichen.

☹ 1 2 3 4 5 ☺ Ihr Wert:

32) Wenn mir das Essen im Restaurant nicht schmeckt, reklamiere ich das sofort und frage nach Alternativen.

☹ 1 2 3 4 5 ☺ Ihr Wert:

33) Von gelegentlichen Misserfolgen lasse ich mich nicht entmutigen.

☹ 1 2 3 4 5 ☺ Ihr Wert:

34) Ich habe mir schon oft Ziele gesetzt und sie nicht erreicht.

☹ 5 4 3 2 1 ☺ Ihr Wert:

35) Ich entschuldige mich häufig für Sachen, die gar nicht mein Fehler sind.

☹ 5 4 3 2 1 ☺ Ihr Wert:

36) Mir egal, wie viele Gegenmeinungen es gibt – ich werde die Kritiker überzeugen.

☹ 1 2 3 4 5 ☺ Ihr Wert:

37) Wenn man mit höhergestellten Personen spricht, sollte man Meinungsverschiedenheiten lieber unter den Teppich kehren.

☹ 5 4 3 2 1 ☺ Ihr Wert:

38) Viele behaupten, ich sei ein sturer Dickkopf. Mir macht das nichts aus.

☹ 1 2 3 4 5 ☺ Ihr Wert:

39) Durch Kompromisse kommt man eher ans Ziel als mit der „Kopf durch die Wand"-Methode.

☹ 5 4 3 2 1 ☺ Ihr Wert:

40) Eine gute, harmonische Arbeitsatmosphäre ist sehr wichtig.

☹ 5 4 3 2 1 ☺ Ihr Wert:

Gesamtwert Durchsetzungsfähigkeit:

Gewissenhaftigkeit

Gewissenhaftigkeit hat viele Namen: zum Beispiel Ordnung, Disziplin, Pünktlichkeit und Pflichtbewusstsein. Mit zuverlässigen, aufrechten Menschen arbeitet man gern zusammen. Aber auch die Gewissenhaftigkeit hat ihre Schattenseiten: Manchmal ist eben Spontaneität gefragt, das schnelle Umschalten auf andere Methoden, das Ausweichen zu alternativen Lösungswegen. Penible Perfektionisten, die jeden Schritt im Voraus planen, haben es dann schwer.

41) Es kommt oft vor, dass ich eine Sache nicht zu Ende bringe, weil ständig etwas dazwischenkommt.

☹ 5 4 3 2 1 ☺ Ihr Wert: _____

42) Dinge zu planen und zu organisieren ist die Voraussetzung dafür, dass alles richtig funktioniert.

☹ 1 2 3 4 5 ☺ Ihr Wert: _____

43) Ich halte meine Termine immer ein, egal was passiert.

☹ 1 2 3 4 5 ☺ Ihr Wert: _____

44) Wenn ich an einem Problem festhänge, nehme ich eine andere Aufgabe in Angriff.

☹ 5 4 3 2 1 ☺ Ihr Wert: _____

45) Ich versuche immer, Aufgaben perfekt zu lösen – selbst wenn es etwas länger dauert.

☹ 1 2 3 4 5 ☺ Ihr Wert: _____

46) Ich denke auch in der Freizeit oft an die Arbeit, kann nur schwer abschalten.

☹ 1 2 3 4 5 ☺ Ihr Wert: _____

47) In kreativem Durcheinander kann ich gut arbeiten.

☹ 5   4   3   2   1   ☺   Ihr Wert: _____

48) Meine Freunde schätzen an mir, dass ich so zuverlässig bin.

☹ 1   2   3   4   5   ☺   Ihr Wert: _____

49) Es kommt öfter vor, dass ich Sachen verlege und dann vergesse, wo sie sind.

☹ 5   4   3   2   1   ☺   Ihr Wert: _____

50) Es macht mir gar nichts aus, von einem Plan abzuweichen.

☹ 5   4   3   2   1   ☺   Ihr Wert: _____

Gesamtwert Gewissenhaftigkeit: _____

Belastbarkeit

Ein stabiles Nervenkostüm zählt zur beruflichen Grundausstattung: Es kommt auf geistige Robustheit an, um in Stressphasen den Durchblick zu behalten und angespannte Situationen mit kühlem Kopf zu meistern. Nur wer belastbar ist, bleibt langfristig leistungsfähig – ansonsten drohen Ärger und Frustration.

51) Wenn auf der Arbeit viel los ist, schlafe ich immer schlecht ein.

☹ 5   4   3   2   1   ☺   Ihr Wert: _____

52) Ich treibe regelmäßig Sport.

☹ 1   2   3   4   5   ☺   Ihr Wert: _____

53) Prüfungssituationen sind mir unangenehm, auch wenn ich das nötige Wissen habe.

☹ 5   4   3   2   1   ☺   Ihr Wert: _____

54) Wenn es sein musste, habe ich für Klassenarbeiten auch bis spät in die Nacht gelernt.

☹ 1　2　3　4　5 ☺ Ihr Wert:

55) Der Mensch ist nur dann glücklich, wenn er genügend Freizeit hat.

☹ 5　4　3　2　1 ☺ Ihr Wert:

56) Es dauert, so lange es dauert: Für wichtige Dinge muss man seinen persönlichen Kalender entsprechend anpassen.

☹ 1　2　3　4　5 ☺ Ihr Wert:

57) Ich arbeite Aufgaben konzentriert nacheinander ab. Wenn etwas dazwischenkommt, schiebe ich das erst mal auf die lange Bank.

☹ 5　4　3　2　1 ☺ Ihr Wert:

58) Von der Gereiztheit anderer lasse ich mich schnell anstecken.

☹ 5　4　3　2　1 ☺ Ihr Wert:

59) Um meine Zukunft mache ich mir keine Sorgen.

☹ 1　2　3　4　5 ☺ Ihr Wert:

60) Körperliche Anstrengungen stecke ich problemlos weg.

☹ 1　2　3　4　5 ☺ Ihr Wert:

Gesamtwert Belastbarkeit:

Flexibilität

Im Berufsalltag lauern die unterschiedlichsten Herausforderungen: Abwechslung steht auf der Tagesordnung. Kein Auftrag ist exakt wie der andere, viele Vorgänge laufen parallel ab – und das erfordert Flexibilität. Gedankliche Beweglichkeit ist unentbehrlich, um sich schnell an verschiedene Umstände anpassen und angemessen handeln zu können.

61) Ich mag es, wenn Arbeitsabläufe sich wiederholen.

☹ 5 4 3 2 1 ☺ Ihr Wert: _____

62) Mein Büro wird zu klein. Ich rücke meinen Schreibtisch einfach von der Wand in die Mitte des Raums, um dadurch Platz zu gewinnen.

☹ 1 2 3 4 5 ☺ Ihr Wert: _____

63) Beständigkeit ist wichtiger, als immer mit dem Trend zu gehen.

☹ 5 4 3 2 1 ☺ Ihr Wert: _____

64) Ich überlege häufig, wie ich eine Aufgabe mit neuen Methoden und Techniken besser bewältigen kann.

☹ 1 2 3 4 5 ☺ Ihr Wert: _____

65) Auf Veränderungen muss man so schnell wie möglich reagieren.

☹ 1 2 3 4 5 ☺ Ihr Wert: _____

66) Besser eine Sache gut machen statt viele Dinge so lala erledigen.

☹ 5 4 3 2 1 ☺ Ihr Wert: _____

67) Wenn alles so läuft wie immer, wird mir schnell langweilig.

☹ 1 2 3 4 5 ☺ Ihr Wert: _____

68) Wer viele unterschiedliche Felder beackert, weiß nicht, was er will.

  ☹ 5   4   3   2   1 ☺ Ihr Wert:

69) Um böse Überraschungen zu vermeiden, plane ich gern alles bis ins Detail.

  ☹ 5   4   3   2   1 ☺ Ihr Wert:

70) Mehrere Wege führen zum Ziel. Man muss sich nicht auf einen festlegen.

  ☹ 1   2   3   4   5 ☺ Ihr Wert:

Gesamtwert Flexibilität:

Motivation

Desinteresse, Trägheit, Bequemlichkeit – wo sich der Schlendrian einschleicht, ist an Professionalität nicht zu denken. Das Gegenmittel heißt Motivation: Wer leistungswillig ist, entwickelt neue Ideen, übernimmt Verantwortung, reißt andere mit und bringt sich ein, ohne dass es jemand ausdrücklich verlangen muss. Das sieht jeder Vorgesetzte gern, solange es nicht in hektischen Aktionismus mündet.

71) Bei der Wahl meines Arbeitsplatzes achte ich vor allem auf Sicherheit und eine gute Bezahlung.

  ☹ 5   4   3   2   1 ☺ Ihr Wert:

72) Ich arbeite nicht gern an Projekten, deren Früchte ich erst im Nachhinein ernte.

  ☹ 5   4   3   2   1 ☺ Ihr Wert:

73) Durch Fleiß und Einsatzbereitschaft habe ich schon oft andere hinter mir gelassen, die es eigentlich leichter hatten als ich.

  ☹ 1   2   3   4   5 ☺ Ihr Wert:

74) Ich denke nicht gern über Dinge nach, für die keine Notwendigkeit besteht.

☹ 5 4 3 2 1 ☺ Ihr Wert: _____

75) In meinem Freundeskreis bin meist ich es, der Treffen organisiert und Partys veranstaltet.

☹ 1 2 3 4 5 ☺ Ihr Wert: _____

76) Es kommt auf jeden Einzelnen an, wenn eine Gesellschaft funktionieren soll.

☹ 1 2 3 4 5 ☺ Ihr Wert: _____

77) Ich warte lieber ab, wie sich etwas entwickelt, bevor ich überhastet eingreife.

☹ 5 4 3 2 1 ☺ Ihr Wert: _____

78) Andere Menschen von etwas zu überzeugen, liegt mir nicht so.

☹ 5 4 3 2 1 ☺ Ihr Wert: _____

79) Ich übernehme gern Verantwortung, auch bei schwierigen Entscheidungen.

☹ 1 2 3 4 5 ☺ Ihr Wert: _____

80) Ich bin bekannt dafür, dass ich immer den ersten Schritt mache.

☹ 1 2 3 4 5 ☺ Ihr Wert: _____

Gesamtwert Motivation: _____

Einfühlungsvermögen

Ein wichtiger Aspekt der sozialen Intelligenz: nachvollziehen zu können, was andere gerade fühlen oder meinen. Denn die gleiche Sprache zu sprechen, heißt noch nicht, einander wirklich zu verstehen. Nur wer sich in die Lage seines Gegenübers hineinversetzen und dessen Stimmung richtig einschätzen kann, ist dazu fähig, situationsgemäß und zielgerichtet zu handeln.

81) Wenn es Freunden schlecht geht, merke ich das sofort, auch wenn sie es nicht sagen.

☹ 1 2 3 4 5 ☺ Ihr Wert:

82) In schwierigen Situationen tappe ich nie in Fettnäpfchen.

☹ 1 2 3 4 5 ☺ Ihr Wert:

83) Man muss nicht das Privatleben seiner Kollegen kennen, um mit ihnen arbeiten zu können.

☹ 5 4 3 2 1 ☺ Ihr Wert:

84) Professionalität heißt, auf Emotionen keine Rücksicht zu nehmen.

☹ 5 4 3 2 1 ☺ Ihr Wert:

85) Ich nehme die Dinge, wie sie kommen. Wieso sollte ich lange darüber nachdenken, wer warum wie entschieden hat?

☹ 5 4 3 2 1 ☺ Ihr Wert:

86) Ich ärgere mich oft über Leute, die mich einfach nicht verstehen.

☹ 5 4 3 2 1 ☺ Ihr Wert:

87) Die Sorgen und Probleme anderer gehen mir oft ziemlich nahe.

☹ 1 2 3 4 5 ☺ Ihr Wert:

88) Bevor man sich ein Urteil bildet, sollte man sich immer fragen, was man selbst in so einer Lage getan hätte.

☹ 1 2 3 4 5 ☺ Ihr Wert: _____

89) Wenn jemand etwas Peinliches sagt, gelingt es mir oft, die Situation zu retten.

☹ 1 2 3 4 5 ☺ Ihr Wert: _____

90) Häufig weiß ich nicht, welche Erwartungen andere an mich haben.

☹ 5 4 3 2 1 ☺ Ihr Wert: _____

Gesamtwert Einfühlungsvermögen: _____

Die Auswertung

Im psychologischen Test gibt es keine eindeutig richtigen oder falschen Antworten: Schließlich geht es hier darum, wie Sie Ihre Persönlichkeit, Ihren Charakter einschätzen. Im Folgenden finden Sie einige Stichpunkte, wie Ihre Ergebnisse interpretiert werden könnten.

Kontaktfähigkeit

mehr als 40 Punkte: Sie sind extrem kontaktfreudig und gewinnen die Sympathien schnell für sich. Passen Sie aber auf, nicht zu offen und leutselig zu erscheinen: Der Beruf erfordert auch Seriosität und Verantwortungsbewusstsein.

25–40 Punkte: Sie können von sich aus auf andere Menschen zugehen und finden zu ihnen in der Regel einen guten Draht. Dabei sind Sie angenehm unaufdringlich. Bleiben Sie am Ball und lassen Sie sich nicht ins Abseits drängen, so sammeln Sie jede Menge Pluspunkte.

weniger als 25 Punkte: Auch wenn es Überwindung kosten kann, Kontakte zu knüpfen: Mit zu viel Zurückhaltung findet man in neuen Umgebungen nur langsam Anschluss. Das macht es schwer, sich produktiv ins Team einzubringen und Fremden gegenüber souverän aufzutreten.

Teamfähigkeit

mehr als 40 Punkte: Sie sind das Musterbeispiel eines Mannschaftsspielers. In der Kooperation mit anderen blühen Sie auf, nehmen die eigenen Interessen auch gern mal zurück. Solange Ihre Selbstständigkeit nicht darunter leidet, sind Sie auf einem guten Weg.

25–40 Punkte: Eigensinn und Teamgeist halten sich bei Ihnen die Waage. Damit sind Sie im Kollegenkreis grundsätzlich gern gesehen. Es gelingt Ihnen, Teil eines Kollektivs zu sein und die Gruppendynamik zu stärken, ohne dadurch an Profil zu verlieren.

weniger als 25 Punkte: Sie spielen lieber Golf als Fußball, richtig? Die Kooperation mit anderen liegt Ihnen anscheinend nicht so gut. Denken Sie daran: Sie sind Teil eines großen Orchesters, das nur dann gut klingt, wenn alle harmonieren. Nehmen Sie Ihre Kollegen ernst, hören Sie ihnen zu und bringen Sie sich ein – davon profitieren alle.

Konfliktfähigkeit

mehr als 40 Punkte: Sie weichen keinem Konflikt aus und sprechen schonungslos an, was Ihnen nicht gefällt. Gut so – solange Sie das vernünftig, selbstkritisch und zielgerichtet tun. Sonst können Sie eventuell als streitsüchtiger Zeitgenosse gelten, der aus jeder Mücke einen Elefanten macht.

25–40 Punkte: Probleme sind dazu da, um gelöst zu werden – das könnte Ihr Motto sein. Obwohl Ihnen Harmonie wichtig ist, reden Sie auch mal Tacheles und tragen so dazu bei, strittige Situationen konstruktiv und sachlich zu lösen.

weniger als 25 Punkte: Meinungsverschiedenheiten gehen Sie gern aus dem Weg, Ärger schlucken Sie am liebsten herunter. Wenn hinter der heilen Fassade in Wahrheit tiefe Gräben klaffen, hilft das weder der Gesundheit noch Ihrer Arbeitsleistung. Sehen Sie Konflikte als Chance, Sachfragen zu klären und den eigenen Standpunkt weiterzuentwickeln.

Durchsetzungsfähigkeit

mehr als 40 Punkte: Wo ein Wille ist, da ist für Sie auch ein Weg. Sie haben ein stabiles Rückgrat und bleiben sich auch dann treu, wenn es Widerstände gibt. Den schmalen Grat zur Rücksichtslosigkeit sollten Sie dabei nicht überschreiten.

25–40 Punkte: Wenn es nötig ist, sprechen Sie auch mal ein Machtwort. Doch Sie wissen ebenfalls, dass man mit Absprachen und Kompromissen manchmal mehr erreicht. Damit kommen Sie bei anderen im Allgemeinen gut an, ohne sich die Butter vom Brot nehmen zu lassen.

weniger als 25 Punkte: Kooperation und Teambewusstsein müssen niemanden in die Selbstaufgabe treiben. Stellen Sie Ihr Ego nicht hinten an und treten Sie entschlossener für das ein, was Sie für richtig halten. Das fördert die Zufriedenheit im Beruf und ist in manchen Positionen schlicht alternativlos.

Gewissenhaftigkeit

mehr als 40 Punkte: Auf Sie kann man sich wirklich verlassen. Wer mit Ihnen etwas abspricht, muss keine Bedenken haben, und Sie wissen genau, welche Vorschrift wann anzuwenden ist. Was aber, wenn plötzliche Veränderungen flexible Reaktionen erfordern?

25–40 Punkte: Sie halten sich an Absprachen und arbeiten verlässlich, ohne gleich ein Erbsenzähler zu sein. Sie haben es gern, wenn alles seinen gewohnten Gang geht, kommen aber nicht ins Straucheln, wenn etwas Unvorhergesehenes geschieht.

weniger als 25 Punkte: Termine, Ordnung, Disziplin – all das steht bei Ihnen eher im Hintergrund. Sie brauchen die Abwechslung und lassen es gern locker angehen. Das erschwert die Zusammenarbeit. Zuverlässigkeit gilt als berufliche Kernkompetenz und setzt nur eines voraus: sich an Vorgaben und Abmachungen zu halten.

Belastbarkeit

mehr als 40 Punkte: Auch unter hohem Druck arbeiten Sie nüchtern und solide. Dass Sie so schnell nichts umhaut, wissen Ihre Kollegen und Vorgesetzten sehr zu schätzen. In einer stürmischen Brandung sind Sie ein fester Fels – aber kennen hoffentlich auch Ihre eigenen Grenzen.

25–40 Punkte: Sie glauben an Ihre Fähigkeiten und erreichen auch unter ungünstigen Bedingungen gute Ergebnisse. Manchen Herausforderungen stellen Sie sich mit Bedenken, weil Sie wissen, was auf Sie zukommt. Mit einem realistischen Blick auf Ihr Leistungsvermögen trauen Sie sich jedoch zu Recht einiges zu.

weniger als 25 Punkte: Dass Sie eine Situation auch unter großer Anspannung im Griff haben, davon hängt unter Umständen viel ab. Ihre Kollegen verlassen sich auf Sie und Ihre Fähigkeit, den Überblick zu behalten und nicht unbedacht zu reagieren.

Flexibilität

mehr als 40 Punkte: Ihnen macht es nichts aus, wenn sich eine Vorschrift ändert, wenn neue PC-Software eingeführt wird oder wenn man Sie mit ungewöhnlichen Anliegen konfrontiert. Aber Hand aufs Herz: Können Sie auch stereotype Aufträge zuverlässig und akkurat abarbeiten?

25–40 Punkte: Sie verbinden Disziplin und Ordnungssinn mit der Fähigkeit, sich rasch auf neue Gegebenheiten einzustellen. Das macht Sie zu einem gefragten Mitarbeiter, der sich in schwierigen Situationen meist zu helfen weiß und dabei die einschlägigen Vorgaben beachtet.

weniger als 25 Punkte: Was Sie gewohnt sind, daran halten Sie fest. Sie sind eher der gewissenhafte Typ, der seine Arbeit gern vollständig überblickt und von A bis Z durchorganisiert. Doch es gibt nicht für alles eine perfekte Vorbereitung, hin und wieder ist einfach eine gute Portion Pragmatismus gefragt.

Motivation

mehr als 40 Punkte: Dienst nach Vorschrift ist Ihnen zu wenig. Sie sind bereit, die Initiative zu übernehmen, handeln entschlossen und schrecken vor Verantwortung nicht zurück. Sie haben Ihre Berufswahl aus Überzeugung getroffen, und das merkt man Ihnen an. Behalten Sie in Ihrer Aktivität stets ein klares Ziel vor Augen.

25–40 Punkte: Wenn es etwas zu tun gibt, erledigen Sie es schnell und zuverlässig. Schwerer fällt es Ihnen, aus eigenem Antrieb aktiv zu werden. Trauen Sie sich mehr zu, dann sind Kollegen und Vorgesetzte noch zufriedener.

weniger als 25 Punkte: Wer ohne klare Ansagen schwer auf Trab kommt, sorgt für Verunsicherung: Macht die Arbeit keinen Spaß, werden die Aufgaben und Ziele nicht als sinnvoll angesehen, stimmt die Atmosphäre im Team nicht? Überzeugen Sie Ihre Kritiker durch Leistung.

Einfühlungsvermögen

mehr als 40 Punkte: Sie wissen genau, was in anderen gerade vorgeht. Im Kollegenkreis treffen Sie stets den richtigen Ton, und wer Hilfe sucht, kann sich bei Ihnen glücklich schätzen. Ihr Mitgefühl macht es Ihnen aber manchmal schwer, sich durchzusetzen.

25–40 Punkte: Die Welt mit den Augen eines anderen zu sehen, ist für Sie nicht immer leicht. Trotzdem können Sie nachvollziehen, dass Menschen stimmungsabhängig sind, und nehmen Rücksicht auf individuelle Befindlichkeiten.

weniger als 25 Punkte: Besonders sensibel sind Sie anscheinend nicht – positiv ausgedrückt: Sie sind psychisch ungemein robust. Doch vergessen Sie nicht: Der Ton macht die Musik. Respektieren Sie die persönlichen Stimmungslagen Ihres Umfelds, das erleichtert nicht zuletzt auch Ihnen selbst das Leben.

Anhang

Tabelle: Maße und Einheiten

Einheit	Einheitenzeichen	Umrechnung
Länge		
Kilometer	km	1 km = 1.000 m
Meter	m	1 m = 10 dm = 100 cm
Dezimeter	dm	1 dm = 10 cm = 100 mm
Zentimeter	cm	1 cm = 10 mm
Millimeter	mm	1 mm = 1.000 µm
Mikrometer	µm	
Fläche		
Quadratkilometer	km^2	1 km^2 = 100 ha
Hektar	ha	1 ha = 100 a
Ar	a	1 a = 100 m^2
Quadratmeter	m^2	1 m^2 = 100 dm^2
Quadratdezimeter	dm^2	1 dm^2 = 100 cm^2
Quadratzentimeter	cm^2	1 cm^2 = 100 mm^2
Quadratmillimeter	mm^2	
Volumen		
Kubikkilometer	km^3	1 km^3 = 1.000.000.000 m^3
Kubikmeter	m^3	1 m^3 = 1.000 dm^3
Kubikdezimeter	dm^3	1 dm^3 = 1.000 cm^3
Kubikzentimeter	cm^3	1 cm^3 = 1.000 mm^3
Kubikmillimeter	mm^3	

Hektoliter	hl	1 hl = 100 l
Liter	l	1 l = 10 dl
Deziliter	dl	1 dl = 10 cl
Zentiliter	cl	1 cl = 10 ml
Milliliter	ml	1 ml = 1.000 µl
Mikroliter	µl	

Masse

Tonne	t	1 t = 20 ztr = 1.000 kg
Zentner	ztr	1 ztr = 50 kg
Kilogramm	kg	1 kg = 1.000 g
Pfund	pf	1 pf = 500 g
Gramm	g	1 g = 1.000 mg
Milligramm	mg	1 mg = 1.000 µg
Mikrogramm	µg	

Zeit

Jahr	a	1 a = 365 d
Woche	w	1 w = 7 d
Tag	d	1 d = 24 h
Stunde	h	1 h = 60 min
Minute	min	1 min = 60 s
Sekunde	s	1 s = 1.000 ms
Millisekunden	ms	

Geschwindigkeit

Kilometer pro Stunde	km/h	1 km/h = 0,2778 m/s
Meter pro Sekunde	m/s	1 m/s = 3,6 km/h

Kraft

Newton	N	$1\,N = 1\,kg \times m/s^2$

Druck

Bar	bar	1 bar = 100.000 Pa
Pascal	Pa	1 Pa = 0,00001 bar

Temperatur

Grad Celsius	°C	$T_{Celsius} = T_{Kelvin} - 273{,}15$
Kelvin	K	$T_{Kelvin} = T_{Celsius} + 273{,}15$

Ausbildungspark Verlag GmbH

Bettinastraße 69 • 63067 Offenbach am Main
Tel. (069) 40 56 49 73 • Fax (069) 43 05 86 02
E-Mail: kontakt@ausbildungspark.com
Internet: www.ausbildungspark.com

Copyright © 2025 Ausbildungspark Verlag GmbH.
Alle Rechte liegen beim Verlag.

Das Werk, einschließlich aller seiner Teile, ist urheberrechtlich geschützt. Jede Verwertung außerhalb der engen Grenzen des Urheberrechtsgesetzes ist ohne Zustimmung des Verlages unzulässig und strafbar. Das gilt insbesondere für Vervielfältigungen, Übersetzungen, Mikroverfilmungen und die Einspeicherung und Verarbeitung in elektronischen Systemen.

Erfolgreich bewerben mit Ausbildungspark

Prüfungspakete mit Testsimulation

Sicher durch den Einstellungstest in deinem Wunschberuf: Originale Prüfungen mit echten Testaufgaben, allen Lösungswegen, Hintergründen, Tipps und Tricks – hier bleiben keine Fragen offen!

34,90 €

Alles für dein Auswahlverfahren

Speziell zugeschnitten auf deinen Beruf: Bewerbung, Vorstellungsgespräch, Einstellungstest, Assessment Center – alles in einem Handbuch.

24,90 €

Erfolgreich im Einstellungstest

Lerne, wann und wo du willst: Unsere kompakten Testtrainer im praktischen Kleinformat machen dich fit für deinen Test. Natürlich in bewährter Ausbildungspark-Qualität und mit allen Lösungen.

18,90 €

alle Bücher und Berufe

Testtrainer spezial
Prinzip verstanden, Aufgabe gelöst!

Optimal vorbereitet – für alle Prüfungsthemen: Die „Testtrainer spezial" zeigen kompakt und verständlich, wie du jede Aufgabe „knackst".

Zahlreiche Aufgaben: mit Erklärungen, Beispielen und Bearbeitungstipps.

Kommentierte Lösungen: Hintergründe und Zusammenhänge auf dem aktuellen Stand.

Originale Musterprüfungen: Bist du fit für deinen Test?

Testtrainer Allgemeinwissen
364 Seiten
ISBN 978-3-95624-047-8

Testtrainer Konzentration und Merkfähigkeit
306 Seiten
ISBN 978-3-95624-045-4

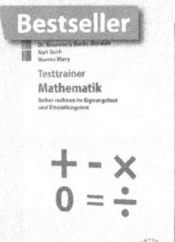

Testtrainer Mathematik
308 Seiten
ISBN 978-3-95624-027-0

Testtrainer Deutsch
230 Seiten
ISBN 978-3-95624-042-3

Testtrainer Logisches Denken
304 Seiten
ISBN 978-3-95624-050-8

Testtrainer Technisches Verständnis und Visuelles Denken
324 Seiten
ISBN 978-3-95624-090-4

je 18,90 €

Das Vorstellungsgespräch zur Ausbildung

Die häufigsten Fragen, die besten Antworten – sicher zum Ausbildungsplatz

Die Pflichtlektüre fürs Bewerbungsgespräch: Praxisnah und verständlich zeigt dieses Handbuch, wie du dich in deinem Auswahlinterview sicher in Szene setzt. Ohne Standardfloskeln – denn nur individuelle Antworten überzeugen den Personaler!

Das Vorstellungsgespräch zur Ausbildung
378 Seiten
ISBN 978-3-95624-000-3
24,95 €

Der Testtrainer

Geeignet für alle Arten von Eignungs- und Einstellungstests, Fähigkeits- und Intelligenztests.

Testerfolg ist keine Glückssache!
… sondern eine Frage der Übung – mit dem Testtrainer.
Das unverzichtbare Handbuch für Ausbildung, Studium und Beruf zeigt, wie du deine Prüfung souverän meisterst. Geeignet für alle Arten von Eignungs- und Einstellungstests, Fähigkeits- und Intelligenztests.

Testtrainer
548 Seiten
ISBN 978-3-941356-03-0
24,95 €

alle Bücher und Berufe

YouBot – Der smarte Bewerbungsassistent

Gestalte deinen **kostenlosen Lebenslauf** und dein **persönliches Anschreiben** für die Berufsausbildung: Der YouBot führt dich schnell und einfach zur perfekten Bewerbung.

Comenius EduMedia Siegel 2020
"Herausragendes Bildungsmedium"
Comenius EduMedia

Clever, schnell, individuell!

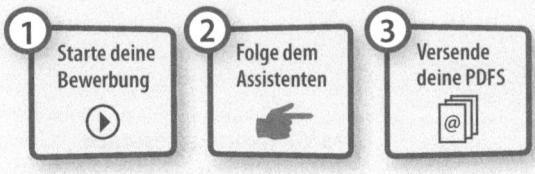

① Starte deine Bewerbung
② Folge dem Assistenten
③ Versende deine PDFS

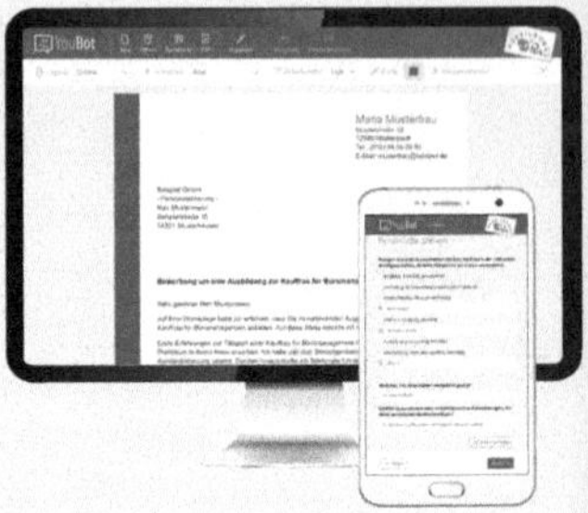

- Individueller Text mit deinen Zielen, Stärken und Erfahrungen
- Anschreiben und Lebenslauf im passenden Design
- Fachwissen in über 350 Ausbildungsberufen
- Intelligenter Dolmetscher in 28 Sprachen
- Bewerbung speichern, bearbeiten und als PDF herunterladen

ab 1,99 € pro Anschreiben

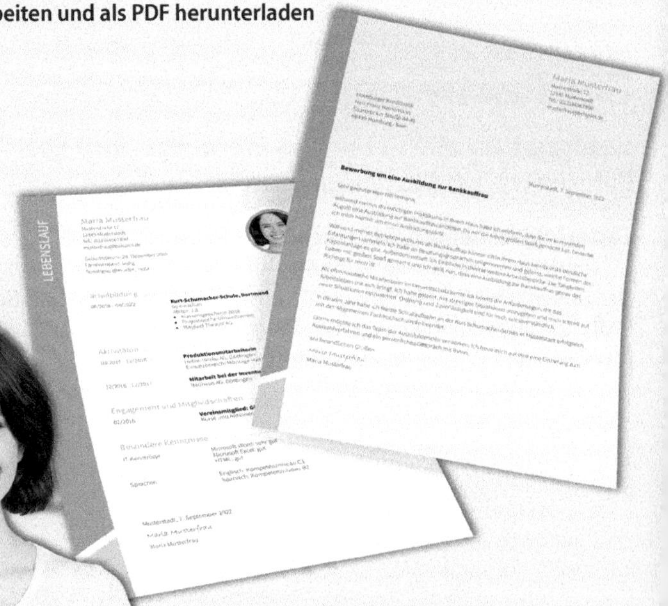

YouBot

www.ausbildungspark.com/youbot